Irene Dalichow, Jahrgang 1953, studierte im Anschluß an eine Ausbildung als Redakteurin bei einer Tageszeitung Erziehungswissenschaften und schloß mit dem Diplom ab. Danach schrieb und produzierte sie für verschiedene deutsche Zeitschriften und Fernsehsender. Seit 1986 arbeitet sie als Redakteurin und Reporterin bei der Zeitschrift »esotera«. Über Aura-Soma schrieb sie eine Titelgeschichte, und in Zusammenarbeit mit Mike Booth entstand dann dieses Buch. Von der Verfasserin liegen drei weitere Bücher über spirituelle Themen vor.

Mike Booth, Jahrgang 1950, studierte Kunst und Erziehungswissenschaften und schloß mit dem Diplom ab. Eine Zeitlang lebte er in Schottland, wo er als Töpfer und Maler – auch von inzwischen in der ganzen Welt verbreiteten Mandalas – tätig war. Bevor er 1984 auf Aura-Soma traf, hielt er Managementseminare und arbeitete als Heiler. Er wurde Mitarbeiter von Vicky Wall, der Begründerin von Aura-Soma, und blieb bis zu ihrem Tode im Jahr 1991 auch ihr Vertrauter. Von ihr wurde er in die Geheimnisse der Aura-Soma-Substanzen und deren Herstellung eingewiesen. Heute ist er Direktor von Aura-Soma, leitet die gesamte Koordination, Organisation, Produktion und hält weltweit Seminare.

Irene Dalichow/Mike Booth

Aura-Soma

Heilung durch Farbe, Pflanzen- und Edelsteinenergie

Knaur

Von Irene Dalichow ist bereits erschienen:

Naturgeister (Band 86162)

Vollständige Taschenbuchausgabe Januar 1998
Droemersche Verlagsanstalt Th. Knaur Nachf., München
Dieses Taschenbuch ist auch unter der Bandnummer 76051 erhältlich.

Umschlaggestaltung: Vision Creativ, München
Umschlagfoto: Mauritius/Superstock, Mittenwald
Druck und Bindung: Ebner Ulm
Printed in Germany
ISBN 3-426-77325-2

5 4 3 2 1

Inhalt

Der größere Lehrer ist in dir selbst.
Was wir anbieten, sind nur Anhaltspunkte.

Vicky Wall

1 Was ist Aura-Soma?

Wir sind die Farben, die wir wählen.
Das mag vielleicht zunächst eine gewagte Behauptung sein. Aber denken Sie mal daran, welche Beziehung die meisten Kinder zu Farben haben: da muß es an einem bestimmten Tag unbedingt der knallrote Pullover sein, der zur Hose nicht paßt, egal, welche Meinung die Mutter vertritt. Wie viele Tränen sind schon geflossen, wenn es darum ging, Dickkopf Sprößling gegen Dickkopf Mutter.
Es muß doch irgendein Grund dahinterstecken, wenn ein Kind einen solchen Konflikt auf sich nimmt, nur um einer bestimmten Farbe willen.
Und dann der Teenager in seiner schwarzen Phase! Nichts und niemand kann ihn davon abhalten, sich in Schwarz zu hüllen und damit kundzutun, daß es ihm vor allem um eines geht: um Abgrenzung.
Seit 1984 gibt es eine Farbtherapie mit dem Namen Aura-Soma. Ihr dienen u. a. 92 kleine eckige Glasfläschchen, die zwei unterschiedlich farbige Schichten von Flüssigkeit enthalten. Sehr viele Menschen fühlen sich durch diese Fläschchen in ihrem kindlichen, unbefangenen Teil angesprochen. Sie nehmen das Angebot an, diese Speisekarte zu lesen und sich daraus das auszusuchen, von dem sie überzeugt sind, daß es sie voll und ganz zufriedenstellen und sättigen wird. Hier ist es gleichgültig, wie »unmöglich« die Zusammenstellungen aussehen: Pink über Rot, Blau über Grün, Gelb über Violett. Keine Mutter, kein Lehrer, überhaupt niemand kommt dazu, in diese Auswahl reinzureden. Jede Farbe ist gut und richtig. Denn, wie gesagt, Grundsatz bei

Aura-Soma ist: Wir sind die Farben, die wir wählen. Und dabei gibt es kein Wenn und Aber.
Warum wir mit Hilfe dieser so harmlos aussehenden kleinen Flaschen dem großen Ziel näherkommen können, uns selbst zu erkennen – das ist leider nicht in ein paar Sätzen zu sagen. Aber durch die Lektüre dieses Buches und durch den Umgang mit den Flaschen und ihren Inhalten werden Sie dieses Geheimnis für sich entschlüsseln können.
Nehmen wir einfach mal an, Sie haben Ihr Menü zusammengestellt. Meist wird es aus vier Gängen mit jeweils zwei Geschmacksrichtungen bestehen: aus vier Fläschchen mit je zwei verschiedenen Farbelementen. Herrlich anzuschauen, und wenn Sie die Schraubverschlüsse abnehmen, wunderbar nach pflanzlichen Aromaölen duftend. Ein Fest für die Sinne!
Aber es geht nicht nur um diesen lustbetonten, sinnlichen Aspekt. Hinter dem Ganzen steckt wesentlich mehr. So steht Aura-Soma mit alten Weisheitssystemen wie dem Tarot und dem chinesischen I Ging in Beziehung. Die Farbwahl und deren Reihenfolge sagt sehr viel über Sie selbst aus, vielleicht sogar alles, was wirklich zählt, ähnlich einem ordnungsgemäß berechneten astrologischen Geburtsbild: Die Flaschen geben Auskunft über Ihren Lebenssinn und -zweck. Über Ihr wesentlichstes Problem, über die Art und Weise, wie Sie bisher mit all diesen Sinnfragen umgegangen sind; und schließlich, wie Ihre Reise mit großer Wahrscheinlichkeit weitergehen wird, mit Blick auf die spirituelle, mentale, emotionale und körperliche Ebene.
Dadurch, daß Sie »das Menü verspeisen«, oder wenigstens einen Teil davon – das heißt, indem Sie die Substanzen anwenden –, unterstützen Sie den Prozeß, Ihrem Lebenssinn und -zweck auf die Spur zu kommen, Ihre Probleme anzuschauen, neue Wege des Umgangs mit ihnen zu finden und so nach und nach die

Steine loszuwerden, die Ihnen das Schicksal in den Weg gelegt hat. Oder, wenn Sie es esoterisch sehen wollen: die Sie sich selbst in den Weg gelegt haben.

Diese Aspekte stehen für Aura-Soma im Mittelpunkt. Daß die Substanzen auch noch auf der körperlichen Ebene heilend wirken, und zwar zuweilen sehr sanft und subtil, zuweilen aber auch sehr kraftvoll und durchgreifend, ist sozusagen eine angenehme Nebenwirkung. Denn Aura-Soma vertritt die Auffassung, daß es nur eine eigentliche und einzige Krankheit, nur ein eigentliches und einziges Unwohlsein gibt: das Nichtwissen um den Platz und den Sinn in diesem Leben. Daher kommen Widerstände, Spannungen und andere Symptome. Wenn Sie in sich das Verständnis für Licht und Farbe wecken, werden Sie verstehen, welche Bedeutung Ihr Unwohlsein hat. Sie können die Tür zu Ihrem wahren Wesen aufschließen. Und »Verständnis« läuft in diesem Fall nur zum Teil durch die Gehirnwindungen. Es findet über Ihren ganzen Körper, Ihre Gefühle, über Ihre Intuition statt.

Was aber nun genau ist Aura-Soma?
Wie kam es zu diesem ungewöhnlichen System von Farben und Düften und Fläschchen? Wieso werden die Herzen davon im Sturm erobert? Und was bedeutet überhaupt dieser Name?
»Aura« – das Wort steht für das elektromagnetische Feld, das jeden Menschen umgibt und das sensitive Menschen sehen können; Babys übrigens auch; Eltern und Schule haben ihnen die angeborene Sensitivität noch nicht abgewöhnen können. (Die menschliche Aura kann durch Kirlianfotografie sichtbar gemacht werden.)
»Aura« ist ein lateinisches Wort und heißt »Hauch«, »Dunst« und »Schimmer«. Das Wort hat sehr viele Bedeutungen.
»Soma« ist ein altgriechisches Wort und heißt »Körper« sowie

ein Sanskritwort[*], das in der vedischen Religion einen geheimnisvollen Trank bezeichnet, der die Seele in einen göttlichen Rauschzustand versetzt. Woraus dieser Trank besteht, weiß niemand genau. Es ist darüber viel spekuliert worden, aber ein Rezept wurde nirgendwo niedergelegt.
Beide Begriffe, »Aura« und »Soma«, tragen noch wesentlich mehr Bedeutungen in sich, und die Kombination enthält eine bestimmte Schwingung. Genau wie ja der mit Bedacht gewählte Vorname eines Menschen etwas über sein Wesen aussagen soll und aussagt.
Der britischen Pharmazeutin Vicky Wall, der »Erfinderin« von Aura-Soma, wurde dieser Name für ihr System durch mediale Durchgaben vermittelt.

Vicky Wall war die jüngste Tochter eines kabbalistischen[**] Meisters.
Das siebte Kind eines siebten Kindes, wie Vicky Wall in ihrer Autobiographie »Das Wunder der Farbheilung« schreibt. In diesem Buch beschreibt sie ausführlich, wie Aura-Soma in die Welt kam. Wir gehen hier nur auf die wichtigsten Stationen ein.

Als Vicky Wall ein kleines Mädchen war, pflegte ihr Vater sie bei ihren gemeinsamen Spaziergängen in Londoner Parks zu fragen: »Welche Krankheit kann wohl diese Pflanze heilen?« Oder: »Such mir eine Pflanze, die mir gegen meine Halsschmerzen hilft!« So machte ihr Vater sie auf spielerische Art und Weise mit dem bekannt, was in der Heilkunde als Signaturenlehre bezeichnet wird, und er schulte auf diese Weise die Intuition

* Das Sanskrit: noch heute in Indien als Literatur- und Gelehrtensprache verwendete altindische Sprache.

** Kabbala: hebr. »Überlieferung«, seit dem 13. Jh. Name der jüdischen Mystik, die z.T. auf eine sonst verschollene jüdische Erkenntnislehre zurückgeht.

seiner Tochter für diesen Bereich, was ihr später bei ihrer Tätigkeit in einer Apotheke sehr nützlich sein sollte. Allerdings hatte das Schicksal Vicky Wall mit Intuition sowieso schon hervorragend ausgestattet. Und sogar mit noch mehr: sie war von Kindesbeinen an hellsichtig.

Bis zu ihrem Tod 1991 begleitete sie die große Liebe und Verbundenheit zu ihrem Vater.

Als dann die 66jährige und erblindete Vicky Wall 1984 die ersten Rezepturen für die Aura-Soma-Substanzen übermittelt bekam, geschah das nicht ohne das Zutun ihres Vaters. Zu dieser Zeit hatte er die materielle Ebene bereits verlassen. Aufgrund ihrer Sensitivität, Ausbildungen und Erfahrungen war Vicky Wall genau der richtige Mensch, der Informationen einer anderen Dimension in die hiesige übertragen, sie umsetzen und materialisieren konnte.

Es geschah eines Nachts: Vicky Wall suchte sich in ihrem kleinen, in ihrem Haus befindlichen Labor eine Fülle von verschiedenen natürlichen Ingredienzien zusammen und begann ihr alchimistisches Werk. Die Hände seien ihr dabei geführt worden, berichtete sie später. Alle Zutaten stammten aus dem Mineral- und Pflanzenreich und, wenn man so sagen kann, aus dem Reich von Licht und Farbe. Ihre Wahrnehmungsfähigkeit für Farben – auch für die Farben der menschlichen Aura – war Vicky Wall trotz ihrer Erblindung nicht verlorengegangen, sondern sie hatte sich im Gegenteil noch verstärkt.

Nach dieser Nacht fragte ihre Freundin und Kollegin, die Osteopathin* Margaret Cockbain: »Wozu sind diese hübschen Fläschchen?« Und Vicky mußte passen. Sie wußte es nicht. Sie vermutete, es seien Schönheitsöle. Denn die obere Hälfte der in den Flaschen befindlichen Substanzen bestand aus einer farbigen

* Osteopathie: griech. »Knochenleiden«; Osteopathie ist ein alternatives Heilverfahren.

öligen Flüssigkeit, schwimmend auf einer zweiten, andersfarbigen Schicht auf der Basis von Wasser. Zusammengeschüttelt ergab das für kurze Zeit eine Emulsion aus 50 Prozent Wasser und 50 Prozent Öl. Dieses Verhältnis entspricht genau der Konsistenz von Eselsmilch, in der Kleopatra zu baden pflegte, um ihre Haut zart und schön zu erhalten. Wasser-Öl-Emulsionen dieses Mengenverhältnisses dringen auf ideale Weise in die Haut ein. In den neuen Substanzen – ohne jede künstliche Stabilisatoren zusammengebracht –, so kombinierte Vicky Wall, könnten die heilenden und energetisierenden Kräfte ungestört ihr Werk tun. Damit sollte sie recht behalten. Aber von der Tragweite ihrer »Erfindung« hatte sie zu diesem Zeitpunkt noch keine Ahnung.

Ziemlich schnell begann Vicky Wall, ihre Juwelen, wie sie die Öle nannte, auf Ausstellungen zu präsentieren. Dabei erlebten sie und Margaret Cockbain eine Überraschung nach der anderen. Denn die Inhalte der kleinen Glasflaschen stellten sich als wesentlich mehr als nur kosmetisch wirksam heraus. Sie wirkten bei vielen Menschen außerordentlich heilend. Sie berichtete, daß eine Frau einen fiebrigen Abszeß durch das Auftragen des königsblau/magentafarbenen sogenannten Rescue-Öls in den Griff bekam. Auch Migränepatienten und Menschen mit chronischen Rückenschmerzen erfuhren Linderung. Andersfarbige Öle halfen bei Impotenz, Herzbeschwerden, Depressionen und so weiter. Eine besonders große Überraschung aber war für Vicky eine ganz bestimmte Feststellung, daß nämlich die Farbe des unteren Flascheninhalts mit – wie sie es ausdrückte – der »wahren Aura« des Flaschenkäufers übereinstimmte. Diese wahre Aura hat nichts mit dem elektromagnetischen Feld und den anderen feinstofflichen Körpern zu tun. Sie ist ein feinstofflicher Bereich, der etwas über dem Bauchnabel liegt und der bei jedem Menschen andere Prägungen besitzt, die so individuell sind wie der Fingerabdruck. Diese Beobachtung, die Vicky Wall bei Tausenden von Besuchern wieder und wieder überprüfen konnte und die fast in allen Fällen zutraf, zeigte ihr, daß es mit Aura-Soma noch wesentlich mehr auf sich hat. Nicht nur die Tatsache, daß ihr die Rezepturen medial durchgegeben worden waren, sondern auch, was diese Rezepturen bewirkten, schien in Bereichen jenseits unserer normalen Wahrnehmungsfähigkeit zu liegen. Sie schienen bei den Menschen Erinnerungen an etwas Verlorengegangenes zu wecken. An etwas, das Vicky durch ihre ungewöhnliche Sensitivität sehen und auf seine Stimmigkeit hin überprüfen konnte. An etwas, das die meisten Menschen in einer von naturwissenschaftlichem und materialistischem Denken geprägten Zeit nicht mehr wissen, das aber in den Weisheitsbüchern alter Kulturen wie zum Beispiel dem »Tibetanischen Totenbuch« zu finden ist: daß die Essenz des Menschen, sein innerstes Wesen, mit Farbe zu tun hat.

Noch im gleichen Jahr, in dem die ersten Substanzen entstanden waren, traf Vicky Wall bei einer Ausstellung Mike Booth. Er hatte Kunst und Erziehungswissenschaften studiert und lange Zeit als Maler, Töpfer und Leiter einer Künstlerkolonie gearbeitet. Als er Vicky traf, war er als Managementtrainer tätig. Er überblickte die Tragweite dieses gerade geborenen Systems und änderte sofort seine Zukunftspläne, um seine Talente für den Aufbau von Aura-Soma einzusetzen.

Booth verfügt über die gleichen heilerischen Fähigkeiten und die gleiche Sensitivität wie Vicky Wall. Die beiden konnten ihre Wahrnehmungen gegenseitig überprüfen und bestätigen – ein seltener Glücksfall.

Mike Booth arbeitete von nun an mit Vicky zusammen und half ihr, die zusätzlich an Diabetes und einer schweren Herzkrankheit litt, auch bei ihren Alltagsverrichtungen. Sie reisten und unterrichteten gemeinsam.

Vicky schulte Mike Booth in der Herstellung der Aura-Soma-Substanzen. Er war bei der Geburt der meisten heute zur Verfügung stehenden Produkte dabei und brachte seine Kenntnisse der

Homöopathie und Naturheilkunde, der Theosophie und des Buddhismus ein. In ihrem Buch sagt Vicky Wall: »Mike Booth leiht mir seine Augen und ist mein ständiger Helfer. Wir arbeiten eng zusammen, in spiritueller Einheit. Mike wird meine Arbeit am Ende übernehmen und weiterführen.«

Vicky Wall starb Anfang 1991, seitdem leitet Mike Booth als Direktor die gesamte Koordination, Organisation, Produktion und Ausbildung von und bei Aura-Soma. (Margaret Cockbain und Booths Ehefrau Claudia sind heute Co-Direktorinnen.) Auch empfängt er neue Rezepturen medial – das Sortiment ist bis dato noch nicht ganz vollständig.

Heute ist Aura-Soma in den meisten europäischen Ländern vertreten, daneben in Israel, in Südafrika, in Kanada, in den USA, Südamerika, Neuseeland und Australien. In Deutschland und der Schweiz darf man sogar von einem regelrechten Aura-Soma-Boom sprechen. Insgesamt hat sich die Nachfrage nach Aura-Soma seit 1984 jährlich verdoppelt.

Verwendet werden die Produkte – von den Ölen ausgehend um die sogenannten Pomander und Quintessenzen erweitert – von Menschen aller Altersstufen und Bildungsschichten. Auch schwerkranke und bewußtlose Personen, kleine Kinder, Tiere, sogar kranke Pflanzen können Gewinn aus der Anwendung ziehen.

Menschen, die sich den Zugang zu ihrer Unbefangenheit und Aufgeschlossenheit bewahrt haben, haben mit Aura-Soma schnelle und tiefgehende Erfolge: Ihre Intuition verstärkt sich, und sie gelangen an altes, archetypisches Wissen. Häufig finden sie eine neue Richtung in ihrem Leben. Es fällt ihnen leichter, überholte Verhaltensmuster aufzugeben und neue Wege zu gehen. Oft, wenn die Substanzen regelmäßig und sachgemäß angewendet werden, verbessern sich auch körperliche oder seelische Krankheiten. Allerdings kommt es immer wieder vor, daß zu Beginn der Therapie eine sogenannte Heilungskrise das Vertrau-

en in sie erschüttert. So wie bei anderen Systemen, man denke an die Homöopathie, muß auch bei Aura-Soma diese Krise durchstanden werden, damit sich Körper und Seele wirklich vom Alten befreien und Platz für Neues schaffen können.
Im übrigen empfiehlt es sich immer, bei speziellen Problemen mit der professionellen Unterstützung eines guten Arztes, Heilpraktikers, Psychotherapeuten, Körpertherapeuten o.ä. zu arbeiten. Dazu finden Sie noch ganz am Schluß dieses Buches einige Anmerkungen.
Menschen, die zu Skepsis neigen, was ja bei dem derzeitigen Supermarkt Esoterik auch durchaus angebracht ist, fühlen sich von Aura-Soma zuerst oft gar nicht angesprochen; oder sie haben, wenn sie es doch sind, anfänglich mit Zweifeln zu kämpfen. Viele von ihnen, die heute sehr erfolgreich und überzeugt mit den Substanzen arbeiten, haben diese Phase durchgemacht (und überwunden), und sie hatten dafür gute Gründe. Zum einen mußte während der Phase des Aufbaus, die immer noch nicht abgeschlossen ist, vieles auf der Strecke bleiben. So sind zuverlässige, mit wissenschaftlichen Methoden unternommene Untersuchungen über die Wirkungsweise der Substanzen praktisch noch nicht vorhanden. Zum zweiten ist es bisher einmalig, daß ein vergleichbares System zur ganzheitlichen Heilung des Menschen medial durchgegeben wurde. Es ist ja nun wirklich nicht ganz leicht zu schlucken, daß da Rezepturen, und zwar außerordentlich komplexe, komplizierte Rezepturen, einfach so vom Himmel gefallen sein sollen und noch vom Himmel fallen; und daß sie den Menschen im Grunde mit nicht viel mehr Information in die Hände gegeben werden als mit: »Nun macht mal.«
Es haben dann tatsächlich einige Leute, die gut an ihre Intuition angeschlossen waren, die Ärmel aufgekrempelt und »gemacht«. Und sie haben in den wenigen Jahren, die seit der Geburt von Aura-Soma vergangen sind, Ideen, Erfahrungen, Erfolge einge-

bracht, ohne die auch dieses Buch nie hätte geschrieben werden können.
Der Prozeß der Entschlüsselung aller Geheimnisse ist aber noch in vollem Gang, was die therapeutische und was die esoterisch-spirituelle Seite des Ganzen betrifft. Und hiermit können kritische Gemüter auch so ihre Schwierigkeiten haben: Aura-Soma ist etwas sehr Esoterisches. Es wird dabei vom beseelten Inhalt der Flaschen, von Engeln und Naturgeistern, von den feinstofflichen Körpern des Menschen und von seinen karmischen Erfahrungen gesprochen – nicht für jeden leichtverdauliche Kost.
Tatsache ist, daß die Substanzen wirken. Daß die Farben die Tore für die Wellenlängen des Körpers aufschließen und sie harmonisieren, was sich direkt auf das Wohlbefinden des ganzen Menschen, auf seine spirituelle, mentale, emotionale und körperliche Ebene auswirkt, und zwar auf eine sanfte Art. Aura-Soma bezeichnet sich als eine »non-intrusive soul-therapy«, als eine Therapie der Seele, die sich nicht aufdrängt. Ähnlich wirkende Arten von Farbtherapie wurden schon in den Heiltempeln des alten Ägypten und alten Griechenland, bei den Essenern* und in anderen Gesellschaften und Kulturen praktiziert. Der große und sympathische menschliche Weise Johann Wolfgang von Goethe (1749-1832) kämpfte mit seiner Farbenlehre für das Verständnis dieser Zusammenhänge. Vergeblich. Die physikalische Betrachtungsweise von Farben seines »Kollegen« Isaac Newton (1643-1727), eines englischen Physikers und Mathematikers, setzte sich durch.
Goethe sagte, eines Tages werde seine Farbenlehre für die Menschen bedeutsamer sein als seine Dichtung. Die meisten von uns

* aram. »die Frommen«, eine altjüdische Gemeinschaft mit ordensähnlichem Charakter, die 150 v. Chr. bis 70 n. Chr. bestand und der der historische Jesus angehört haben soll.

kennen und schätzen seine Dichtung und können so die Tragweite dieser Aussage nachempfinden.
Daß sich heute weltweit viele Tausende von Menschen im Zusammenhang mit Aura-Soma für die Farben öffnen, für ihre Bedeutung und Tiefe, Kraft und Tragweite, läßt vermuten, daß Goethe mit dieser Prognose recht behalten wird.

Wir sind die Farben, die wir wählen. Als Kind konnten wir dazu stehen, und wir waren bereit, dafür eine Menge zu riskieren. Heute, am Ende des 2. Jahrtausends unserer Zeitrechnung und als Erwachsene, haben wir die Möglichkeit, dem ohne das Risiko eines Krachs mit unseren Erziehern und differenzierter als mit Hilfe des zitierten knallroten Pullovers auf den Grund zu gehen. Besonders spannend dabei ist, daß Vicky Wall Aura-Soma als eine »evergrowing therapy« bezeichnete, als eine Therapie, die sich immer weiterentwickelt. Es zeichnet sich also ab, daß die Reise durch den Regenbogen immer höher, tiefer, in unbekanntere Dimensionen gehen wird.
Bitte schnallen Sie sich an!

2 Heilung mit Farbe – die älteste Therapie der Welt

Als Chögyam Trungpa, der große Lehrer des tibetischen Buddhismus, im Mai 1987 in den USA zu Grabe getragen wurde, erschien ein kreisförmiger Regenbogen rund um die Sonne. Zufall? Die anwesenden 3000 Gäste nahmen es nicht als Zufall, sondern als Zeichen: Der Himmel ließ wissen, daß etwas Bedeutungsvolles geschehen war. Eine große Seele war von dieser Ebene auf eine andere übergewechselt.

Auch aus dem Alten Testament kennen wir den Regenbogen als Informationsträger. Dort zeigt er das Ende der Sintflut an. Gott gab ihn den Menschen als Zeichen der Versöhnung und Verbundenheit.

Wenn ein Regenbogen erscheint, halten die Menschen inne. Ihn umgibt die Atmosphäre des Wunderbaren. Er weist auf übergeordnete Zusammenhänge hin. Deswegen gilt er auch in vielen Gesellschaften als Glückssymbol.

Die mittlerweile in den Ruf der Oberflächlichkeit und Geldschneiderei geratene »New Age«-Bewegung hat sich ebenfalls den Regenbogen als Symbol gewählt. Sie meint, nach dem düsteren, vom Patriarchat und dessen Idealen, Institutionen und Vorgehensweisen bestimmten Fischezeitalter dringe nun langsam die Sonne durch. Ein Regenbogen mit all seiner Bedeutungsfülle sei das Richtige, um ein neues Äon anzukündigen.

Wie nun auch immer diese neue Zeit sein wird, eins ist klar: Das Thema Farbe und Licht erweckt seit einigen Jahren allenthalben großes Interesse. Bei Fotografie, Film, Fernsehen und Computern ist in den vergangenen Jahrzehnten die Entwicklung von schwarzweiß und zweidimensional zu farbig und immer farbiger, immer realistischer und sogar zu dreidimensional gegangen. (Zum Beispiel bei 3-D-Filmen und »Virtual Reality«, also dreidimensionaler künstlicher Wirklichkeit.) Nie waren Farbe und Licht so allgegenwärtig wie heute. Die bekannte britische Esoterikerin Alice Bailey, die von 1880 bis 1949 lebte, stellte die bemerkenswerte These auf, die Menschheit habe sich seit dem ausgehenden 19. Jahrhundert deshalb so rapide entwickelt und zivilisiert, weil durch die Verfügbarkeit von Elektrizität unvergleichlich mehr Licht in der Welt sei.

Vielleicht war zu Alice Baileys Zeit noch nicht abzusehen, welcher Schaden für Natur und Mensch durch die Zivilisation entsteht. Heute jedenfalls kommt man, um etwas gegen diesen Schaden zu tun, wieder auf altes Wissen zurück. Wissen über die Gesetze und Rhythmen und Zusammenhänge des Lebens, die im Zuge der Euphorie über mechanistische Erklärungsmodelle auf der Strecke geblieben sind. Aber auch Wissen über die Geheimnisse körperlicher Gesundheit. Zusammen mit Informationen über Düfte und Aromen, über Heilpflanzen und Edelsteine und dem Wissen, wie all diese wunderbaren Zaubermittel von Mutter Natur auf Körper und Seele des Menschen wirken, kommt noch etwas anderes zutage: Das älteste Schwingungsheilverfahren der Welt, die Farb- und Lichttherapie, erfährt heute eine Renaissance.

Schon auf dem legendären versunkenen Kontinent Atlantis, wo die Priester Ärzte und Heiler zugleich gewesen sein sollen, sollen mit Farbe und Licht körperliche, seelische und geistige Krankheiten behandelt worden sein. In Heliopolis, der altägyptischen Sonnenstadt und dem Kultzentrum des Gottes Atum, gab es licht- und farbdurchflutete Heiltempel. Die alten Chinesen setzten Epileptiker zur Linderung ihres Leidens auf violette Teppiche und verhängten die Fenster mit violetten Schleiern. Scharlach-

kranken wurden rote Kleider angezogen, und man bestrahlte sie mit rotem Licht. Darmkranke wurden mit gelber Farbe bestrichen, während durch gelbe Vorhänge entkrampfendes Licht in das Krankenzimmer schien.
Auch der Genuß von farbig bestrahltem Wasser und Nahrungsmitteln, die nach ihrer Farbgebung ausgewählt wurden, gehörte zur traditionellen Farbtherapie, die auch im alten und modernen Indien, im alten Griechenland, im Reich der Babylonier, Perser und in der Kultur der Tibeter eine Rolle spielte und noch spielt.
1933 erschien von dem indischen Heiler Dinshah Ghadiali ein Buch über Farbschwingungen, das zum Klassiker geworden ist. Ghadiali sagt, Unwohlsein beim Menschen entstünde durch das Fehlen oder übermäßige Vorhandensein bestimmter Farben im Körper. (Diese Auffassung wird auch bei Aura-Soma vertreten.) Ghadialis Therapie besteht aus farbigem Lampenlicht, mit dem der Patient ganz oder teilweise bestrahlt wird, um seine Unbalanciertheiten zu beseitigen.

In den 70er und 80er Jahren wurde dann wissenschaftlich bewiesen, daß farbiges Licht die Menschen beeinflußt, sogar farbenblinde oder blinde Menschen. Blau senkt den Blutdruck und die Aktivität der Gehirnwellen. Rosa entspannt und neutralisiert Aggressivität. So streicht man heute in einigen Gefängnissen Zellen rosa, um gewalttätige Insassen dort zur Beruhigung zu bringen. Früher gab man ihnen Medikamente, jetzt reicht der Einfluß farbiger Wände aus, um sie innerlich abzukühlen. Und ganz früher – wer weiß? Vielleicht kamen bei den Babyloniern wildgewordene Straßenräuber ebenfalls in rosa gestrichenen Kerkern zur Ruhe? Leider schreiben die Historiker immer nur über Schlachten und Siege. Dabei wäre es oft viel interessanter, etwas über das Alltagsleben vergangener Zeiten zu erfahren.
Auch in Krankenhäusern werden Erkenntnisse über die thera-

peutische Wirkung von Farben angewendet: Schwerkranke legt man in Zimmer mit gedämpft farbig gestrichenen Wänden, um ihnen Ruhe zu vermitteln. Um den Gesundungsprozeß zu beschleunigen und den Energiehaushalt anzukurbeln, legt man Patienten, die man nur für kurze Zeit stationär aufnehmen möchte, in Räume mit hellen, warmen Farben. Zur Behandlung von Gelbsucht bestrahlt man Neugeborene mit blauem Licht.

Bestimmte Farb- und Lichtverhältnisse wirken sich auch auf das Lernverhalten aus, was in Kanada der deutschstämmige Pionier der Farbforschung Harry Wohlfahrt an Grundschulen herausfand. Er stellte fest, daß Leistungs- und Stimmungsniveau im Klassenzimmer am höchsten waren, wenn die Wände hellblau und gelb gestrichen und die Räume mit Vollspektrumlicht beleuchtet waren. (Vollspektrumlicht ist ein Licht aus Leuchtstoffröhren, welches das Spektrum des Sonnenlichts annähernd imitiert.)

Dieses letzte Beispiel stammt aus einem Buch des amerikanischen Augenarztes Jacob Liberman, das bei Fachleuten wie bei Laien große Beachtung gefunden hat, aus dem Buch »Die heilende Kraft des Lichts«. Seit 1974 beschäftigt sich Liberman mit Farb- und Lichttherapie. 1977 behandelte er seine vor der Erblindung stehende Mutter mit diesen Methoden, und sie behielt ihr Augenlicht. Er schreibt, dieses Wunder bilde die Grundlage für sein weiteres Leben und für die Arbeit, die er in seinem Buch vorstellt.

Die Wissenschaft vom Licht öffne die Tür zu einer neuen Ära der Medizin: »Im Zentrum der neuen Medizin, der ›Energiemedizin‹, steht das Licht, ein nichtinvasives, machtvolles Werkzeug. In den neunziger Jahren wird deutlich werden, daß Licht die Grundlage ist, auf der alles Leben entsteht, sich entwickelt, heilt und voranschreitet. Diese Erkenntnis ist den Weisen aus den metaphysischen Texten von Vergangenheit und Gegenwart wohlvertraut. Wir aber werden demnächst einer neuen Vermäh-

lung beiwohnen: der zwischen den ›intuitiven‹ und den ›rationalen‹ Wissenschaften, eine Vermählung, die durch Licht zustande kommt.«
Licht und Farbe enthielten die Essenz all dessen, was Menschen durch Nahrungsaufnahme und Vitaminpräparate erreichen wollen. Sie wirkten als Katalysatoren für die Aufnahme und Nutzung dieser Nährstoffe durch den Körper. Der Mensch, so schreibt Liberman, sei im Grunde eine lebende Photozelle, und die Augen seien nicht nur zum Sehen da. Die moderne Wissenschaft beginne heute, die Augen als möglichen Zugangsweg zum Geist zu betrachten. Manche Forscher seien im übrigen überzeugt, daß eine Verbindung zwischen Augenfarbe und Verhalten existiert. Sie nähmen an, daß unterschiedliche Augenfarben unterschiedliche Gehirnbereiche ansprechen und dadurch unsere Persönlichkeit beeinflussen. Wenn das zutreffe, könne man folgern, so Liberman, daß auch verschiedene Gehirnbereiche angesprochen werden, wenn man Farben anschaut.
Anders als Alice Bailey sieht Jacob Liberman in der Allgegenwärtigkeit des elektrischen Lichts keinen Segen für die Menschheit, sondern er bedauert, daß sie uns von den natürlichen Rhythmen von Licht und Dunkelheit entfremdet hat. Die Wiederentdeckung der Licht- und Farbtherapie allerdings werde die Fehler der Vergangenheit ausgleichen.
Es gibt heute eine Fülle von verschiedenen Ansätzen, die mit Farbe, mit Licht oder mit beidem gleichzeitig arbeiten. Das beginnt mit Farb- und Stilberatung für Kleidung, Wohnungen, Büros, die den Menschen ein besseres Wohlbefinden bescheren oder bescheren sollen. Das geht weiter über Farb-Akupunktur bis hin zu »Crystal Cards«. Das sind Aluminiumkarten, die in 20 verschiedenen Tönen eingefärbt wurden und in die Tausende mikroskopisch kleiner pyramidenförmiger Kristalle eingeätzt wurden. Sie entstammen der Arbeit der amerikanischen Weltraumbehörde NASA und sollen, auf den Körper oder unter das

Kopfkissen gelegt, Heilkräfte entfalten. Und es gibt Aura-Soma …

Was seit Menschengedenken in den verschiedensten Kulturen zum medizinischen Wissen gehörte und was dann für lange Zeit in Vergessenheit geriet, taucht heute in vielfältigem und teilweise neuem, zeitgemäßem Gewand wieder auf. Nach und nach wird mit den Methoden moderner Wissenschaft bewiesen, daß Licht und Farbe, Phänomene, die ständig um uns und in uns präsent sind, immense Kräfte in sich tragen. Und daß sie, gezielt eingesetzt, wahre Wunder vollbringen können.

Wodurch aber unterscheidet sich nun Aura-Soma von anderen heute angebotenen Farbtherapien?

Zunächst einmal stellt Aura-Soma eine Kombination von Farb- und Lichttherapie dar. Jeder, der es kennenlernt, sieht das auf den ersten Blick. Die Flaschen mit den farbigen Substanzen werden normalerweise so präsentiert, daß Licht durch sie scheinen kann. So zeigt sich die doppelte Qualität ihres Inhalts in brillanten, durchscheinenden, lichtdurchfluteten, beseelten Farben.

Zweite Besonderheit: Die Rezepturen wurden medial empfangen. Und zwar von einer blinden älteren Dame, die lediglich ihre Wahrnehmungsfähigkeit für Farben und ihre Hellsichtigkeit bewahrt und bis zur Perfektion weiterentwickelt hatte. Die Gebrauchsanweisung für das »Power-Pack«, das Vicky Wall gegeben wurde, erhielt sie allerdings nicht mitgeliefert. Sie entschleierte sich erst nach und nach. Sie entschleiert sich noch heute. Und es wird bei Aura-Soma auch in Zukunft noch jede Menge zu entdecken geben. Es fordert den, der damit arbeitet, zum Experimentieren auf. Und da haben wir eine weitere Spezialität. Aura-Soma »kitzelt« die Kreativität von Laien wie von Fachleuten.

Eins möchten wir an dieser Stelle ausdrücklich betonen: Bei

allem Respekt für Vicky Wall, ihre Fähigkeiten und ihre Hingabe an das, was ihr aufgetragen war, ist aber die Tatsache der medialen Durchgabe für das System nicht wesentlich. Wesentlich ist vielmehr, daß die Substanzen zur Verfügung stehen und ihre heilsame Wirkung an mittlerweile Zehntausenden von Menschen entfalten können: auf individuelle, ganz direkte, manchmal genau beobachtbare und meßbare, aber manchmal auch auf eine nur sehr subtil wahrnehmbare Art.

Wir sind der Auffassung, daß auf der Daseinsebene, auf der wir uns hier und jetzt befinden, bestimmte, wenn auch relative, Qualitätsmaßstäbe gelten und daß diese Maßstäbe angelegt werden sollten. Wenn das, was über Kanäle aus anderen Dimensionen rüberkommt, diesen Qualitätsmaßstäben nicht genügt, sollte man ihm keine Beachtung schenken. Stimmt die Qualität, verdient dieses Wissen jedoch die gleiche Beachtung wie die spektakulären Erfindungen, die auf »natürlichem«, intellektuellem Wege in die Welt gekommen sind. Wobei sich allerdings die Frage stellt, ob Erfindungen nicht doch etwas mit Inspiration zu tun haben. (Das Wort »Inspiration« kommt aus dem Lateinischen und heißt soviel wie Beatmung, Belebung, Einhauchen von Geist, was auf eine andere als die materielle Dimension verweist.)

Albert Einstein beispielsweise gab zu, daß die von ihm entwickelte Relativitätstheorie durch Eingebungen in Träumen zustande gekommen war.

Eine dritte Besonderheit, die Aura-Soma von anderen Farbtherapien unterscheidet, ist die Bedeutung der Farbe als Kommunikationsmittel. So wie der Regenbogen als vielfältiger Informationsträger betrachtet werden kann, enthalten die einzelnen Farben in den Aura-Soma-Flaschen einen Code mit präzisen Informationen. Die Facetten des Regenbogens könnte man als Buchstaben eines kosmischen Alphabets ansehen. So sprechen auch die Farben von Aura-Soma ihre Sprache, und wer diese

Sprache versteht, weiß, warum ein Mensch gerade diese Farbwahl trifft, gerade diese und nicht eine andere Flasche zu seiner Lieblingsflasche erklärt. Schon Goethe sagte, daß in dem Phänomen Farbe eine Sprache stecke. Allerdings sei es weder an der Zeit, noch sei es an ihm, in diesen Bereich tiefer einzusteigen. Das werde später einmal geschehen.
Ebenso, wie Aura-Soma mit Sprache in Verbindung gebracht wird, werden den Farbkombinationen Töne zugeordnet. Es gibt eine Reihe von Leuten, die sich damit beschäftigen, zu jeder der 92 »Balance«-Flaschen den passenden Ton zu finden. Dieser Teil des Systems wartet noch darauf, ausgelotet zu werden. (Den sieben Farben sind bereits Mantras mit entsprechenden Tönen zugeordnet.)
Weil die Substanzen ätherische Pflanzenöle enthalten, spielen Geruch und Riechen eine bedeutende Rolle. Damit verbunden ist indirekt auch das Schmecken. Zum einen, weil Geruchs- und Geschmacksnerven sehr viel miteinander zu tun haben. (Wenn unsere Nase während einer Erkältung verstopft ist, können wir das köstlichste Essen nicht genießen, weil unser Geschmack ebenfalls blockiert ist.) Zum anderen hat sich gezeigt, daß allein schon das Anschauen so mancher Flasche den Speichelfluß anregt, warum auch immer. Vielleicht, weil die Farben an Himbeersaft, Heidelbeergrütze oder Waldmeisterpudding erinnern. Durch die konkrete Anwendung der Flaschen, das Einmassieren der Substanzen in die Haut, wird der Tastsinn angesprochen. Und welche Rolle das Sehen, das Betrachten, bei Aura-Soma spielt, ist offensichtlich.
Aura-Soma spricht alle fünf Sinne des Menschen an, und der sechste entwickelt sich merklich, wenn man mit den Substanzen arbeitet. Intuition und »Im-Fluß-Sein« spielen eine größere Rolle. Bereiche in der Tiefe des eigenen Selbst, die verschüttet waren, treten ins Bewußtsein und können so bei Licht betrachtet werden. Dieser Vorgang vollzieht sich auch im Traum, in der

Meditation, bei erhöhter Aufmerksamkeit oder im Zusammenhang mit einer Körper- oder Psychotherapie.
Aura-Soma verträgt sich gut mit anderen feinstofflichen Heilweisen wie Homöopathie und Bachblüten-Therapie, mit den verschiedensten Körper- und Psychotherapien von Rebirthing, Hypnotherapie, Reinkarnationstherapie über Sprach- und Sprechtherapie, Shiatsu, Osteopathie bzw. Chiropraktik, Rolfing, Feldenkrais bis zur Fußreflexzonenmassage, anderen Massagemethoden und noch vielem mehr. Aura-Soma beschleunigt, vertieft und unterstützt die durch diese Methoden eingeleiteten Prozesse.
Und last but not least – Aura-Soma ist eine Therapie der Seele, die sich nicht aufdrängt und die die Auswahl der »Medizin« dem Patienten selbst überläßt. Was früher nur die Priester und die Ärzte tun durften, nämlich entscheiden, was ein Mensch für seine körperliche, seelische und geistige Heilung und Ganzwerdung zu tun und zu lassen hatte, dafür darf der Betreffende hier selbst sorgen und kann sich dabei auf seine innere Stimme verlassen, die ihn zu einer ganz bestimmten Farbkombination führt. Der Formulierung »Therapie der Seele, die sich nicht aufdrängt und die Auswahl dem einzelnen überläßt« (freie Übersetzung von »non-intrusive and self-selective soul-therapy«) begegnet man immer wieder.

Es gibt Aura-Soma-Berater, deren Wissen und Erfahrungen hilfreich sein können. Denn sie können dem Ratsuchenden helfen, die Sprache der Farben, die Symbolik der unterschiedlichen Farbkombinationen zu decodieren. Die Informationen aus einem solchen Gespräch werden im Gehirn abgespeichert. Jedesmal, wenn die Substanzen aufgetragen werden, aktiviert sich so nicht nur die Energie der in ihnen enthaltenen Mineralien, Pflanzenwirkstoffe und Farben, sondern auch die Energie der Informationen aus dem Gehirn. Auf diese Weise kann das Potential des

Anwenders stimuliert werden. Natürlich ist das auch durch die eingehende Beschäftigung mit den Beschreibungen der einzelnen Flaschen in Kapitel 8 möglich.

Nie waren Licht und damit Farbe so präsent wie heute. Und es zeichnet sich ab, daß wir noch helleren und farbigeren Zeiten entgegensehen. Jacob Liberman sagte ein Zeitalter des Lichts voraus. Keine schlechten Aussichten!

Aber wir sollten nicht vergessen, daß es auf diesem Planeten bereits mehrere Lichtzeitalter in Form von Sonnenkulturen gab. Und daß sie alle in Schutt und Asche versanken, so zum Beispiel die Kultur der alten Ägypter und der Mayas. Warum auch immer das geschah, es hatte auch damit zu tun, daß bestimmte Leute mit dem ganzen Licht ihre Egos anfüllten und dann durch die rücksichtslose Verfolgung ihrer egoistischen Ziele großen Schaden anrichteten.

Auch die neuen Farb- und Lichttherapien, inklusive Aura-Soma, bergen diese Gefahr, die man bei aller Begeisterung über ihre Ästhetik und Wirksamkeit nicht ignorieren sollte.

3 Wie Aura-Soma hergestellt wird und wie es wirkt

Erinnern Sie sich an das Märchen vom »Geist in der Flasche«? Es erzählt von einem Menschen, der eine verkorkte Flasche öffnet, welcher ein lebendiges Wesen entsteigt. Am spannendsten liest sich die Geschichte da, wo versucht wird, den Geist in die Flasche zurückzuholen.

Wie kriegt man Geister in Flaschen? Und wozu sind Geister in Flaschen überhaupt nützlich?

Nun, Geister haben es so an sich, über bestimmte übernatürliche Kräfte zu verfügen sowie flüchtig und formlos zu sein – formlos jedenfalls für das Auge des Alltagsbewußtseins. Flaschen können sie in Form bringen, sozusagen.

Einen wohlgesinnten Geist gebändigt in einer Flasche mit sich führen und seine Kräfte in brenzligen Situationen zur Verfügung zu haben – das ist ein alter Menschheitstraum.

Beziehungen mit Geistern gestalten sich allerdings nicht immer segensreich. Jenseitskontakte beispielsweise, die mit Hilfe bestimmter okkulter Techniken hergestellt werden, können für Unerfahrene eine ganze Menge Risiken in sich bergen. Nun gibt es aber seit einigen Jahren Geister, die in kleinen, eckigen Glasfläschchen ihr Zuhause gefunden haben. Sie sind nicht nur relativ ungefährlich, sondern auch noch wunderschön anzusehen und ungemein hilfreich. Sie wurden dazu geschaffen, mit Menschen eine Beziehung einzugehen, und brauchen daher nicht erst gezähmt zu werden. Wenn sie mit Zuwendung und Respekt, mit Dankbarkeit, Freundschaft, vielleicht sogar mit

Liebe behandelt werden, entfalten sie sich so, daß sie sich selbst übertreffen.

Mit ihnen hat sich der alte Menschheitstraum erfüllt. Was sie an »Gefährlichkeit« bergen, wurde am Ende des vorigen Kapitels angedeutet: Sie können dazu mißbraucht werden, das Ego des Benutzers aufzublähen. Aber wenn das jemand tut, liegt es in seiner eigenen Verantwortung, nicht in der der Flaschen.

Es kann aber noch anderes geschehen: Der Kontakt mit den Geistern – sprich die Anwendung der Aura-Soma-Öle, d.h. das Auftragen auf den Körper, und die dadurch ausgelösten körperlichen, emotionalen, mentalen und spirituellen Reaktionen – kann Altes, Verdrängtes und Ungewolltes aufsteigen lassen. Stimmungen, Gefühle, Träume, Ideen, körperliche Reaktionen können auftauchen, die unbequem, vielleicht angstbesetzt sind, die dazu zwingen, sich mit Dingen auseinanderzusetzen, die man längst als erledigt angesehen hatte. Oder auch mit Themen, welche die Gegenwart betreffen und Entscheidungen notwendig werden lassen, die man vermeiden möchte, ebenso wie Visionen und Zukunftsprojekte, die man sich nicht zutraut. Es können, wie gesagt, auch körperliche Beschwerden kurzzeitig verstärkt werden. Gerade dann, wenn jemand seine ersten Erfahrungen mit Aura-Soma macht, kann eine sogenannte Heilungskrise auftreten. Einer der Geister hat in solchen Zusammenhängen besonders starke Kräfte: der orange-orangene, die sogenannte Schock-Flasche (Nr. 26). Er ist fähig, die oft fatalen Folgen von Schocks auf den verschiedenen Ebenen zu beheben. Dafür muß er, ganz im Sinne des Grundsatzes der Homöopathie, daß Gleiches mit Gleichem geheilt werden soll, noch einmal einen kleinen Schock auslösen. (Die Schock-Flasche hat übrigens solch durchgreifende Wirkung, daß sie fünfmal mehr als jede andere verkauft wird!)

Und noch etwas kann geschehen, nämlich »nichts«. Daß also zunächst einmal gar keine Wirkung verspürt wird.

Für diese Situation steht ebenfalls ein freundlicher Helfer zur Verfügung, die Flasche Nr. 11 (Klar über Pink). Auch bei ihr gibt es eine Parallele zur Homöopathie. Manchmal wirkt bei einer homöopathischen Behandlung ein Mittel nicht, von dem der Arzt oder Heilpraktiker aber sicher ist, daß es paßt. In diesem Fall gibt er zunächst ein sogenanntes Zwischenmittel, beispielsweise Schwefel, um den Weg freizumachen. Daraufhin kann dann die ursprünglich ausgewählte Medizin ihre Effekte hervorrufen. Diese Fähigkeit besitzt der Inhalt der Flasche Nr. 11.

Ja, all dies kann mit Aura-Soma passieren. Und vielleicht stößt das Menschen ab, die gern auf Nummer Sicher gehen. Doch im Vergleich zu dem, was die Anwendung von chemischen Mitteln bewirkt, die mit der körpereigenen Chemie des Menschen überhaupt nichts zu tun haben, ist das Risiko im Grunde sehr gering. Denn weil alle Zutaten in den Flaschen natürlichen Ursprungs sind und sich vollkommen mit der Natur des Menschen im Einklang befinden, wird durch sie nur stimuliert, was ihm ohnehin schon innewohnt. Es wurde bereits gesagt, daß die Arbeit mit Aura-Soma-Substanzen zur Selbsterkenntnis verhilft. Aus diesem Grunde lohnt es sich, sich auf die »Geister in den Flaschen« einzulassen. Der Anwender lernt sich selbst und seine Lebensaufgabe immer besser zu verstehen.

Und noch eins: Die Verwendung der Substanzen führt häufig zur tiefen Einsicht, daß Leiden und Schmerzen nicht Verbitterung, Resignation oder Verzweiflung hervorbringen sollen, sondern Reifung und Wachstum. Die Produkte helfen dem Menschen, Widerstände aufzulösen und sein Schicksal als Chance und seine Krankheit als Weg begreifen und annehmen zu können. Hier liegt der erste Schritt zu Veränderung, zu Ganzwerdung und Heilung – wie auch immer das Resultat am Ende aussieht. In manchen Fällen liegt die Heilung eines Menschen allein im Annehmen seines Todes.

Wie nun gelangen die Geister in die Aura-Soma-Flaschen? Diese Frage beantwortet uns Erik Pelham, ein ehemaliger Fotograf, der sich intensiv mit dem Thema Farbe beschäftigt hat. In seiner Freizeit stellte er über viele Jahre hinweg Blütenessenzen her und experimentierte mit den verschiedenartigsten Kombinationen. Seit 1985 steht er in engem Kontakt mit der spirituellen Welt. Mike Booth kannte ihn seit langem und bildete ihn 1992 in der Herstellung und Energetisierung der Substanzen aus. Erik Pelhams Aufgabe ist, die Inhalte der Flaschen nach dem geforderten Standard herzustellen. Der Begriff »Standard« bezieht sich sowohl auf die Farbe als auch auf die Heilungsenergie.
Pelham bezeichnet seine Arbeit nicht als Alchimie, sondern als »Co-Creation«, als gemeinsames Werk von sich und Wesen aus einer anderen Dimension. Er findet, Alchimie sei eher etwas Egozentrisches. Der Alchimist sehe sich als derjenige, der etwas kreiert. Erik sagt: »Ich schaffe nicht selbst die heilenden Energien in den Flaschen. Ich schaffe nicht einmal die Farben. Sondern ich mache mich zum Kanal für diesen Schöpfungsakt.« Sowohl Wesen aus der spirituellen Welt, als auch er selbst und jeder, der im Labor und in der Werkstatt in Tetford arbeite, steuerten zu diesem Akt bei.

Jeder Arbeitstag beginnt für Erik mit einer Kommunikation zwischen sich und seiner inneren Führung. Er weiß daher, welche Wesen von »drüben« an diesem Tag ihre Zusammenarbeit anbieten, und ihre Präsenz spürt er in seinem Astralkörper. Er verfügt dann über eine frei fließende telepathische Verbindung zu ihnen, und die Wesen wiederum geben ihm Anweisungen für den Produktionsprozeß. Wenn es um das Anfüllen der Flüssigkeiten mit Heilungsenergie geht, wirken die Wesen durch ihn, was er auf allen Ebenen wahrnimmt. »Ich könnte überhaupt nichts aus eigener Kraft energetisieren«, sagt er.
Das Bild von den »Geistern in Flaschen« ist also ein bißchen zu

einfach, aber im Grunde trifft es das Ganze doch recht gut: In den Flaschen befinden sich die Energien von geistigen Wesen, vereint mit materiellen Ingredienzien. Diese wiederum haben auch etwas Besonderes; denn sie sind nicht nur alle und ausschließlich natürlichen Ursprungs, sondern stammen auch soweit wie möglich aus biologisch-dynamischem Anbau.
Das sogenannte Träger-Öl, in dem die ätherischen Öle und die Farben gelöst sind, besteht aus einem neutralen Pflanzenöl. Die Aromaöle, zum Beispiel Lemongrass, werden von den französischen Firmen Sunarom und Pranarom hergestellt. Diese Firmen, oder besser gesagt, diese Produktionsgemeinschaften arbeiten mit äußerster Sorgfalt und ganz im Einklang mit der Natur und ihren Rhythmen.
Die Lieferanten der Pflanzenauszüge sind zum Teil immer noch dieselben, mit denen Vicky Wall zusammengearbeitet hat. Sie haben ihre Zuverlässigkeit über Jahrzehnte bewiesen. Diese Essenzen finden wir in der unteren, auf wäßriger Basis beruhenden Lage der Flaschen, die Vicky Wall übrigens »Balance« taufte. (»Balance« steht also als Synonym für die bis heute 92 Glasflaschen mit den zwei farbigen Schichten – im Gegensatz zu den »Pomandern« und den »Quintessenzen«, die auf der Basis von Alkohol beruhen, nur jeweils eine einzige Farbe tragen und in Plastikfläschchen abgefüllt sind.)
Die herrlichen Farben stammen nur zu einem geringen Prozentsatz aus den Aromaölen oder Pflanzenauszügen; sie wären zu schwach. Verstärkt und zu wirklicher Leuchtkraft gebracht werden sie durch Farben anderer Pflanzen, meist Gemüsen. So werden beispielsweise die Orange-, Gold- und Gelbtöne aus Karotten gewonnen. Anwender von Flaschen solcher Farbgebung können den körperlichen Genuß des hautfreundlichen Wirkstoffs Beta-Karotin noch zusätzlich für sich verbuchen.
Die verwendeten Mineralien – Edelsteine und Kristalle – wurden

und werden aus aller Welt zusammengetragen und haben ein einziges gemeinsames Merkmal: ihre früher von Vicky Wall und heute von Mike Booth erfühlte hohe Qualität und starke Heilkraft.

Und hier sind wir bei der Frage, die viele Aura-Soma-Freunde brennend interessiert: Auf welche Weise kommen die Mineralien in die Flaschen? Werden sie gemahlen, pulverisiert? Werden sie in Wasser gelegt, dem Sonnen- oder Mondlicht ausgesetzt und dann den Substanzen beigefügt?
Nichts von alldem passiert. Sondern für das Einbringen der Energie der heilenden Steine in die Flüssigkeiten wird eine kabbalistische Invokation (Anrufung) benutzt. Es handelt sich also um eine esoterische Methode der Energieübertragung einzig und allein mit Hilfe von Worten. Und das ist durchaus kein Humbug. Heute kann mit Kirlianfotografie diese energetische Veränderung zwischen »vorher« und »nachher« festgestellt werden.
Für die Produktion der Inhalte der »Balance«-Flaschen werden ausschließlich Glasbehältnisse verwendet. Denn Glas ist eins der wenigen neutralen Materialien. Jedes Gefäß wird nur einmal benutzt und muß anschließend nicht nur materiell, sondern auch energetisch gereinigt werden – übrigens ein ziemlich zeitaufwendiger Prozeß.

Das verwendete Wasser wird mit verschiedenen hochentwickelten Verfahren auf einen optimalen Stand der Reinheit gebracht. Zunächst wird es gefiltert, dann energetisch ausbalanciert und schließlich mit hochintensivem ultraviolettem Licht bestrahlt, um es von allen Mikroorganismen zu befreien.
Ähnlich wie in der Homöopathie ist bei Aura-Soma das Schütteln der Flüssigkeiten von großer Bedeutung. Durch diesen Vorgang werden die Ingredienzien miteinander vermengt. Wenn

dann später der Anwender sein individuelles Fläschchen schüttelt, wird diese Phase des Produktionsvorgangs aktiviert und sozusagen erinnert.
Was bisher zur Herstellung erklärt wurde, bezieht sich hauptsächlich auf die »Balance«-Flaschen. Aber es gibt bei Aura-Soma ja auch noch andere Produkte, wie beispielsweise die Pomander, die ebenfalls Namen und Nummern haben.
»Pomander« ist eigentlich die Bezeichnung für ein Duftbukett, manchmal präsentiert in einem kleinen geflochtenen Strohkästchen oder in Stoff eingenäht, aber auch in der Form eines Blumenstraußes oder einer mit Gewürzen besteckten Frucht. Pomander wurden früher zum Schutz, zur Desinfektion, zur Reinigung der Atmosphäre benutzt, in ähnlicher Weise wie Weihrauch, Salbei und andere Kräuter verbrannt wurden und werden.
Während die Inhalte der »Balance«-Flaschen direkt auf den Körper aufgetragen werden, gibt man von den Pomandern drei Tropfen auf die linke Hand, verreibt sie mit der rechten Hand und verteilt sie in geringem Abstand um den Körper herum. So unterstützt man seine eigenen Heilungsprozesse vor allen Dingen mit Blick auf die feinstofflichen Körper, und man gibt sich Schutz. Weil die Pomander in kleinen, leichten Plastikfläschchen angeboten werden, können sie in der Handtasche oder in der Hosentasche überall mit hingenommen und diskret angewendet werden, wenn nötig, den ganzen Tag über. Das wäre mit den Ölen meist nicht möglich.
Hauptsächlich sind die Pomander dafür gemacht, Menschen zu schützen, die sich in einem Prozeß der Öffnung befinden. Allerdings wirken nicht alle bei jedem gleich. Man muß mit ihnen etwas experimentieren. (Die Pomander können auch zur energetischen Reinigung von Räumen benutzt werden. Siehe Kapitel 9.)
Die Aura-Soma-Pomander haben eine merkwürdige Geschich-

te. Über viele Jahre hinweg, zu der Zeit, als Vicky Wall noch sehen konnte, sammelte sie auf ihren Spaziergängen Kräuter, die sie in Alkohol legte. Sie wußte nicht so recht, mit welchem Ziel sie das tat, aber sie folgte ihrer inneren Stimme. Es war für ihre Umgebung, aber auch für sie selbst ein etwas mysteriöses Hobby, das sie da betrieb.

Als sie das Gefühl hatte, jetzt sei ihre Sammlung komplett, hatte sie 49 verschiedene Kräuter in Alkohol liegen, sieben mal sieben. Für die Kabbalistin eine bedeutungsvolle Zahl.

1986 folgte Vicky dann wieder ihrer inneren Führung und schuf den ersten Pomander, den weißen. Sie konnte ihn in Dänemark kurz nach der Reaktorkatastrophe von Tschernobyl anbieten, und die Menschen konnten sich damit wirkungsvoll vor den schädlichen Strahlen schützen. Heute gibt es 14 verschiedenfarbige Pomander, die alle diese 49 Kräuter enthalten. Der weiße in einer Gleich-zu-gleich-Dosierung, die andersfarbigen in etwas abgewandelten Dosierungen, bei denen analog zur Farbe bestimmte Kräuter dominieren.

Die für die Pomander benötigten Pflanzen wachsen heute zum Teil in Tetford, im Garten von »Dev-Aura«, dem Ausbildungszentrum von Aura-Soma. Sie werden gepflückt, wenn sie reif sind. Und dann werden sie mindestens für ein Jahr in Alkohol gelegt, damit sie ihre Energie abgeben.

Abschließend sei zur Herstellung noch folgendes gesagt. Bisher wurde alles, einschließlich das Abfüllen, von Hand gemacht, um die feinen Energien in den Substanzen nicht zu schädigen. In Zukunft werden jedoch, weil Aura-Soma sehr schnell expandiert, einige Arbeitsvorgänge mechanisiert werden müssen. Bei der Auswahl der technischen Einrichtungen wird aber auf ihre hohe Sensibilität geachtet. Und immer wird das menschliche Bewußtsein über Herstellung und Abfüllung wachen, damit die Qualität gesichert bleibt.

Wie wirkt nun Aura-Soma?
Vicky Wall zog in ihren Seminaren gern den Vergleich zwischen dem menschlichen Körper und einem Fernsehapparat. Wenn ein Fernseher richtig eingestellt ist, sind die Sender »drin«, das Bild ist scharf, der Ton ist gut. Stimmt aber die Einstellung nicht, gibt es Probleme. Der Apparat kann seine Aufgabe nicht oder nur unbefriedigend erfüllen.
Bei einem gesunden Menschen, so sagte sie, sei es genauso, bei ihm könnten die Energien frei und ungehindert fließen, alle Funktionen könnten tadellos erfüllt werden. Wenn jedoch eine Störung, eine »Falscheinstellung« aufträte, gebe es Schwierigkeiten. Die Anwendung der »Balance«-Öle bewirke eine richtige Einstellung der Wellenlängen im Körper und könne so den Menschen wieder ganz funktionstüchtig machen.
Ende der 80er Jahre analysierten verschiedene Radionik-Fachleute die Reise der Substanzen durch den Körper. Einer von ihnen ist David Tansley, der sehr empfehlenswerte Bücher über Radionik geschrieben hat, eine Richtung in der Alternativ-Medizin, die mit Instrumenten Schwingungen im Körper und damit Krankheitsfelder und sogar spezielle Krankheiten feststellen kann.
Die Experten fanden folgendes heraus: Nachdem die beiden Lagen in den »Balance«-Flaschen zusammengeschüttelt und an den entsprechenden Stellen rund um den Körper aufgetragen worden waren, drangen sie und ihre Inhaltsstoffe über die halbdurchlässige Membran der Haut in den Körper ein. Sie bewegten sich dann weiter ins Lymphsystem, von dort aus in den Blutkreislauf und schließlich in die Körperorgane. Dieser letzte Vorgang wird zur Zeit von Ärzten mit Elektrokardiogrammen getestet.
Vor allen Dingen hat Aura-Soma einen ausgleichenden und heilsamen Effekt auf alle Körperdrüsen, auf das gesamte hormonelle System. Für diesen Bereich hat die Schulmedizin nur chemische Medikamente anzubieten.

Genau wie es nach wie vor ein Geheimnis bleibt, warum die Inhaltsstoffe einer Pille innerhalb des komplexen und komplizierten Systems des Körpers genau an die Stelle gelangen, wo sie benötigt werden, ist das Geheimnis ungelöst, warum die Aura-Soma-Öle genau an der richtigen Stelle ihre segensreiche Wirkung entfalten.

Die Reise der Pomander und der Quintessenzen verläuft ähnlich. Allerdings werden sie lediglich auf die Hände beziehungsweise auf den Puls gegeben, von wo aus die Inhaltsstoffe in geringerer Dosierung durch die Haut ins Lymphsystem, in den Blutkreislauf und in die Organe gehen. Weil die Hände beim Anwenden der Pomander und Quintessenzen jedoch durch das eigene elektromagnetische Feld geführt werden, wirken sich diese Substanzen besonders auf den feinstofflichen Bereich aus, der in unmittelbarer Beziehung zum »grobstofflichen« steht.
Die Tatsache, daß die heilenden Farbschwingungen und ihre geballte Energie körperlich direkt angewendet und absorbiert werden können, unterscheidet Aura-Soma von allen bisher bekannten Farbtherapien.

Warum die Energie so geballt ist, das hat vor allen Dingen einen Grund. Ohne es zunächst zu wissen, wandte Vicky Wall in ihrem Schöpfungsakt die »Signaturenlehre« an, deren wichtigster und bekanntester Vertreter Theophrastus Bombastus von Hohenheim, genannt Paracelsus (1493-1541) war. Signatur heißt »Beschriftung«. Die Signaturenlehre besagt, daß in der Natur alles bezeichnet oder beschriftet ist und daß das Äußere einer Pflanze Rückschlüsse auf ihre Eigenschaften zuläßt. Als Paracelsus beispielsweise entdeckte, daß die Samen des Granatapfels wie menschliche Zähne aussehen, zog er den Schluß, daß sie Zahnschmerzen heilen können (was zutrifft!). Paracelsus betrachtete die Entschlüsselung des Wesens und der heilenden Eigenschaften einer Pflanze als Kunst, und er meinte, daß man sich dabei weniger auf sein Bücherwissen denn auf die eigene Geduld und Demut verlassen sollte, damit sich die Zeichen offenbaren könnten.

Vicky Wall wandte diese Signaturenlehre in Kombination mit der vedischen Chakra-Lehre an, die den Körper des Menschen in verschiedene farbliche Bereiche unterteilt. Vicky Wall konnte aufgrund ihrer Hellsichtigkeit den Menschen als Regenbogen wahrnehmen – und auch, ob in diesem Regenbogen irgendwo etwas nicht stimmte. Sie war erstaunt, als sie, über 60 Jahre alt, feststellen mußte, daß die altindische Chakra-Lehre auf dieser Sichtweise beruht.

Entsprechend ihrer eigenen Wahrnehmung und intuitiv im Einklang mit der Chakra-Lehre, kombinierte sie Pflanzen und Mineralien der gleichen Farbe, damit sie an den entsprechenden Stationen des Körpers ihre heilenden Energien entfalten können. Beispielsweise für den Kopf – den nach der Chakra-Lehre blauen und violetten Bereich des menschlichen Regenbogens – stellte sie Auszüge und ätherische Öle unter anderem von Lavendel und Veilchen in Kombination mit den heilenden Schwingungen von Amethyst zusammen. Und sie verstärkte die Wirksamkeit dieser Mischung mit entsprechenden pflanzlichen Farben. (Tatsächlich wirken die blauen wie violetten Substanzen heilend bei Kopfschmerzen, Schlaflosigkeit durch Nervosität und anderen Beschwerden, die ihren Ursprung im Kopf haben.)

Vicky Wall handelte, indem sie die Anleitungen ihrer inneren Führung befolgte. Wirkungsweise, Hintergründe und Logik des Ganzen traten erst nach und nach zutage, und sie tun es bis heute.

Viele Menschen arbeiten daran, die männlichen und weiblichen Kräfte ins Gleichgewicht zu bringen, um das Leben auf dieser Erde (wieder) angenehmer, harmonischer zu gestalten. Der Ansatz von Vicky Wall und Aura-Soma, einfach die Botschaft der Natur aufzunehmen, die sie durch Farbe und Form aussendet, ein paar Kombinationen auszuführen und damit eine unglaubliche Potenzierung heilender Energien zu bewirken, resultiert auf einem sehr »weiblichen« Denkmuster, einer der inneren Stimme vertrauenden, sich in die Natur und ihre Zusammenhänge einfühlenden Vorgehensweise. Vielleicht war dafür bislang die Zeit noch nicht reif; jedenfalls erstaunt, daß zuvor noch niemand auf diese Idee gekommen ist.

Übrigens: Der Regenbogen gilt auch als Symbol für die kosmische Vagina, für die fruchtbare, formgebende, weibliche Seite Gottes, die viele Hunderte von Jahren wegdiskutiert bzw. verschwiegen wurde ...

Beschließen wir dieses Kapitel mit dem, womit wir es begonnen haben, mit den Geistern in Flaschen.

Egal, ob wir uns dabei wirklich Wesen aus dem Reich der Pflanzen und Mineralien oder auch neu geschaffene, in Flaschen lebende Geister vorstellen (können), oder ob uns eine abstraktere Sichtweise mehr liegt – bei jeder Anwendung einer der Substanzen sollten wir ein kleines Gebet oder einen Dank hinausschicken für die Hilfe, die wir jetzt erhalten. Und wir sollten vielleicht auch einen Gedanken daran verschwenden, daß nicht nur uns selbst, sondern auch anderen Menschen, Tieren, Pflanzen, den Elementen, der gesamten Erde Heilung, Ganzwerdung und Friede zukommen. Dieser Aspekt des Dankes und Austausches ist bei Aura-Soma von Beginn an von großer Wichtigkeit gewesen und stellt einen Grundpfeiler eines jeden Seminars dar. Wir alle sind mit allem verbunden. Der bewußte Umgang mit Aura-Soma gibt uns die Chance, in die Heilung unserer eigenen spirituellen, geistigen, emotionalen und körperlichen Probleme und Defizite die unserer näheren und weiteren Umgebung mit einzubeziehen; der Umgebung, die wir direkt wahrnehmen können, ebenso wie unseren fünf Sinnen nicht ohne weiteres zugänglichen parallelen Realitäten.

4 Die feinstoffliche Anatomie des Menschen

»Worüber man nicht sprechen kann, darüber sollte man schweigen.« Das ist ein schöner Grundsatz, den zu beherzigen wir empfehlen, besonders im Hinblick auf spirituelle Dinge.
Über die Feinstofflichkeit des Menschen zu sprechen oder zu schreiben ist – nun, sicher nicht unmöglich. Aber es ist aus verschiedenen Gründen sehr schwierig. Warum wir es trotzdem tun, und worin die Schwierigkeiten bestehen, wollen wir im folgenden kurz erklären.

1. Es handelt sich bei den feinstofflichen Körpern oder den Energiekörpern des Menschen um etwas, das nur besonders Begabte oder besonders Ausgebildete wahrnehmen können.
2. Selbst was diese Menschen sehen und/oder fühlen, ist nicht einheitlich. Es herrschen auch unter Heilern und Sensitiven unterschiedliche Meinungen über das, was sie wahrnehmen. Es gibt in diesem Feld keine objektiven Kriterien.
3. Genauso sieht es mit der vorhandenen Literatur aus: Die Auffassungen und Bezeichnungen variieren von Schule zu Schule. Sie variieren sogar, so könnte man fast sagen, von Autor zu Autor.
4. Das alles trägt nicht gerade dazu bei, daß sich Menschen mit einem »normalen« (Bildungs-)Hintergrund von diesem Thema sonderlich angezogen fühlen. Sie können ihre eigenen feinstofflichen Körper ebensowenig sehen wie die ihrer Mitmenschen, sie können sie nicht fühlen, die Fachleute sind sich

darüber nicht einig, und auch die Fachliteratur zeichnet sich durch Uneinheitlichkeit aus.

Es handelt sich offensichtlich um ein Thema, über das man nicht recht sprechen oder schreiben kann. Also schweigt man darüber – meistens. Oder man schweigt es tot. Doch im Zuge einer größeren Aufgeschlossenheit für alternative Heilweisen und für die Zusammenhänge zwischen Körper, Seele und Geist ahnen bzw. wissen heute viele Menschen, daß da noch mehr im Spiel sein muß als nur der sogenannte grobstoffliche materielle Körper, wenn jemand erkrankt oder wenn ihn etwas so packt, daß ihm kalt wird oder heiß oder daß sein Magen Purzelbäume schlägt.
Während chemische Medikamente fast ausschließlich auf der materiellen Ebene Einfluß ausüben, wirkt Aura-Soma auf der materiellen und auf der feinstofflichen Ebene. Wir kommen also, wenn wir unser Thema lückenlos behandeln wollen, nicht darum herum, uns mit der feinstofflichen Ebene zu beschäftigen.

In unserem Zusammenhang werden wir nur auf die Aura-Soma-Sichtweise eingehen und all die anderen Ansätze beiseite lassen. Hinsichtlich der Bereiche Farben und Meister werden wir genauso verfahren.

Wenn Sie, liebe Leserin und lieber Leser, anderes erfahren oder gelernt haben als das hier Dargestellte, so bitten wir Sie um folgendes: Stellen Sie es im Augenblick der Lektüre in den Hintergrund. Wir sagen nicht, unsere Sichtweisen seien »richtig« und alle anderen »falsch«. Wir stellen nur die Voraussetzungen dar, von denen Aura-Soma ausgeht und die Bezeichnungen, die in diesem System benutzt werden. Danach können Sie gern zu Ihren eigenen Erfahrungen und bevorzugten Lehren und Autoren zurückkehren. Oder auch zu dem, was wir am Anfang sagten, zum Schweigen über diese Dinge, die so sehr im Bereich des Unüberprüfbaren und Geheimnisvollen liegen.

Hier nun aus der Sicht von Aura-Soma die unterschiedlichen Ebenen des menschlichen Körpers:

- der materielle Körper,
- das elektromagnetische Feld, das durch Kirlianfotografie sichtbar gemacht werden kann. Es befindet sich ganz nah am materiellen Körper, direkt über der Haut, und es kann sich bis etwa vier bis fünf Zentimeter weit ausdehnen; in ihm bildet sich der gesamte momentane Zustand des Körpers ab, der sich aber innerhalb weniger Augenblicke verändern kann,
- der ätherische Körper, der sich etwa bis zu 20 Zentimeter um den materiellen Körper herum ausdehnt (dazu finden Sie weiter unten nähere Informationen),
- der Astralkörper, der sich bis zu etwa 30 oder 40 Zentimetern um den materiellen Körper herum ausdehnt (auch dazu nähere Informationen weiter unten).

Das elektromagnetische Feld und der ätherische Körper liegen innerhalb des Astralkörpers. Man kann sich das vorstellen wie mehrere dicke Pullover, die man übereinander anhat. Diese verschiedenen Energiekörper beeinflussen sich gegenseitig, d. h., sie stehen in direkter Beziehung miteinander.
Neben dem materiellen Körper und diesen drei Energiekörpern gibt es noch weitere Energiekörper. Sie werden jedoch durch die Arbeit mit den Aura-Soma-Substanzen nicht direkt beeinflußt. Daher erwähnen wir sie hier nicht.
Anders als das elektromagnetische Feld zeigt der ätherische Körper die tiefer liegenden, beständigen Gegebenheiten des Körpers auf. In ihm sind u. a. mögliche Unfälle aus der Kindheit oder auch aus Vorleben gespeichert, ebenso alle Schocks. Bei

Aura-Soma wird der ätherische Körper vor allem mit dem Bereich Schock, aber auch mit den Bereichen Abhängigkeit, Co-Abhängigkeit, und im erlösten Zustand mit Unabhängigkeit und Interdependenz in Verbindung gebracht.
Weiter besteht eine Verbindung zwischen dem ätherischen Körper und dem zweiten Chakra, dem Sakralchakra, das vor allem sexuelle Energie prozessiert. Und es besteht eine Verbindung zur Milz, die nach esoterischer Vorstellung Substanzen aus dem Astralkörper in ätherische Substanzen verwandelt. Diese Substanzen sorgen dafür, daß durch Schocks entstandene Verletzungen und Löcher des ätherischen Körpers geflickt und überspannt werden. Sie können jedoch die Löcher nicht auf Dauer schließen. Und wenn der Betreffende müde und erschöpft ist, hat die Milz anderes, mehr auf den physischen Körper Bezogenes zu tun, als besagte Substanzen herzustellen. So werden dann im Zustand der Schwäche die Folgen vergangener Schocks offensichtlich. Der Betreffende fühlt sich immer schlechter, und die Schulmedizin steht vor einem Rätsel.

Wie bereits erwähnt, kann die »Schock-Flasche« (Nr. 26, Orange über Orange) und manchmal auch die Nr. 87 (Koralle über Koralle) hier wahre Wunder wirken. Die Inhalte dieser Flaschen sind, so unglaublich es erscheinen mag, fähig, die Wunden am ätherischen Körper zu schließen und zu heilen. Das bewirkt eine schnelle und effektive Heilung auf allen Ebenen. Häufig ist es angebracht, die Arbeit mit den Aura-Soma-Substanzen mit der Flasche Nr. 26 oder Nr. 87 zu beginnen. Denn die Voraussetzung dafür, daß in der Folgezeit die angewendeten Substanzen ihre Kraft wirklich entfalten können, ist ein heiler ätherischer Körper. Ein Indiz dafür, daß jemand sehr vom Inhalt einer dieser beiden Flaschen profitieren würde, kann eine besondere Vorliebe für oder auch eine besondere Abneigung gegen die Kombination Orange-Orange oder Koralle-Koralle sein.

Die meisten Menschen ignorieren ihren ätherischen Körper. Dabei ist er für liebevolle Beachtung und Zuwendung genauso dankbar wie der physische Körper. Wenn seine Verletzungen plötzlich Linderung erfahren und sogar ganz verschwinden können, und wenn er dann durch all die anderen Aura-Soma-Substanzen – Pomander und Quintessenzen ebenso wie die »Balance«-Öle – Unterstützung und Stimulation erfährt, wird er dazu angeregt, sein Bestes zu geben, was zu einem völlig neuen Lebensgefühl führen kann.
Die Themen Schock, Trauma, Abhängigkeit, Co-Abhängigkeit, Unabhängigkeit, Interdependenz und Sexualität und ihre Verknüpfung bei Aura-Soma können Sie zum Thema einer Meditation machen. Vielleicht gelingt es Ihnen auch, sich während dieser Meditation auf die Farbe Orange einzustellen. Wahrscheinlich werden Sie dabei einige überraschende Erkenntnisse gewinnen.

»Astralkörper« wird bei Aura-Soma der Körper genannt, der unabhängig von den anderen Körpern des Menschen existiert. Im Schlaf führt er sein eigenes Leben, er trennt sich und geht auf Reisen. Was wir in Träumen erleben, sind häufig Teile von Eindrücken, die wir auf solchen Reisen gewinnen.
Mit der sogenannten Silberschnur, die beim Sterben durchtrennt wird, bleibt der Astralkörper aber an die anderen feinstofflichen Körper und an den physischen Körper angeschlossen.
Je mehr ein Mensch geistig erwacht, um so bewußter ist ihm, daß sein Astralkörper »reist«, und auch, wohin. Es kann sein, daß er beginnt, sich morgens genau zu erinnern, wo er war. Diese Erinnerung ist klarer und weniger verfremdet als die Erinnerung an Träume.
Hat jemand eine noch höhere Bewußtseinsstufe erlangt, kann er sogar entscheiden, wohin er mit seinem Astralkörper gehen

möchte. Auf diese Art kann er jemanden »besuchen«, er kann heilen, er kann in Krisengebieten Hilfe leisten. Wenn jemand so weit ist, wird sein Astralkörper zum »astralen Doppelgänger« oder dem »astralen Double«. (Bitte denken Sie daran, daß diese Bezeichnungen Aura-Soma-spezifisch sind.)

Der Astralkörper steht mit der (auch in anderen Systemen so genannten) astralen Welt in Verbindung. Das ist eine Art Parallelwelt, die in Träumen (nicht in allen Träumen!), in Ritualen, in der Meditation (auch nicht in jeder Meditation!) und mit Hilfe bewußtseinsverändernder Substanzen aufgesucht werden kann. Die Bücher von Carlos Castaneda beschäftigen sich mit dieser astralen Welt, in der zwar die höchsten Energien zu Hause sind, in der aber auch sehr viel Betrug und Illusion herrschen, sogar weitaus mehr als bei uns in der materiellen Welt. Unterscheidungsvermögen, Klarheit und Schutz sind hier also noch einmal mehr angesagt als im materiellen Bereich.

Auch an dieser Stelle möchten wir betonen, daß die gesamte Palette der Aura-Soma-Substanzen mit den besten und hilfreichsten Energien in Verbindung steht. Außer den bereits erwähnten möglichen problematischen Situationen, die im Zusammenhang mit der Persönlichkeit des Anwenders entstehen können, kann nichts passieren.

Im Astralkörper eines Menschen sind seine Visionen, Pläne und größten Ziele gespeichert, seine Nachtträume und Wunschträume. Es liegen darin sein gesamtes künftiges Potential und auch sein spiritueller Aspekt. Die »Balance«-Flaschen aus dem Meister-Set sowie die Quintessenzen, das heißt, alle Substanzen mit Pastellfarben, wirken direkt auf den Astralkörper. Sie unterstützen die Ziele, die wir uns gesetzt haben, unsere Visionen und Pläne, unser höchstes Potential und unseren spirituellen Anteil.

Die Pastellfarben nehmen also direkten Einfluß auf den Astralkörper. Doch von dort aus schwingen sie zurück in den ätheri-

schen Körper, das elektromagnetische Feld und den physischen Körper hinein, was mit Hilfe von Kirlianfotografie sichtbar gemacht werden kann.
Die Farben Orange und Koralle wirken direkt auf den ätherischen Körper, von wo aus das gleiche geschieht: Die Auswirkungen setzen sich ins elektromagnetische Feld und in den materiellen Körper hinein fort, und auch nach außen in den Astralkörper. Alle anderen Farben haben Effekte auf den physischen Körper, und sie wirken von dort nach außen, auf das elektromagnetische Feld, den ätherischen Körper und den Astralkörper.
Mit »Lichtkörper« ist bei Aura-Soma folgendes gemeint: Die moderne Physik sagt, daß alle Materie – also auch der (materielle) Körper des Menschen – Licht ist, das auf verschiedenen Frequenzen schwingt. Die feinstofflichen Körper sind ebenfalls Licht mit anderen Frequenzen. Alle Körper zusammen bilden den »Lichtkörper«, aber nur für Menschen, die sich dessen bewußt sind. Wenn es in der Beschreibung der Flasche Nr. 54 (»Serapis Bey«, Klar über Klar) heißt: »Läßt den Lichtkörper bewußt werden«, so bedeutet das, daß durch das Benutzen der Substanz »Serapis Bey« der Anwender in einen Prozeß eintreten kann, in dem ihm nicht nur intellektuell, sondern auch sinnlich und »über-sinnlich« bewußt wird, daß er aus Licht besteht. Diesbezügliche Erfahrungen und Erlebnisse liegen so sehr jenseits aller Worte, daß wir sie hier nicht beschreiben können.

Die »Aura« ist letztlich die Kombination aller drei feinstofflichen Körper: des elektromagnetischen Feldes, des ätherischen Körpers und des Astralkörpers. Die Chakren liegen, sehr vereinfacht ausgedrückt, zwischen dem materiellen und dem ätherischen Körper. Wenn eins der Chakren überfunktioniert, zeigt sich einem hellsichtigen Menschen die entsprechende Farbe, beispielsweise Rot für das Basischakra, in besonders intensiver

Weise. Das Rot taucht in der Aura genau da auf, wo es sich auch am materiellen Körper befindet: am Unterbauch. Hat dieses Chakra eine Unterfunktion, erscheint die Farbe in der Aura zu blaß. Ein Sensitiver kann also leicht erkennen, wo im Körper eines Menschen Unbalanciertheiten bestehen. Sensitive Menschen sehen die Aura des Menschen tatsächlich so, wie Aura-Soma ihn beschreibt, als einen Regenbogen.
(Nichts, was heute auf dem Markt als »Aurafotografie« angeboten wird, ähnelt auch nur in entferntester Weise dem, was ein Sensitiver wahrnimmt. Man mag sich damit gern die Zeit vertreiben, sich auf diese Art fotografieren zu lassen und dieses Foto zu betrachten. Aber es wäre ein Fehler, daraus zuverlässige Schlüsse ziehen zu wollen.)
Schließlich kennt Aura-Soma noch die »wahre Aura«, die bereits erwähnt wurde. Sie ist ebenfalls für Sensitive wahrnehmbar, wird aber meist nicht beachtet. In anderen esoterischen Systemen gibt es Anspielungen darauf, aber bisher macht nur Aura-Soma dazu klare Angaben. Die »wahre Aura« ist ein feinstofflicher Bereich von etwa der Größe einer Walnuß; jedenfalls da, wo sie sich am meisten konzentriert. Um diesen Teil herum dehnt sie sich zu einem Ball vom Durchmesser einer Untertasse aus. Die Mitte der Walnuß und des Balls befindet sich etwa zwei Fingerbreit über dem Nabel und etwa zwei Fingerbreit im Körper drinnen. Der Ball, so könnte man also sagen, dehnt sich über den materiellen Körper hinaus aus.
In der »wahren Aura« sind, wie auf einer holographischen und dreidimensionalen (Computer-)Diskette, alle wichtigen Informationen über die Vorleben und über die künftigen Leben des einzelnen abgespeichert; hinsichtlich der Zukunft aber dahingehend, daß nicht alles festliegt, sondern daß der Betreffende jetzt und hier zu handeln hat, und sein jetziges Leben die zukünftigen beeinflußt.
Folgendermaßen entsteht die »wahre Aura«: Wenn das Spermi-

um des künftigen Vaters die Eizelle der künftigen Mutter trifft und mit ihr verschmilzt, entsteht eine Explosion. (Das ist nicht nur eine esoterische Sichtweise, dieser Vorgang ist mit Mikrofotografie aufgezeichnet worden.) Die »Wolke«, die bei dieser Explosion entsteht, bewahrt die anderen Eizellen davor, durch weitere Spermien befruchtet zu werden. Kommt es dazu nicht schnell genug, werden zweieiige Zwillinge gezeugt.

Die Energie der allerersten Zelle stellt das Zentrum der »wahren Aura« dar. Und diese Energie zieht ein Wesen an, das sich inkarnieren möchte.

Es passieren also vier Dinge:

- Ein Spermium trifft ein Ei.
- Es kommt zu einer Explosion.
- Der Kern einer »wahren Aura« entsteht.
- Ein Wesen, das sich inkarnieren möchte, wird angezogen.

An dieser Stelle müssen wir kurz auf die sogenannte Strahlenlehre zu sprechen kommen, ein System, das in der Theosophie eine Rolle spielt und zum Beispiel von Alice Bailey vertreten wird.

Die Lehre von den Strahlen möchte – ähnlich wie die Astrologie – Menschen Hilfestellung beim Erkennen von Temperament, Veranlagung und damit Lebensthema, d. h. Lebensaufgabe geben. Bekanntlich ist es sehr schwierig, sein So-Sein richtig einzuschätzen. Da kann eine gute astrologische Persönlichkeitsanalyse helfen, vorhandene Stärken und Schwächen, wichtige Bedürfnisse, mögliche Hindernisse und Gefahren auf dem Lebensweg aufzuspüren. So ist es möglich, sich Umwege zu ersparen und direkter mit seinem Thema, seiner Aufgabe, seiner Erfüllung in Kontakt zu treten.

Genauso verhält es sich mit der Strahlenlehre. In der Theosophie sind es sieben, nämlich die Regenbogenfarben, und gleichzeitig die Farben der Chakren; bei Aura-Soma sind es neun Chakren, die ebenfalls den Regenbogenfarben zugeordnet sind, und dann noch zwei Aura-Soma-spezifische Chakren, verbunden mit den Farben Türkis und Magenta. (Dazu mehr im nächsten Abschnitt.)

Jedem Strahl sind bestimmte Eigenschaften und Energien zugeordnet und auch bestimmte Helfer in der Astralwelt. Durch eine sorgfältige Wahl der ersten Flasche, die »Seelen-Flasche« genannt wird, kann jeder herausfinden, auf welchem Strahl er in dieses Leben gekommen ist. Er erfährt so, welche Themen er in diesem Leben bearbeiten soll.

Wo liegt nun der Zusammenhang zwischen »wahrer Aura«, Farbe und »Seelen-Flasche«? Die Explosion bei der Zeugung hat – im esoterischen, energetischen Sinne – eine bestimmte Farbe. Diese Farbe stellt den »Persönlichkeitsstrahl« eines Wesens dar, das sich inkarnieren möchte. Es wird von der Farbe dieser Explosion angezogen, weil es dieser Farbstrahl ist, der seiner Persönlichkeit in diesem Leben entsprechen soll. Was das Wesen aus früheren Inkarnationen mitbringt, ist jedoch sein »Seelenstrahl«. Diesen Seelenstrahl bringt es aus der Welt mit, in der es sich vor seiner Inkarnation aufhielt. Persönlichkeitsstrahl und Seelenstrahl können übrigens in ihrer Farbe übereinstimmen, müssen es aber nicht.

Wenn im oder kurz nach dem Moment der Zeugung der Seelenstrahl auf den Persönlichkeitsstrahl trifft, druckt er in die einzelne, erste Zelle die gesamten über dieses Wesen vorhandenen Informationen ein. Die dreidimensionale, holographische »Diskette« entsteht.

Wenn jemand unter den Aura-Soma-Flaschen wirklich seine Seelen-Flasche herausgefunden hat, also die, in der er sich zutiefst repräsentiert fühlt, zeigt die Farbe der unteren Flüssigkeitsschicht die des Seelenstrahls, die der oberen Schicht die des

Persönlichkeitsstrahls. Wie gesagt, sie können die gleiche Farbe tragen, müssen es aber nicht.
Der allererste Wachstumsprozeß des Fötus findet in der »wahren Aura« statt. Später wächst er darüber hinaus. Doch die »wahre Aura« bleibt, mit der Energie des Zeugungsmomentes, im Bereich des Nabels bestehen. Bei Aura-Soma taucht öfter der Begriff vom »Stern im Zentrum Ihres Wesens« auf. Damit ist die »wahre Aura« gemeint.
Wenn ein Mensch einen Schock oder ein Trauma erlebt, möchte die »wahre Aura« den Körper verlassen und bewegt sich somit zur »ätherischen Spalte« auf der linken Körperseite im Brustbereich. (Die Schock-Flasche, Nr. 26, Orange über Orange, kann dabei helfen, sie wieder in ihre normale Position zurückzubringen, wie sie auch die unter Schock entstehenden Wunden und Verletzungen des ätherischen Körpers reparieren kann; darüber haben wir ja bereits berichtet.) Stirbt ein Mensch im Schockzustand, verläßt die wahre Aura hier den Körper. Stirbt ein Krimineller, so verläßt die »wahre Aura« seinen Körper durch den Anus. Stirbt ein »normaler« Mensch einen »normalen« Tod, tritt die »wahre Aura« durch den Mund aus. Stirbt ein hochentwickelter Mensch, tritt sie durch die Fontanelle, also durch die Schädeldecke, aus dem Körper aus.
Soviel zu den feinstofflichen Körpern oder Energiekörpern aus der Sicht und in der Sprache von Aura-Soma.

Die beiden anderen Komponenten des Energiesystems Mensch sind die Chakren oder Energiezentren und die Nadis oder Energiekanäle. Durch die Nadis (das Wort heißt im Sanskrit Röhre oder Ader) wird Prana (ebenfalls Sanskrit: »absolute Energie«, Lebensenergie) durch das feinstoffliche Energiesystem geleitet. Über die Chakren sind die Nadis des einen Energiekörpers mit denen des anderen Energiekörpers verbunden.

Sie nehmen aus der näheren und weiteren Umgebung des Menschen Prana auf, transformieren es in »verdauliche« Frequenzen und verteilen es in seinem physischen Körper und in seinen Energiekörpern. Die Chakren strahlen auch Energien nach außen ab, was, wie gesagt, für Sensitive sichtbar bzw. fühlbar ist. Allerdings sehen nicht alle dasselbe; in diesem Bereich bestehen keinerlei objektive Kriterien.

Die Lehre von den Chakren stammt aus dem alten Indien, und sie ist älter als das Christentum. Im großen und ganzen stimmt Aura-Soma mit dieser Lehre überein: d. h. mit der Farbgebung, angefangen vom Basischakra (Rot) bis hinauf zum Kronenchakra (Violett), und mit den meisten traditionellen Zuordnungen zu den Chakren. Der erste wesentliche Unterschied liegt jedoch darin begründet, daß man sich bei Aura-Soma nicht so sehr auf die rotierenden Energie-Räder konzentriert, (»Chakra« ist ebenfalls ein Sanskritwort, das »Rad« bedeutet), sondern daß der gesamte jeweilige Körperbereich einbezogen wird. Farben werden also nicht nur den Bereichen zugesprochen, wo sich die Chakren befinden, sondern der ganze Körper wird farbig gesehen. Von den Füßen angefangen (Rot) über die Beine (Rot) und den Bereich des Basischakras (Rot), dann langsam in Korallenrot und Orange und Gold und Gelb übergehend, bis hinauf in den Kopfbereich, wo sich Blau langsam in Königsblau und Königsblau langsam in Violett verwandelt. Wenn bei Aura-Soma vom »menschlichen Regenbogen« gesprochen wird, ist exakt dieses Bild gemeint. Schauen Sie sich das Chakra-Chart* an, Sie finden eine genaue Abbildung. Wenn Sie das Chakra-Chart betrachten, wird Ihnen die zweite Abweichung auffallen: Im Genitalbereich ist eine Stelle in Rosa eingezeichnet. Damit hat es folgendes auf sich: Die Farbe Rot, die nach der herkömmlichen Chakra-Lehre dort angesiedelt ist, hat einerseits mit Leidenschaft, ande-

* *chart:* engl. »Schaubild«.

rerseits mit Aggression zu tun. Bei vielen Menschen ist die Sexualität von diesen beiden Energien bestimmt, und welch verheerende Folgen daraus entstehen, ist allgemein bekannt. Wenn Licht in die Farbe Rot hineingebracht wird, verwandelt sie sich zu Rosa, in der bei Aura-Soma benutzten Sprache »Pink«. Übertragen auf den Bereich der Sexualität heißt das: die »Schwingung wird erhöht«, der Bereich Aggression wird vermindert und verschwindet ganz, die aggressive Leidenschaft wird zu leidenschaftlicher, warmer Liebe; im Idealfall jedenfalls. Ein wesentliches Ziel der Pinkkombinationen ist, genau diesen Verwandlungsprozeß zu unterstützen.

Die traditionelle Chakra-Lehre kennt sieben Hauptchakren, Aura-Soma neun: Das achte Chakra liegt danach über dem Kopf, also außerhalb des Körpers, die zugeordnete Farbe ist Magenta, also ein tiefes Pink. Das neunte Chakra, das bereits hier und da in der Literatur zu finden ist, unter anderem bei dem indischen Weisen Ramana Maharshi, wird »Ananda-Khanda-Zentrum« genannt, und liegt etwa neben dem Herzchakra, auf der rechten Körperseite, also genau gegenüber dem physischen Herzen des Menschen. Bei Aura-Soma wird es das »viereinhalbte« Chakra genannt, mehr dazu weiter unten. Die ihm zugeordnete Farbe ist Türkis, die Farbe des Meeres und der Delphine. Mehr zu den beiden zusätzlichen Chakren weiter unten.
Die traditionelle Chakra-Lehre geht davon aus, daß im Basischakra die sogenannte Kundalini-Kraft sitzt, die Schlangen-Kraft. Bei den meisten Menschen ist »die Schlange zusammengerollt« und schläft. Ab und zu erhebt sie sich bis zum »zweiten Chakra«, dem Sakralchakra, das mit der Sexualität in Verbindung gebracht wird, und zum Solarplexus, wo das Thema Macht zu Hause ist. Viel mehr passiert nicht. Das heißt, für die meisten Menschen geht es um Überlebensfragen, um Sexualität und um Machtausübung.

Wenn jedoch auch die sogenannten höheren Chakren erweckt sind, wenn die Kundalini-Energie durch sie ungehindert aufsteigen kann, dann kann der Mensch sein volles Potential entwikkeln, er kann sich ganz und gar entfalten, er kann sogar zur Erleuchtung gelangen. Wenn also viele esoterisch-spirituelle Richtungen oder alternative Heilmethoden darauf zielen, die Chakren in Balance zu bringen, so heißt das nichts anderes, als daß sie den Menschen zu seiner vollen Entfaltung, und zwar auf allen Niveaus, dem spirituellen, dem mentalen bzw. geistigen, dem emotionalen und dem körperlichen, verhelfen wollen. Im Zuge spiritueller Arbeit bestimmte Chakren überzustimulieren und andere zu vernachlässigen ist Unsinn und entspricht nicht der menschlichen Natur. Überlebensthemen wie Essen und Trinken gehören genauso zu einem menschlichen Leben wie zum Beispiel eine erfüllte Sexualität, ein ausgewogenes Gefühlsleben und ein spirituelles Angeschlossensein. Sich nun um »Höheres« wie Kommunikation, Sensitivität und Spiritualität zu bemühen und die »niederen« Bereiche zu vernachlässigen, kann verheerende (Spät-)Folgen haben. Jeder spirituelle Lehrer, der Verantwortungsbewußtsein besitzt, achtet darauf, daß seine Schüler zunächst einmal ihr Alltagsleben in Ordnung bringen und daß sie es nicht vernachlässigen, welchen Weg auch immer sie einschlagen.

Im folgenden geben wir einige kurze Erklärungen zu den Chakren. Wir beschränken uns hier auf das, was Sie unbedingt wissen müssen, um sinnvoll mit Aura-Soma arbeiten zu können. Es gibt zu diesem Thema eine Fülle von Literatur, in der Sie weiterforschen können. Wir empfehlen besonders die Bücher von David Tansley (siehe Literaturliste).

Das *Basischakra* bezieht sich im System Aura-Soma auf den gesamten unteren Körper, von den Füßen bis zum untersten Teil des Unterleibes. Es liegt am untersten Ende der Wirbelsäule am Steißbein. Zugeordnet sind ihm

- die Farbe Rot,
- in einem kleinen Bereich auch die Farbe Rosa (Aura-Soma-Bezeichnung: »Pink«, dazu wurde weiter oben einiges gesagt),
- die Wirbelsäule,
- die Nieren,
- die Nebennieren (Adrenalinproduktion).

(In der herkömmlichen Chakra-Lehre wie bei Aura-Soma besteht eine enge Beziehung zwischen den Chakren und den Drüsen).

Das Basischakra verankert den Menschen in der materiellen Welt. Es hat mit dem Thema »Überleben« zu tun. Wenn Ihr Basischakra sich in Balance befindet, wenn es also offen, aber nicht über-stimuliert ist, wenn es harmonisch funktioniert, dann sind Sie von Ur-Vertrauen getragen. Alles, was Sie zum (Über-)Leben brauchen, fließt Ihnen zu: Lebensenergie, Schutz, Zuwendung, Nahrung, Geld.
Ist Ihr Basischakra nicht in Balance, so haben Sie mit all diesen Bereichen Probleme. Sie kreisen mit Ihrem Denken um diese Themen, und zwar so, daß Sie sie in egozentrischer Weise befriedigen möchten. Wichtig ist Ihnen, daß es Ihnen und Ihren engsten Angehörigen gutgeht, viel mehr interessiert Sie nicht. Entweder neigen Sie dazu, sich mit aggressiven Methoden das, von dem Sie meinen, daß es Ihnen zusteht, zu verschaffen, oder es mangelt Ihnen an Durchsetzungsvermögen.

Das *»zweite Chakra«* bezieht sich auf den Bereich, in dem die Fortpflanzungsorgane liegen. Es liegt etwa da, wo der unterste Wirbel der Wirbelsäule zu fühlen ist. Zugeordnet sind ihm

– die Farbe Orange,
– die Fortpflanzungsorgane,
– die Keimdrüsen (Eierstöcke, Prostata, Hoden).

Das »zweite Chakra« hat mit Kreativität zu tun, die in den Fortpflanzungsorganen steckt. Wenn es harmonisch funktioniert, können Sie Ihre Sexualität mit Freude und Entspannung genießen, ohne allerdings in Ihren Gedanken ständig um dieses Thema zu kreisen. Wenn Sie mit dem Thema Sex andauernd beschäftigt sind, so ist die Balance in diesem Energiezentrum nicht gegeben. Ein anderes Anzeichen für eine Fehlfunktion wäre, daß Sexualität Ihnen nichts bedeutet.

Das *Solarplexuschakra* bezieht sich bei Aura-Soma auf den körperlichen Bereich des Bauchraums über dem Nabel. In der Literatur wird sein Sitz nicht einheitlich angegeben, meist jedoch als etwa zwei Fingerbreit über dem Nabel gelegen. Zugeordnet sind ihm

– die Farbe Gelb,
– das Verdauungssystem,
– die Bauchspeicheldrüse (Insulinproduktion).

Das Thema des Solarplexuschakras heißt in anderen Systemen »Macht«. Bei Aura-Soma wird von dieser Bedeutung etwas abgewichen. Hier haben der Solarplexus und die Farbe Gelb vor allem mit erworbenem Wissen zu tun. Funktioniert Ihr Solarplexus in ausgewogener Weise, so verstehen Sie, mit Ihrem angesammelten Wissen konstruktiv umzugehen. Sie sind sich seines Wertes, aber auch seiner Grenzen bewußt. Bei einer unausgewogenen Funktion verlassen Sie sich zu sehr auf erworbenes Wissen. Vielleicht möchten Sie ständig damit brillieren. Oder Sie neigen zu Verwirrung, können sich auf Ihr Wissen nicht verlassen oder Sie vergessen sehr schnell wieder, was Sie gelernt haben.

Das *Herzchakra* umfaßt den gesamten Brustraum. Es liegt zwischen den Schulterblättern. Zugeordnet sind ihm

- die Farbe Grün,
- Herz und Lungen,
- die Thymusdrüse (die das Wachstum regelt, das Lymphsystem steuert und das Immunsystem stärkt).

Das Herzchakra ist in der herkömmlichen Chakra-Lehre das Mittlere aller Chakren. Sein Thema lautet »Liebe«.
Ist es geöffnet und arbeitet harmonisch, so strahlen Sie Wärme, Mitgefühl und Verständnis aus. Sie lieben und fühlen sich geliebt. Befindet sich Ihr Herzzentrum nicht in einem balancierten Zustand, so fühlen Sie sich von der Liebe abgeschnitten, oder Sie fühlen sich von der Liebe anderer Menschen extrem abhängig. Vielleicht fällt es Ihnen auch schwer, Liebe anzunehmen oder zu geben, oder Sie erwarten für jeden noch so kleinen Liebesbeweis eine Bestätigung.

Das *Ananda-Khanda-Zentrum*, das im System Aura-Soma eine wichtige Rolle spielt, bezieht sich auf den oberen Brustraum. Sein wichtigster Bereich ist im rechten Teil der Brust gelegen, etwa gegenüber vom physischen Herzen. Und es wird bei Aura-Soma das »viereinhalbte« Chakra genannt. Es taucht bereits hier und da in der Literatur auf.
Seine Bedeutung scheint man erst in den letzten Jahren erkannt zu haben.
Viele Menschen leiden heute unter Beschwerden im rechten Schulterbereich. Sicherlich ist es für diejenigen, die unter Schmerzen leiden, ein schwacher Trost, aber Beschwerden in der rechten Schulter können darauf hindeuten, daß sich das Anan-

da-Khanda-Zentrum öffnet und daß die Betroffenen das Potential, das es erschließt, künftig verwirklichen können. Zugeordnet sind ihm

- die Farbe Türkis,
- der obere Brustbereich,
- ebenfalls die Thymusdrüse.

Das Ananda-Khanda-Zentrum wird dem Bereich Massenkommunikation zugeordnet. Durch sie ist es möglich, Informationen in Bruchteilen von Sekunden weltweit zu verbreiten und die Menschen zu verbinden. Es gibt bereits einige Beispiele dafür, so die Wohltätigkeitskonzerte, die zur gleichen Zeit in aller Welt über Radio und Fernsehen gehört und miterlebt werden können und die ein unbeschreibliches Gefühl von universeller Verbundenheit aufkommen lassen. Das Lied »We are the World« (Wir sind die Welt) kann als Symbol für diese Veranstaltungen gelten. Ein in Balance befindliches Ananda-Khanda-Zentrum stellt Ihnen die Fähigkeiten zur Verfügung, die Sie für Massenkommunikation brauchen: die Fähigkeit, vor vielen Menschen oder vor offener Kamera zu sprechen und Ihre Persönlichkeit zum Ausdruck zu bringen, auch, sich in Gesang, Tanz, darstellender Kunst, Poesie, Schriftstellerei, Journalismus vor vielen Menschen auszudrücken. Auch das Erlernen und Beherrschen von Fremdsprachen gehört in diesen Bereich.
Ist Ihr Ananda-Khanda-Zentrum noch nicht entwickelt, oder arbeitet es noch nicht auf harmonische Weise, so leiden Sie unter Lampenfieber und Angst vor kreativem Ausdruck in der Öffentlichkeit. Sie haben Schwierigkeiten, Fremdsprachen zu lernen, oder trauen sich nicht, eine fremde Sprache zu sprechen. Ein weiteres Merkmal ist die Technophobie, d. h. die Angst vor dem Umgang mit Computern, Kameras, technischen Haushaltsgeräten und so weiter. Die Kehrseite der Medaille wäre die alleinige

Kommunikation mit Ihrem Computer oder Fernsehapparat, genau wie die Sucht nach Selbstdarstellung vor der Kamera oder auf der Bühne.

Das *Kehlkopfchakra* bezieht sich im System Aura-Soma auf den gesamten Halsbereich. Zugeordnet sind ihm

- die Farbe Blau,
- der gesamte Hals- und Nackenbereich,
- die Schilddrüse.

Das Thema des Kehlkopfchakras heißt »Kommunikation«. (Nicht: »Massenkommunikation«! Zwischen Blau und Türkis herrscht ein deutlicher Unterschied.) Funktioniert dieses Chakra harmonisch, so sind Sie fähig, Ihre Gedanken, Erkenntnisse und Gefühle ohne Schwierigkeiten in Worten auszudrücken, und wenn es angebracht ist, auch zu schweigen. Ist es nicht in Balance, so leiden Sie möglicherweise unter Stottern, haben Angst, zu sprechen, reden nur belangloses Zeug, obwohl Sie eigentlich wirklich etwas zu sagen hätten, reden allgemein zu viel. Ihr Redefluß ist nicht zu stoppen.

Das *Dritte Auge* oder Stirnchakra bezieht sich auf den mittleren Kopfbereich. Es liegt zwischen den Augenbrauen. Zugeordnet sind ihm

- die Farbe Königsblau (in anderen Systemen Indigo),
- Gesicht und alle Sinnesorgane am Kopf,
- Hirnanhangdrüse (die auch als »Meisterdrüse« bezeichnet wird, weil sie die Funktion aller anderen Drüsen steuert).

Das Dritte Auge hat Intuition zum Thema. Wenn es harmonisch funktioniert, was in heutiger Zeit nur bei wenigen Menschen der

Fall ist, besitzen Sie die Fähigkeit, über Erfahrungen und den Intellekt gewonnene Erkenntnisse mit intuitiv erlangten Erkenntnissen zu kombinieren und sie fruchtbar umzusetzen. Sie können »ganzheitlich« wahrnehmen, also aus unterschiedlichen Fragmenten ein sinnvolles Ganzes herstellen. Befindet sich Ihr Drittes Auge nicht in Balance, so kann es sein, daß Sie sich nur auf den Intellekt verlassen oder nur auf die Intuition und daß Sie sich häufig auch auf Phantasieprodukte berufen wollen.

Das *Kronenchakra* bezieht sich im System Aura-Soma auf den Bereich des oberen Kopfes und befindet sich am höchsten Punkt des Kopfes. Zugeordnet sind ihm

- die Farbe Violett,
- das Hirn,
- die Zirbeldrüse (Epiphyse), deren Funktion wissenschaftlich noch nicht geklärt ist. Für die alten Griechen galt die Epiphyse als der Sitz der Seele.

Bei den meisten Menschen wird das Kronenchakra als noch inaktiv angenommen. Wenn es sich zu öffnen beginnt, erleben Sie Momente des vollkommenen Eins-Seins mit allem.

Das *»achte Chakra«* spielt als solches nur bei Aura-Soma eine Rolle. Es befindet sich über dem Kopf, außerhalb des Körpers. Zugeordnet ist ihm

- die Farbe Magenta.

Weil es sich außerhalb des Körpers befindet, besteht keine körperliche Verbindung und keine Verbindung zu den Drüsen. Auch dieses achte Chakra ist nur erst bei wenigen Menschen entwickelt. Es hat mit Liebe zu den kleinen, alltägli-

chen Dingen zu tun; und mit Liebe, die anderen dient und die mit Wärme gepaart ist. Weil es sich außerhalb des Körpers befindet, unterliegt es auch nicht der Dualität und hat keinen negativen Aspekt. Es kann nur mehr oder weniger entwickelt sein.
Mehr Informationen zur Bedeutung der Chakren aus der Sicht von Aura-Soma finden Sie in Kapitel 6. Und die Flaschenbeschreibungen geben sehr detailliert darüber Auskunft, in welcher Weise die jeweiligen Substanzen auf die Chakren, oder besser gesagt, auf die körperlichen und feinstofflichen Bereiche wirken, auf denen sie aufgetragen werden.

Nun noch ein paar Gedanken zum Thema Meditation:
Über das, was »Meditation« bedeutet, herrschen viele verschiedene Auffassungen und Mißverständnisse. So wird beispielsweise gern behauptet, daß es nur besonders geschulten, besonders weit entwickelten, besonders entspannungsfähigen Menschen möglich ist, zu meditieren; und daß Meditation nur in besonders »heiligen« Situationen, unter speziellen Umständen möglich ist.
Doch das trifft überhaupt nicht zu. Das Wort »meditieren« kommt aus dem Lateinischen und bedeutet nichts anderes als »in die Mitte gehen«. Und das kann jeder, ob jung, ob alt, ob geschult oder nicht. Wer sich als besonders angespannt erlebt, der wird durch ein bewußtes In-seine-Mitte-Gehen die Anspannungen mit der Zeit verlieren, oder er wird sich davon immer leichter distanzieren können.
Meditation kann sein, daß Menschen sich für eine Woche in die Stille zurückziehen und mehrere Stunden am Tag nichts anderes tun, als mit geschlossenen Augen auf einem Kissen zu sitzen. Dabei können sie tiefe Erfahrungen machen, die sie für ihren Alltag stärken.
Meditation kann auch im Gebet stattfinden, in einem Ritual, in

einer Gruppensituation oder beim Anhören eines Liedes, eines Textes oder einer Instrumentalmusik.

Doch es ist auch möglich, in seinen ganz normalen Alltag Meditation einzubauen; sich immer wieder einmal kurz darauf zu besinnen, daß es noch mehr gibt als das, was man gerade tut, daß man mit einem Übergeordneten verbunden ist, daß alles im Leben, auch das kleinste Detail sinnvoll ist, auch wenn man es vielleicht nicht versteht. Ich kann erfahren, daß mein Ziel Bewußtheit ist, Wach-Sein, auch wenn die Welt, die mich umgibt, das im Moment vielleicht nicht gerade zu fördern in der Lage ist. Geschehen kann dieses Sich-Besinnen zum Beispiel durch einen kurzen Gedanken, durch das Erleben von Schönheit, vielleicht indem ich einen Baum oder ein Tier oder den blauen Himmel oder einen anderen Menschen wahrnehme; durch das Erfahren von Freundlichkeit, indem ich sie gebe oder indem sie mir entgegengebracht wird. Ich kann auch in meiner Wohnung oder an meinem Arbeitsplatz kleine Erinnerungen anbringen: ein Bild, ein Zettelchen am Badezimmerspiegel, ein Symbol ... Ich kann mir sogar den Wecker stellen, und wenn er piept, ist es Zeit, innezuhalten. Solche Augenblicke des Wach-Seins und In-der-Mitte-Seins haben in jedem, auch im streßgeplagtesten Leben, Platz. Sie kosten nicht mehr als ein bißchen Konzentration, und die geringe Mühe wird reich belohnt: mit dem Aufbau einer Beziehung zu den unsichtbaren Welten, die uns alle umgeben, aus denen wir Kraft beziehen und denen wir Kraft zurückgeben können. Durch inneres Wachstum und Erfülltsein, durch das Ansammeln eines Schatzes, den mir nichts und niemand jemals mehr nehmen kann. Ich werde mich nicht mehr so abgetrennt und als Einzelkämpfer empfinden, sondern als Teil eines großen Ganzen, das mich auffangen kann und dem ich diene.
Natürlich ist es empfehlenswert, Ihrer persönlichen Meditation noch etwas mehr Platz einzuräumen. Vielleicht abends zehn oder

fünfzehn Minuten, wo Sie einfach in die Stille gehen oder wo Sie bestimmte Probleme oder Zusammenhänge auf sich wirken lassen. Beispielsweise können Sie, wie bereits vorgeschlagen, die Begriffe Schock, Trauma, Abhängigkeit, Co-Abhängigkeit, Interdependenz und Sexualität zusammen mit der Farbe Orange betrachten und auf sich wirken lassen.
Oder erleben Sie die Zeit direkt vor dem Einschlafen und morgens direkt nach dem Aufwachen ganz aus Ihrer Mitte heraus. (Zu diesen Zeiten stehen Sie besonders mit den anderen Welten in Verbindung.) Doch der erste und einfachste Schritt ist das Erleben von wachen Momenten im Alltag.

In den Aura-Soma-Substanzen haben Sie wunderbare Begleiter, die Ihnen diese meditative Qualität in Ihren Alltag einbringen helfen. Zum einen eignen sich die »Balance«-Flaschen, die Sie vielleicht an Ihrem Bett, auf Ihrem Schreibtisch oder in Ihrem Badezimmer stehen haben, in ihrer Brillanz und Schönheit hervorragend zur Erinnerung an das Licht, an das Übergeordnete, an das große Ganze. Und noch einmal mehr ist das der Fall, wenn Sie Öl und wäßrige Schicht zusammenschütteln und die Substanz auf Ihren Körper auftragen. Nutzen Sie die Zeit, die Sie mit diesem Prozeß des Schüttelns und Einreibens verbringen, zu einem Moment der Verbindung mit Ihrem tiefsten inneren Wesen. Stellen Sie sich dabei vielleicht die »wahre Aura« mitten in Ihrem Körper vor.
Auch wenn Sie die Pomander oder die Quintessenzen benutzen, sollten Sie daraus für sich einen speziellen Augenblick dieser Art machen.
Durch die Arbeit mit Aura-Soma werden Sie offener und sensibler. Das ist eine sehr schöne Sache für Sie selbst und für all die Menschen, mit denen Sie zu tun haben. Allerdings bringt sie nicht nur Vorteile mit sich. Denn Sie sensibilisieren sich nicht nur für Angenehmes und Positives, sondern auch für alles andere.

So kann es geschehen, daß Menschen sich Ihnen gegenüber aggressiv verhalten, weil sie spüren, daß Sie mit einer starken Kraftquelle verbunden sind. Möglicherweise werden Sie nun auf Ihrem Weg mit bislang ungekannten Anfechtungen zu tun bekommen: Aggression, Eifersucht, Neid, vielleicht sogar Verrücktheit. Lassen Sie sich dadurch von nichts abbringen! Denken Sie daran, daß Sie nur das bedrohen kann, worauf Sie auch einsteigen. Gleichgültigkeit ist die beste Verteidigung gegen diese Energien. Eins jedoch sollten Sie sich zur Gewohnheit machen: Schützen Sie sich regelmäßig. Dazu können Sie die meisten Pomander hernehmen (siehe Kapitel 9; probieren Sie aus, welche Pomander für Sie die beste Schutzfunktion ausüben). Aber es gibt auch noch eine äußerst wirksame Visualisierung und Meditation, die im Kapitel 9 im Wortlaut nachzulesen ist.

Sie können für eine Kurzversion den Teil aus dieser Visualisierung, der sich besonders auf den persönlichen Schutz bezieht, auf folgende Art herausgreifen: Stellen Sie sich vor, daß Sie in einer strahlend saphirblauen Kugel oder Blase sitzen, »blau wie der Himmel ohne Wolken«. Sie können in diese Kugel auch Menschen oder Dinge oder Sachverhalte hineinlassen, die Ihnen am Herzen liegen: Ihren Mann oder Ihre Frau, Ihren Freund oder Ihre Freundin, Ihre Kinder, Ihr Auto, Ihre Wohnung, das Projekt, an dem Sie gerade arbeiten, die Prüfungssituation, die gerade bevorsteht … Stellen Sie sich vor, daß diese blaue Kugel Sie den ganzen Tag schützen, daß sie vollkommen Schutz bieten wird. Doch sie wird – das ist eine spezielle Eigenschaft der Farbe Blau – positive Einflüsse durchlassen. Übrigens werden der Farbe Blau in vielen spirituellen Traditionen genau diese Eigenschaften zugeschrieben.

Wenn Sie es sich angewöhnen, direkt nach dem Aufwachen diese Übung zu machen, was in weniger als einer Minute geschehen kann, dann haben Sie die besten Voraussetzungen für einen guten Tag geschaffen. Und apropos Kinder: Sie lieben solche kleinen Übungen. Vermitteln Sie sie Ihrem Kind wie ein schönes kleines Geheimnis, oder erfinden Sie eine Geschichte zu diesem schützenden Blau. Kinder sind heute sehr vielen äußeren Belastungen ausgesetzt. Eine spielerische Hilfe wie die Farbe Blau, in die sie sich morgens zum Schutz einhüllen, kann eine Menge von diesen Streßfaktoren mildern.

Der große Lehrer des tibetischen Buddhismus, Chögyam Trungpa, den wir in Kapitel 2 erwähnten, sagte zum Thema Meditation folgendes:
»Meditation hat nichts damit zu tun, daß man Ekstase, spirituelles Entzücken oder Ruhe erreicht. Auch nichts mit dem Versuch, ein besserer Mensch zu werden. Meditation heißt einfach, einen Raum zu schaffen, in dem wir fähig sind, unsere neurotischen Spiele zu entlarven und aufzulösen, unseren Selbstbetrug, unsere versteckten Ängste und Hoffnungen.«

5 Die alten Weisheitssysteme

Die alten Weisheitssysteme der Welt auf ein paar Buchseiten »abgefeiert« zu sehen – damit wird sicher der eine oder andere seine Schwierigkeiten haben. Denn die Aufzeichnungen, Interpretationen und Kommentare zu diesen Systemen füllen Bibliotheken. Kann man sich bei dem Thema überhaupt kurz fassen? Außerdem enthalten die Weisheitssysteme eine Menge Zündstoff. Einerseits stecken in ihnen, mehr oder minder verschlüsselt, die Geheimnisse der Schöpfung – auch der vom Menschen machbaren Schöpfung –, und daher sind sie gefährlich. Denn die Anleitungen zum Mit-Schöpfen können zur Zerstörung wie zu konstruktiven Zwecken hergenommen werden. Andererseits paßt vieles von dem in den alten Weisheitssystemen Gesagten nicht in die Schubladen autoritär strukturierter Religionen. Und so wurden Aufzeichnungen und sogar ganze Bibliotheken angezündet, um diese »ketzerischen Gedanken« für die Menschheit auf ewig in der Versenkung verschwinden zu lassen. Ein Thema, das auch der italienische Autor Umberto Eco in seinem Roman »Der Name der Rose« aufgreift.

Eine etwas heikle Sache also, unser Kapitel über die Weisheitssysteme! Aber hier nicht auf das Thema einzugehen wäre eine Unterlassungssünde, denn Aura-Soma hat damit zu tun.

In den unterschiedlichen Kulturräumen der Welt gibt es unterschiedliche, der jeweiligen Mentalität und Geschichte angepaßte Systeme. Sie führen zum gleichen Ziel, doch ist es meist empfehlenswert, bei den eigenen Traditionen zu bleiben. Denn

diese Wege zum Urwissen der Menschen sitzen uns sozusagen in den Genen. Nach einiger Zeit der Beschäftigung mit diesen Bereichen kann es sehr gut sein, daß sich bestimmte Kanäle öffnen und daß wir plötzlich Zugang zu Informationen erhalten, die im gesellschaftlichen kollektiven Unbewußten lagern. Die Archetypen fremder Kulturräume sind den Menschen abendländischer Tradition und Kultur in den allermeisten Fällen zu fremd, als daß das geschehen könnte.
Der »Baum des Lebens« aus der Kabbala und der Tarot* sind die wohl wichtigsten westlich-abendländischen Wege zum Urwissen. Sie stellen je ein System für sich dar. Jedes ist für sich allein brauchbar, um dem nahezukommen, was für alle Menschen wahr ist. Beide sind Modelle der kosmischen Schöpfungsordnung und der ihr innewohnenden objektiven Wahrheit. Sie betrachten diese Wahrheit aus verschiedenen Blickwinkeln, doch es gibt dabei Korrespondenzen.

Man kann Tarot und Kabbala miteinander kombinieren. Der französische Okkultist Eliphas Lévi war im 19. Jahrhundert der erste, der den Zusammenhang zwischen beiden feststellte. Es gibt aber nicht nur Überlappungen zwischen Kabbala und Tarot, sondern auch dem I Ging, der altchinesischen Weisheitslehre**, der Astrologie, dem Enneagramm und anderen. All diese unterschiedlichen Ansätze sind mit der objektiven Wahrheit verbun-

* Der Tarot ist ein Kartenspiel, das seit dem 14. Jahrhundert – zuerst in Frankreich – nachweisbar ist. Er soll aus dem alten Ägypten oder aus noch früherer Zeit stammen und alle Geheimnisse des Lebens enthalten. Es besteht aus 78 Karten, den 22 »großen Arkana« und den 56 »kleinen Arkana«, die in vier Farben, Stab, Kelch, Schwert, Münze, eingeteilt sind.

** Das I Ging war ursprünglich ein Wahrsagebuch. Um 1000 v.Chr. wurde daraus ein Weisheitsbuch von zeitlosem Wert mit klaren Ratschlägen für richtiges Handeln. Auch »Buch der Wandlungen« genannt.

den. Leider hängt es vom Interpreten beziehungsweise von der Interpretation ab, wie viel von dieser Wahrheit reflektiert wird.

Die alten Weisheitssysteme wurden, so könnte man sagen, dem Menschen von Gott gegeben, damit er ein besseres Verständnis von sich selbst bekommt und erkennt, wo die Menschheit in der Schöpfungsordnung ihren Platz hat. Es ist ein Grundbedürfnis des Menschen – sind seine Bedürfnisse nach Nahrung, Schutz und Wärme befriedigt –, die Sinn- und Seinsfrage zu stellen. Woher komme ich? Wo stehe ich? Wohin gehe ich? Warum bin ich hier? Wozu ist das alles?

Gott schuf den Menschen mit dem Verlangen, sich fortzupflanzen und sich selbst zu erkennen. Und er gab ihm die Religionen (in ihrer unverfälschten Form) sowie die alten spirituellen Weisheitslehren, um das Ziel der Selbsterkenntnis verwirklichen zu können.

Übrigens kann man mit Hilfe schamanischer Techniken und anderer praxisorientierter Ansätze, beispielsweise aus dem Buddhismus, persönlich Zugang zur objektiven Wahrheit erlangen. Doch auch bei solchen Erfahrungen ist das Erlebte meist gefärbt und wird durch die Brille der anerzogenen Muster gesehen. Im Zusammenhang mit schweren Krankheiten, Unfällen, Traumata, emotionalen Krisen, Nahtoderfahrungen und so weiter kann ein plötzlicher und sehr direkter Zugang zur objektiven Wahrheit stattfinden, auch für Menschen, die nie danach gesucht haben. Solche Erfahrungen können Lebensläufe grundlegend verändern.

Wenn Sie die Beschreibungen der »Balance«-Flaschen in Kapitel 8 anschauen, werden Sie unter den Flaschennummern 0 bis 78 die mit der jeweiligen Flasche korrespondierende Tarotkarte finden, unter den Flaschennummern 1 bis 64 das korrespondierende I-Ging-Zeichen. Wenn Sie mit Tarot und bzw. oder I Ging vertraut sind, öffnet sich Ihnen über diese Querverbindungen ein

weiterer Weg des Wissens, und weitere Dimensionen der Flaschen werden sich erschließen. Kennen Sie sich aber in einem der Systeme oder auch in beiden *nicht* aus, so dürfen Sie die gegebenen Informationen getrost ignorieren.
Über Tarot und I Ging steht einiges an guter Literatur zur Verfügung, und Sie können den praktischen Umgang damit in Seminaren erlernen. So wollen wir an dieser Stelle darauf nicht näher eingehen. Über die seit vielen Jahrhunderten nur mündlich überlieferte Kabbala und den »Baum des Lebens« gibt es allerdings bis heute noch nicht viel verständliche Literatur. Das ist auch kein Wunder. Denn obwohl der »Baum« zu unserem kulturellen Erbe zählt, so sind wir doch von der Art zu denken entfremdet, die notwendig ist, um sich diesem komplexen Symbol zu nähern. Nicht gerade erleichtert wird die Sache dadurch, daß an vielen Stellen eine außerordentlich patriarchale Sichtweise durchscheint: Bis vor gar nicht langer Zeit war der Baum des Lebens reine Männersache, und zwar meist für Männer ab 40! Wem es schwerfällt, sich mit hebräischen Namen, mit höchst komplizierten Denkvorgängen, mit Bezugnahmen auf die Bibel auseinanderzusetzen und noch dazu von einer frauenfeindlichen und zum Teil extrem gottesfürchtigen Einstellung zu abstrahieren, dem wird es schwerfallen, in den Lebensbaum einzusteigen. Wer sich allerdings die Mühe macht, vielleicht über seinen Schatten springt und dranbleibt, wird reich belohnt. Denn hier ist wirklich das Wissen zu finden, das die Welt im Innersten zusammenhält.
Beim Stichwort Kabbala denken viele zunächst an Numerologie und Zahlenmystik. Dabei umfaßt die jüdische Geheimlehre und Mystik – denn das ist die Kabbala – weitaus mehr. Im wesentlichen werden vier Unterteilungen gemacht, und zwar in:

– die praktische Kabbala, die sich mit zeremonieller Magie beschäftigt,

- die dogmatische Kabbala, welche die Literatur zum System umfaßt,
- die Buchstaben- und Zahlendeutung,
- den Lebensbaum, der das tiefgründige Symbol oder System von Symbolen der Kabbala darstellt.

Schon zu Lebzeiten Christi war die Kabbala uralt. Manche meinen, sie stamme aus vorgeschichtlicher Zeit. Die alten Kabbalisten sagen, daß die Menschen diesen Weg zum Urwissen von den Engeln empfangen haben. (Das Wort Kabbala stammt aus dem Hebräischen, einer Sprache, die sich in ihrer geschriebenen Form nur aus Konsonanten zusammensetzt. Q B L heißt Kabbala, und das bedeutet: empfangen). Ihrer eigenen Legende zufolge war es der Erzengel Raziel selbst, der Adam nach seiner Vertreibung aus dem Paradies die Kabbala als Buch übergab. Der Legende nach enthielt dieses Buch die Geheimnisse und Schlüssel, mit denen Adam seine Erlösung und die Rückkehr ins Paradies Gottes finden und ermöglichen konnte.

Der »Baum des Lebens« ist ein Diagramm, das alle Kräfte und Faktoren repräsentiert, die im Universum, in der Menschheit und im einzelnen Menschen wirksam sind. Heute und in Zukunft genauso aktuell und hilfreich wie zur Zeit Christi, stellt er ein lebendiges System dar, das sich auf alle, auch auf die modernsten Phänomene anwenden läßt. Für manche bedeutet er die einzig wirklich befriedigende Philosophie.
Im zweiten Band seiner »Schule des Tarot«, die sich mit den kleinen Arkana (Geheimnissen) des Tarot und ihrer Verbindung zum Lebensbaum beschäftigt, schreibt Hans-Dieter Leuenberger über die Kabbala: »Sie ist eine eigenartige Mischung zwischen Theologie und Naturwissenschaft, die in dieser Kombination in logischer Weise eine große Beziehung zum Magischen erhält. Das mag ein Hauptgrund gewesen sein, daß alles, was mit der Kabbala

zusammenhängt, durch Jahrtausende hindurch so strikte mit dem Mantel des Geheimnisses zugedeckt worden ist und immer noch zugedeckt wird. Dies wohlweislich und zu Recht, denn wer die Grundstruktur des Universums erkannt hat, ist auch fähig, sich die Macht anzueignen, dieses Universum in seinen Grundstrukturen zu zerstören.«

In ihrem Buch »Die mystische Kabbala« schreibt die britische Esoterikerin Dion Fortune, daß erst im 15. Jahrhundert, als die Macht der Kirche langsam zu schwinden begann, sich einige wenige getraut hätten, die traditionellen Weisheiten Israels schriftlich festzuhalten. Gelehrte bezeichneten die Kabbala zuweilen als mittelalterlichen Hokuspokus, weil sie keine früheren Manuskripte hätten entdecken können. Doch die gesamte Kosmologie und Psychologie könne in dieser einzigen Glyphe ausgedrückt werden, mit der ein Uneingeweihter nichts anzufangen weiß. »Die eigenartigen antiken graphischen Darstellungen konnten von Generation zu Generation weitervererbt werden, zusammen mit ihrer mündlichen Deutung, ohne daß der wahre Bedeutungsgehalt dabei verlorenging. Wenn bezüglich der Deutung irgendeines schwerverständlichen Punktes Zweifel bestanden, nahm man sich das heilige Symbol vor und meditierte darüber. Dabei trat dann das zutage, was jahrhundertelange Meditation hineingelegt hatte. Mystiker wissen, daß ein Mensch, der über ein Symbol meditiert, das durch frühere Meditationen bereits mit bestimmten Vorstellungen verbunden ist, Zugang zu diesen Vorstellungen hat. Dazu muß ihm die Glyphe nicht einmal jemand erklärt haben, der sie aus mündlicher Überlieferung kennt.«

Wer sich mit dem Lebensbaum beschäftigt, kann ein tiefes Verständnis dafür gewinnen, wie im Makrokosmos des Universums und im Mikrokosmos des Menschen – seines Körpers, seiner Lebensumstände – alles miteinander verwoben ist. Die zehn verschiedenen Stationen am »Baum« haben übrigens auch ge-

naue Zuordnungen zum menschlichen Körper. Und es gibt farbliche Zuordnungen.
In den USA wächst die Zahl der Angehörigen helfender Berufe, die sich mit Methoden aus der Kabbala beschäftigen, um anderen Menschen effektiver helfen zu können. Techniken, die dabei von Lehrern der Kabbala vermittelt werden, sind unter anderem Traumanalyse, Geschichtenerzählen und Imaginationsarbeit.
Die Kabbala geht davon aus, daß jeder Mensch eine bestimmte Lebensaufgabe zu erfüllen hat, die nur er und niemand anders übernehmen kann. Diese Aufgabe zu erkennen, sie auszuführen und dadurch zu einem freudvollen und erfüllten Leben zu gelangen – das ist ein ganz zentrales Thema.

Und hier kommen wir zu einem ersten wichtigen Aspekt, den Aura-Soma sozusagen der Kabbala entnommen hat: Das wohl wesentlichste Ziel, das durch die Anwendung der Substanzen erreicht werden soll, ist das Finden und Erfüllen der eigenen Mission, der eigenen Lebensaufgabe. Denn mehr oder minder alles Unwohlsein, alle Probleme und Behinderungen haben damit zu tun, daß der oder die Betreffende an seinem oder ihrem Leben vorbeilebt. Ein Hinsteuern auf das eigene Thema und eine Arbeit an sich selbst, die damit im Zusammenhang steht, befreit mit der Zeit auch von Unwohlsein, Problemen und Behinderungen auf den verschiedenen Ebenen.
Eine zweite wichtige Verbindung zwischen Kabbala und Aura-Soma wurde bereits in Kapitel 3 dargestellt: um die Substanzen zu energetisieren, werden bestimmte kabbalistische Invokationen, also Anrufungen, verwendet. Ein wesentlicher Teil der Vorbereitung und Produktion besteht aus einer speziellen Art, diese Invokationen zu benutzen. Jede der Flaschen, in denen sich die Aura-Soma-Flüssigkeiten befinden, trägt also einen Teil des Lebensbaumes in sich, und sie enthält so einen Schlüssel zu bestimmten Bewußtseinsaspekten in uns selbst.

Und damit sind wir bei dem dritten Aspekt, der Kabbala und Aura-Soma verbindet: Wie erwähnt sind den zehn verschiedenen Stationen am »Baum des Lebens« spezielle Farben zugeordnet. Über die Farben kann mit den verschiedenen Aspekten dieser Stationen Kontakt aufgenommen werden. Weil auch die Farben und Farbkombinationen in den »Balance«-Flaschen direkt den unterschiedlichen Stationen am »Baum« zugeordnet werden können, kann auch über die Flaschen und die in ihnen enthaltenen Substanzen Kontakt zu diesen Stationen hergestellt werden; auch dann, wenn der Anwender keine Ahnung von der Kabbala hat. Diese Kontaktaufnahme erfolgt dann durch Träume, durch bestimmte Erlebnisse in der Meditation oder auch dadurch, daß das Leben des Anwenders analog verläuft; für ihn selbst ist es ein ganz persönliches Tun, aber ein Kabbalist würde feststellen: »Hier sind die Kräfte von Netzach am Werke« oder von Tipharet oder Malkuth.

Wie für den Lebensbaum, der in sich ein komplexes Symbol darstellt, und das I Ging, das nichts anderes ist als ein Code, hat der Kosmos für Aura-Soma eine Form oder Darstellungsweise gefunden, die dem menschlichen Verstand nicht auf direktem Weg zugänglich ist. Die Farben müssen übersetzt werden. So wie Lebensbaum und I Ging »wirken«, egal, ob man sie versteht oder nicht, wirken die Farben von Aura-Soma, was sich wirklich nachvollziehen läßt, da die Substanzen auch bei kranken Pflanzen und Tieren, kleinen Kindern, Bewußtlosen und geistig Behinderten ihre Wirkung entfalten (die für analytische Erklärungen nicht zugänglich sind).

Die Beziehungen der Farben zu den Stationen am Lebensbaum innerhalb der vier kabbalistischen »Welten«, die mit der spirituellen, der emotionalen, der mentalen und der körperlichen Ebene zu tun haben, werden Thema eines weiteren Buches werden.

Abschließend noch ein Gedanke oder auch die Idee für ein Meditationsthema im Zusammenhang mit der Kabbala.
Über die Juden ist im Lauf der Jahrhunderte viel gesagt und geschrieben worden. Eines wird dabei aber praktisch nie erwähnt, daß sie – oder zumindest eine bestimmte Gruppe – der Menschheit den kabbalistischen Lebensbaum als eines der kostbarsten Instrumente zur Erkenntnis überliefert haben: »Einen Einweihungsweg, die Struktur des Universums, den göttlichen Bauplan, das Drehbuch der Schöpfung, den Stadtplan der Seele, eine Technik, den Verstand zu benutzen, oder auch eine Gebrauchsanleitung für die menschliche Intelligenz.« So drückt es Katja Wolff in ihrem Buch »Der kabbalistische Baum« aus.
Wäre es nicht gut, wenn sich mehr Menschen dieses Geschenks bewußt würden?

6 Die Farben

Alles, was uns umgibt, hat mit Licht und Farbe zu tun. Um alle wichtigen Erfahrungen zu machen, sind wir auf Licht und Farbe angewiesen. In Dunkelheit oder grau in grau könnten wir uns als Menschen nicht entfalten, und letztendlich könnten wir auch nicht überleben.

Um uns zu orientieren, um Schönheit und Entsetzen zu erleben, um uns kreativ auszudrücken – in den Künsten, mit unserer Körpersprache – und um andere Menschen in ihrem Ausdruck wahrnehmen zu können, um zu erkennen, ob wir uns in Sicherheit befinden oder in Gefahr, ob wir von dem umgeben sind, was uns entspricht oder was uns zuwiderläuft, um uns selbst und andere äußerlich und innerlich zu erkennen, brauchen wir Licht und Farbe.

Amerikanische Untersuchungen sind auf ungefähr 10 Millionen Farbvarianten gekommen, und sie alle können vom menschlichen Auge wahrgenommen und unterschieden werden. Allerdings ist die Fähigkeit, Farben zu erkennen, zu vergleichen und wiederzugeben, bei den einzelnen Menschen unterschiedlich ausgeprägt. Und die meisten haben ihr Farbgedächtnis nur sehr schwach entwickelt.

Seit es Menschen gibt, haben sie sich mit dem Phänomen Farbe beschäftigt. Unsere Vorfahren aus der Eiszeit begruben ihre Toten in rotem Ocker, oder sie bemalten ihre Knochen rot, denn sie hatten wahrgenommen, daß das rote Blut eine wichtige Grenze zwischen Leben und Tod markiert. Schon damals wurde offenbar Rot als lebensspendend angesehen.

In der ältesten indoeuropäischen Sprache, dem Sanskrit, bedeu-

die Sichtweise Goethes zum einen, weil er es für wichtiger hielt, das Phänomen Farbe zu erleben, statt darüber allzu viel zu theoretisieren, und zum anderen, weil er – anders als Newton und seine Nachfolger – nicht drei Primärfarben annahm (Blau, Gelb und Rot), sondern nur zwei: Blau und Gelb. Diese Prämisse hat mit der Dualität, der Zweiheit zu tun, die nicht nur allgemein im Leben und im spirituellen Feld eine große Rolle spielt (man denke beispielsweise an das Yin- und Yang-Symbol), sondern auch besonders bei Aura-Soma. Die »Balance«-Flaschen sind dualistisch aufgebaut: Zwei Farben liegen übereinander; oben ist eine Schicht Öl, unten eine Schicht Wasser. Das »Oben« repräsentiert den Persönlichkeitsstrahl, das »Unten« den Seelenstrahl des Menschen, der diese bestimmte Flasche zu seiner liebsten kürt; und so weiter. Bei Goethe gehen – der Lehre des griechischen Philosophen und Naturforschers Aristoteles (384 v.Chr. – 322 v.Chr.) folgend – aus der Zweiheit der Farben Blau und Gelb alle anderen Farben hervor. Diese Auffassung paßt mit dem Denksystem von Aura-Soma exakt zusammen.

Goethe schreibt in seiner Farbenlehre, daß er sein Wissen den alten griechischen Philosophen verdanke, die das Phänomen Farbe bis zu seinen Quellen zurückverfolgt hätten, zu den Umständen, unter denen sie einfach nur in Erscheinung treten und sind, jenseits jeder weiteren Erklärung. Im übrigen hoffe er, daß Naturwissenschaftler, Chemiker, Färber, Künstler und Mediziner sich für seine Farbenlehre interessieren und seinen Ansatz vorantreiben werden.

Bis heute ist das nicht geschehen, jedenfalls nicht bis zu dem Zeitpunkt, an dem Aura-Soma in die Welt kam ...

Goethe sagt, daß Rot eine Kombination von Blau und Gelb sei, genau wie Grün. Das liest sich erstaunlich, denn jedes Kindergartenkind weiß, daß aus Blau und Gelb nie im Leben Rot entsteht, sondern immer Grün. Auch Goethe war bekannt, daß die Mischung von Blau und Gelb zu Rot mit Farbpigmenten

nicht funktioniert, also mit Farben aus einem Tuschkasten, mit Buntstiften oder Ölfarben. Sie funktioniert nur mit Licht! Und so ist die Kombination tatsächlich für jeden wahrnehmbar. In den Seminaren in Dev-Aura wird das mit Hilfe eines Glasbehältnisses und einer stark leuchtenden Taschenlampe auf das eindrucksvollste demonstriert. In dem Glas befindet sich ein für die »Balance«-Flaschen vorgesehenes grünes Öl; mit der Taschenlampe wird durch dieses kräftiggrüne Öl Licht geschickt, und an der Stelle, wo es durchscheint, sieht man Rot von genau gleicher Farbintensität. Ein Aha-Erlebnis für die Seminarteilnehmer.
Goethe sagt: Blau, Gelb und Rot liegt jeweils eine ergänzende Farbe gegenüber. Diese ergänzende Farbe stellt eine Kombination der anderen beiden Farben dar.
Gegenüber Blau liegt Orange, bestehend aus Gelb und Rot. Gegenüber Gelb liegt Violett, das aus Rot und Blau besteht. Gegenüber Rot liegt Grün, kombiniert aus Blau und Gelb.
Daß das stimmt, können Sie sehr gut an der Farbrose erkennen, die Aura-Soma entwickelt hat und die ein wertvolles Hilfsmittel für den Umgang mit den Flaschen darstellt. Sie können auch sehen, wie beispielsweise Blau seinen Einfluß nach beiden Seiten hin abgibt, ebenso wie Gelb. Ein weiterer Schritt ist dann die Vorstellung, wie die Bedeutung von Blau oder Gelb sich nach beiden Seiten hin verwandelt.

Die innere Rosette der Farbrose umfaßt die Tertiärfarben, die durch die aneinander angrenzenden Primär- und Sekundärfarben zustande kommen: Zwischen Blau und Grün liegt Türkis, zwischen Grün und Gelb Olivgrün (dieser Name ist Aura-Soma-spezifisch), zwischen Gelb und Orange Gold, zwischen Orange und Rot Korallenrot (ebenfalls ein Aura-Soma-spezifischer Name für diese Kombination), zwischen Rot und Violett Magenta (der Name entstammt der Goetheschen Farbenlehre) und zwischen Violett und Blau Königsblau. (In anderen Systemen wird diese Farbe »Indigo« genannt. Dort enthält sie einen kleinen Anteil Schwarz, das bei Aura-Soma überhaupt nicht verwendet wird.)

Jeder Tertiärfarbe liegt die sie ergänzende Tertiärfarbe gegenüber. Das heißt: Dem Türkis liegt Korallenrot gegenüber, dem Olivgrün Magenta, dem Gold Königsblau.

Diese Informationen brauchen Sie sich beim ersten Lesen nicht unbedingt zu merken. Aber Sie werden sehen, daß sie zum Verständnis der Sprache der Farben wichtig sind. Im übrigen werden Sie auch spüren, daß Sie die Inhalte wesentlich leichter aufnehmen und umsetzen werden, als das zunächst den Anschein hat. Das Wissen um Farben ist ein archetypisches, dem Menschen seit Urzeiten innewohnendes Wissen, das nur in Vergessenheit geraten ist. Es sitzt uns sozusagen noch in den Genen und braucht nur stimuliert zu werden, was sich beispielsweise dadurch zeigt, daß viele Menschen bereits nach einem kurzen Kontakt mit Aura-Soma von bestimmten Flaschen träumen. Wenn Sie zu diesem Kreis gehören, achten Sie auf das, was Ihnen Ihre Träume sagen. Sie stellen einen direkten Weg zu Ihrem Unterbewußtsein, zum kollektiven Unbewußten, zu anderen Dimensionen dar. Wenn Ihnen eine Flasche als »Medizin« für ein bestimmtes Problem erscheint, probieren Sie sie aus. So sind schon ganz erstaunliche Prozesse eingeleitet worden. Und wenn diese Flasche keine Wirkung zeitigt, schauen Sie sich die Farbrose an und suchen Sie die Farben heraus, die den geträumten genau gegenüberliegen. Trauminhalte zeigen manchmal das genaue Gegenteil von dem auf, was eigentlich gemeint ist.

Ein Aura-Soma-Anwender träumte beispielsweise von Flasche Nr. 43 (Türkis über Türkis), und zwar im Zusammenhang mit einem emotionalen Problem, das er seit seiner Kindheit mit sich herumschleppte. Die Flasche zeitigte keine Wirkung. Als er dann allerdings Nr. 87 (Korallenrot über Korallenrot), auf der Farbrose genau gegenüberliegend von Türkis, anwendete, hatte er einen regelrechten Durchbruch und konnte seine alte Geschichte in kurzer Zeit hinter sich lassen.

Im folgenden haben wir die wichtigsten Informationen über die Farben zusammengestellt. Wegen der besseren Übersichtlichkeit haben wir die Systematik einfach gehalten. Wir beschränken uns hier auf die Aura-Soma-spezifischen Bedeutungen, die von Vikky Wall und Mike Booth in Meditation empfangen wurden und sich mittlerweile bei Tausenden von Anwendern in aller Welt als sinnvoll und korrekt erwiesen haben.

Wir gehen nach der Farbrose vor und beginnen entsprechend mit Rot. Dann gehen wir weiter zu Korallenrot, Orange, Gold, Gelb, Olivgrün, Grün, Türkis, Blau, Königsblau, Violett, Magenta, Pink und enden bei Klar.

Pink gilt bei Aura-Soma als Rot, durch das Licht scheint, also als die Farbe, mit der die »roten Belange« transformiert wurden. So wurde zum Beispiel aus der »roten« Leidenschaft »pinkfarbene« bedingungslose Liebe. »Klar« bezieht sich auf die »Balance«-Flaschen, die eine farbige Schicht und eine durchsichtige wie Wasser oder farbloses Öl aussehende Schicht enthalten. In einer einzigen Flasche, Nr. 54, sind beide Schichten klar. Sie gilt als diejenige, die reines Licht enthält. Sie macht auf manche Betrachter einen eher harmlosen Eindruck, zeitigt aber häufig außerordentlich tiefgreifende, reinigende und aufklärende Effekte. Wenn Sie die Aura-Soma-Substanzen anwenden und mit den »Geistern in den Flaschen« vertraut werden wollen, ist es sicher empfehlenswert, auf den folgenden Seiten immer wieder mal nachzulesen und die angegebenen Stichworte in sich aufzunehmen. Wir halten es jedoch mit Johann Wolfgang von Goethe, der in seiner Farbenlehre, wie gesagt, darauf hinweist, daß Farben erlebt werden müssen. Öffnen Sie sich für dieses Erleben! Öffnen Sie Ihre Augen für die Farben in der Natur, in Ihrer Umgebung, an sich selbst, für die Farbe Ihres Haares, Ihrer Augen … Stellen

Sie sich Farben vor, während Sie die Augen geschlossen halten – eine sehr gute Visualisierungsübung. (Wie Sie sich mit der Farbe Blau in einer Visualisierungsübung schützen können, entnehmen Sie dem Meditationstext auf Seite 274 ff.) Suchen und finden Sie Regenbögen in gläsernen Gegenständen, in Wasser, in beschlagenen Fensterscheiben und in Seifenblasen. Empfinden Sie, was immer bei Ihnen ausgelöst wird, ohne den Filter Ihres Gehirns dazwischentreten zu lassen. Farbe ist Energie, die über Worte, über Beschreibungen und Bezeichnungen hinausgeht.

Aber auch Übungen und Spiele, bei denen der Kopf mitmacht, haben Sinn, um mit den Farben näher vertraut zu werden. Zum Beispiel können Sie für sich selbst, mit einem Partner oder mit Kindern Ideen für die Symboliken und Zuordnungen der verschiedenen Farben machen. Welche Assoziationen tauchen auf, wenn Sie den Namen einer bestimmten Farbe nennen? Wo in der Natur ist sie zu finden? Welche Gefühle entstehen durch diese Farbe? Werden vielleicht sogar bestimmte Gefühle damit bezeichnet? (Zum Beispiel: »Rot sein vor Wut«?) Welchen Körperteilen ist diese Farbe zugeordnet? (Benutzen Sie das Chakra-Chart.)
Sie können daraus ein Spiel machen, das großen Spaß bringt. Sie und die Menschen, die Sie einbeziehen, werden durch solche Übungen immer sensibler für die Sprache der Farben und die damit verbundenen Erfahrungen, und für das, was hinter dem Offensichtlichen verborgen liegt.

Rot

Wichtigstes Thema: Energie, Erdung, Überlebensfragen und die materielle Seite des Lebens.

Symbolische Bedeutung: Blut. Leben. Das »Blut des Lebens«. Energie. Wille. Macht. Leidenschaft (für das Leben). Überfluß. Reife. Energie, welche sich schnell in Kommunikation ausdrückt. Innere Wärme. Wiedergeborenwerden (auf den verschiedensten Ebenen). (Blut-)Opfer. Rotes Kreuz (und die Assoziation mit schneller medizinischer Hilfe). Die rote Rose und was sie ausdrückt: Liebe und Leidenschaft. Das Rot der Ampel (Warnung vor direkter Gefahr und vor Bestrafung). Rot als Symbol für Brüderlichkeit, Einheit, Miteinander-Verbundensein, gleichzeitig aber auch für Unterdrückung. Extremismus. Erdung. Schutz. (Aber ein anderer Schutz als Blau, das hilfreiche und unterstützende Energien von außen durchläßt, während es schützt. Rot bietet isolierenden Schutz, schließt nach außen ab, was in bestimmten Fällen hilfreich und angebracht sein kann).
Spirituelle Bedeutung: Flamme – die reinigende Flamme und die Flamme des Heiligen Geistes. Objektivität. Regeneration. Opfer. Drang nach spiritueller Wiedergeburt. Spirituelle Energie und Stärke. Phoenix, der der Asche entsteigt. Transsubstanzierung (Verwandlung von Wasser in Wein, zum Beispiel). Die Möglichkeit spirituellen Erwachens.
Mentale Bedeutung: Extraversion (Nach-außen-gerichtet-sein). Dominanz. Autorität. Überlebensfragen. Die materielle Seite des Lebens. Opfer. Energie für Veränderung (von sich selbst und von anderen). Überdenken des Bisherigen. Streß. Chaos. Abgetrenntheit (von sich selbst und anderen).
Emotionale Bedeutung: Leidenschaft. Temperament. Aggression. Hitze. Feuer. Ärger. Ressentiments. Frustration. Gewalttätigkeit.

Peinlichkeit bzw. peinliches Berührtsein. Mut und Wagnis. Flatterhaftigkeit.
Körperliche Zuordnungen: Sexualität (die mit Zeugung und Geburt zu tun hat. Die mehr spielerische Form von Sexualität ist der Farbe Orange zugeordnet). Gebärmutter. Der Zyklus der Menstruation. Fruchtbarkeit bzw. Unfruchtbarkeit. Potenz bzw. Impotenz. Hormonsystem. Blut und Eisen. Blutkreislauf. Die zelluläre Struktur des Körpers. Fieber. Schwellungen. Stimuliert den Energiefluß.
Edelsteine, die bei den Aura-Soma-Substanzen verwendet werden: Achat, Blutstein (Heliotrop), Granat, Jaspis, Karneol, Obsidian, Pyrit, Rubin.

Korallenrot

Wichtigstes Thema: Unerwiderte Liebe.
Korallenrot ist eine Farbe, die in der westlichen Gesellschaft kaum eine Rolle spielt. Die Indianer sprechen ihr dagegen eine große Bedeutung zu, unter anderem wird Koralle bei ihnen in symbolträchtigem Schmuck verwendet. Die Perser verarbeiten diese Farbe in ihren Teppichen, denn Korallenrot hat die Aufgabe, Glück ins Heim zu bringen.
Auch bei Aura-Soma ist Korallenrot eine seltene Farbe. Sie kommt bisher nur einmal vor, in Flasche Nr. 87. Und sie ist, das läßt sich an der Nummer der Flasche ablesen, eine »neue« Farbe. Sie wird in künftigen Flaschen erneut auftauchen.

Symbolische Bedeutung: Korallen wachsen im Meer, und daher werden sie mit dem Unbewußten und dem Unterbewußten in Verbindung gebracht. Sie sind miteinander strauchartig verbundene Gebilde, die ihre Individualität sozusagen der Gemeinschaft opfern. Korallenstöcke brauchen Licht, um zu wachsen.

Sie streben also nach dem Licht. (Heute sind die Korallentiere durch die Umweltverschmutzung und die Verschmutzung der Meere vom Aussterben bedroht.)
Korallen stehen auch symbolisch für die Skelettstruktur des Menschen und in diesem Zusammenhang für Strukturgebung und Stärke. Korallenrot stellt eine intensivere Version der Farbe Orange dar – jedenfalls was ihren Symbolgehalt angeht.
Spirituelle Bedeutung: Höhere Intuition. Manche sehen Korallenrot als die Farbe des Strahls für die neue Christusenergie an.
Mentale Bedeutung: Übertragung (von positiven oder negativen Eigenschaften auf andere Personen, statt sie in sich selbst wahrzunehmen). Selbstüberprüfung. Möglichkeit, über die eigenen Frustrationen hinauszugehen. Abhängigkeit, Co-Abhängigkeit, und in der erlösten Form Unabhängigkeit und Interdependenz.
Emotionale Bedeutung: Unerlöste bzw. erlöste Beziehungen. Spontaneität. Schutz vor Betrug. Fähigkeit, Liebe zu akzeptieren. Freude in der Liebe. Einsamkeitsgefühle und Isolationsgefühle auf der einen Seite. Auf der anderen Seite All-eins-Sein.
Körperliche Zuordnungen: Drüsen. Ausscheidungs- und Sexualorgane. Psychosomatische Krankheiten. Folgen von Geburtstrauma und anderen Schocks.
Edelsteine, die bei den Aura-Soma-Substanzen verwendet werden: Koralle (ist kein Stein, siehe oben, wird hier aber wie ein »Stein« gewertet), Onyx, Rosenquarz.

Orange

Wichtigstes Thema: Abhängigkeit bzw. Co-Abhängigkeit bzw. Unabhängigkeit. Schock. Trauma. Tiefe Einsicht und großes Entzücken.

Symbolische Bedeutung: Harmonie. Schönheit. Kunst. Göttlichkeit und Verzicht. (Die Kutten von buddhistischen Mönchen sind orangefarben). Sexualität. Vertrauen.
Spirituelle Bedeutung: Einsicht. Individuation. Hingabe. Bedürfnis nach Zugehörigkeit.
Mentale Bedeutung: Weisheit. Unentschiedenheit. Beharrlichkeit und Ausdauer. Tiefe Einsicht. Mangel an Selbstwertgefühl. Abhängigkeit bzw. Co-Abhängigkeit bzw. Unabhängigkeit. Interdependenz (gegenseitiges Sichunterstützen).
Emotionale Bedeutung: Weisheit und Gefühle »aus dem Bauch«. Spontane, instinktive Weisheit. Geselligkeit. Sexualität aus Lust und Freude, nicht mit dem Ziel der Zeugung. Hysterie. Depression. Erregung. Extraversion. Schock. Trauma. Freude. Tiefes Entzücken.
Körperliche Zuordnungen: Eierstöcke, Dickdarm und Dünndarm (auch Verstopfung). Milz. (Nur die Farbe Orange kann die Milz und ihre Funktion ins Gleichgewicht bringen. Siehe Kapitel 4). Galle bzw. Gallenblase. (Jemand, der Schwierigkeiten mit der Galle hat, kann keine Orangen vertragen). Die Farbe Orange hat mit Nahrungsaufnahme und -assimilation zu tun.
Edelsteine, die bei den Aura-Soma-Substanzen verwendet werden: Achat, Amber, Koralle, Topas.

Gold

Wichtigstes Thema: Weisheit und tiefe Angst.

Symbolische Bedeutung: Transmutation (im alchimistischen Prozeß wird minderwertiges Metall in Gold verwandelt). Reichtum auf allen Ebenen (»Das goldene Ei« als Symbol für Reichtum). Der (goldene) Heilige Gral (als Symbol für etwas, das schwierig zu erlangen ist). Der goldene Ehering (als Symbol für Einheit).

Spirituelle Bedeutung: Die Weisheit Salomons, die Weisheit der Unterscheidung, ist golden. Die alten Sonnenreligionen haben mit Gold zu tun (im alten Ägypten, bei den Azteken und bei den Mayas). Heiligkeit. Gerechtigkeit. Ewigkeit. Weisheit. Reinheit. Schönheit. Status. Glanz und Herrlichkeit. Meditation. Weisheit. Erleuchtung (Heiligenscheine auf Renaissancegemälden).
Mentale Bedeutung: Weisheit. Unterstützung. Selbstgerechtigkeit. Falsche Bescheidenheit. Betrug. Täuschung. Verblendung. Die goldene Energie kommt in die mentale Ebene herein, wenn etwas mit der jeweils passenden und angemessenen Menge von Energie, Konzentration und Sorgfalt getan wird.
Emotionale Bedeutung: Sehnsucht. Ekstase. Friede. Trost. Anbetung. Entzücken. Beständigkeit und Zuverlässigkeit. Probleme mit dem Thema Sicherheit. Angst. Nervosität. Gier. Verwirrung.
Körperliche Zuordnungen: Nerven. Rückgrat. Darm/Eingeweide. Haut(-probleme). Gelbsucht. Ekel. Übelkeit. Alle Süchte.
Edelsteine, die bei den Aura-Soma-Substanzen verwendet werden: Amber, Tigerauge, Topas, Zitrin.

Gelb

Wichtigstes Thema: Erworbenes Wissen.

Symbolische Bedeutung: Sonne. Licht. In der chinesischen Medizin steht Gelb für das Element Erde. »Gelb« bei der Verkehrsampel bedeutet: Vorsicht! Eine gelbe Flagge signalisiert Quarantäne.
Spirituelle Bedeutung: Erworbenes, gelerntes Wissen. Licht. Wille.
Mentale Bedeutung: Stimulation. Zynismus. Mentale Verwirrung. Intellekt. Unsicherheit.

Emotionale Bedeutung: Wärme. Lachen. Freude und Entzücken. Ehrgeiz. Angst. Vertrauensmangel. Feigheit. Nervosität. Verwirrtheit. Depression.
Körperliche Zuordnungen: Der Bereich um den Solarplexus. Leber, Nieren. Haut. Das Zentralnervensystem. Gelbsucht. Rheuma. Arthritis.
Edelsteine, die bei den Aura-Soma-Substanzen verwendet werden: Amber, Topas, Zitrin.

Olivgrün

Wichtigstes Thema: Raum für Klarheit und Weisheit schaffen, weibliche Führungsqualitäten.

Symbolische Bedeutung: Hoffnung. Neues Leben auf der Erde. Friede. (Nach der Sintflut flog dem Noah eine Taube mit einem Olivenzweig im Schnabel zu.) Licht, das manifestiert wird. (In früheren Zeiten wurde Olivenöl für Öllampen benutzt.) Transmutation. (Oliven können nicht vom Baum gegessen werden, sondern sie müssen erst eingelegt werden und einen chemischen Prozeß durchlaufen, bis sie genießbar sind.) Der Ölberg, eine Art Kraftort für Jesus Christus und seine Jünger. Die letzte Ölung als Symbol für Tod und Wiedergeburt.
Spirituelle Bedeutung: Klarheit auf dem Weg. Fähigkeit zum »Heruntertransformieren« von spirituellen Inhalten. Freude und die Fähigkeit, über sich selbst zu lachen als spirituelle Qualität. (Gelb, die Farbe der Freude, kombiniert mit Grün, der Farbe für Raum und Wahrheit). Erdung.
Mentale Bedeutung: Harmonie. Ausrichtung.
Emotionale Bedeutung: Selbstliebe. Distanz von den eigenen Emotionen. Führungsqualitäten, kombiniert mit den Qualitäten des Herzens.

Körperliche Zuordnungen: Gallenblase, Dickdarm, Lungen. Beruhigt Durchfall und Krämpfe.
Edelsteine, die bei den Aura-Soma-Substanzen verwendet werden: Olivin, Peridot, Aventurin.

Grün

Wichtigstes Thema: Raum. Wahrheitssuche. »Panoramabewußtsein« (d. h. 360 Grad sehen, sich einmal um die eigene Achse drehen, alle Aspekte einer Sache sehen).

Symbolische Bedeutung: Natur. Wachstum. Frühling. Kreativität. Überfluß. Devas bzw. Naturgeister. Fruchtbarkeit. Grün ist die symbolische Farbe für Geld. Das grüne Licht bei der Verkehrsampel bedeutet »freie Bahn«, »vorwärts«.
Grün harmonisiert Körper, Seele und Geist.
Spirituelle Bedeutung: Heilung. Regeneration. Mitgefühl. Erdbewußtsein. Harmonie mit der Natur und ihren Gesetzen.
Mentale Bedeutung: Unterscheidungsfähigkeit. Ausgeglichenheit. Zielgerichtetheit und Entscheidungsfähigkeit. Großzügigkeit. Urteilsfähigkeit. Gleichgewicht.
Klaustrophobie und Agoraphobie (Angst vor Aufenthalt in geschlossen Räumen und großen freien Plätzen). Depression.
Emotionale Bedeutung: Offenheit, Ruhe, Freiheit, Großzügigkeit. Herzensangelegenheiten. »Panoramabewußtsein« (siehe oben). Neid und Eifersucht. Zufriedenheit.
Körperliche Zuordnungen: Herz und Lungen. Thymusdrüse. Raum im Hinblick auf körperliche Belange. Die Naturgesetze im Hinblick auf körperliche Belange. Geschwüre.
Edelsteine, die bei den Aura-Soma-Substanzen verwendet werden: Jade, Malachit, Opal, Olivin, Pyrit, Smaragd, Turmalin.

Türkis

Wichtigstes Thema: Massenkommunikation, Kommunikation durch Kunst und jede Art von kreativem Ausdruck.

Symbolische Bedeutung: Türkis ist die Farbe des vielzitierten kommenden (»Wassermann«-) Zeitalters. Steht auch symbolisch für den legendären versunkenen Kontinent Atlantis und die Weisheit, Technologien und Künste aus dieser Zeit. Steht für »Transdimensionalität«, das heißt, für Existenz und Präsenz jenseits von Zeit und Raum. Das »viereinhalbte Chakra«, das Ananda-Khanda-Zentrum, wird ebenfalls mit der Farbe Türkis in Verbindung gebracht. Türkis steht für das Meer. Für Delphine. Für Freiheit und Intelligenz, mit Gefühl gepaart.
Spirituelle Bedeutung: ist mit der symbolischen identisch.
Mentale Bedeutung: Fähigkeit, auf die Intuition zu vertrauen und sich leicht auf Veränderungen einzustellen. Idealismus. Utopismus. Tendenz zum Idealisieren. Lehre. Kommunikation durch Massenmedien, durch Kunst und jede Art von kreativem Ausdruck. Bewußtheit. Kommunikation durch Fremdsprachen. Begabung für Technik.
Emotionale Bedeutung: Intuition, die mit Gefühl zu tun hat. Der gesamte Gefühlsbereich. Mitgefühl und Empathie (Sicheinfühlen). Auch Ausdruck der Gefühle. Optimismus. Kindlichkeit im positiven Sinne des Wortes. Technophobie (Angst vor dem Umgang mit technischen Geräten), Talent für Technisches.
Körperliche Zuordnungen: Herz. Kehle. Thymusdrüse. Lungen. Oberer Rücken. Schultern, besonders die rechte. Kreislauf. Bronchitis. Asthma. Revitalisation. Regeneration. Heuschnupfen. Schwellungen. Alle Arten von Spannungen im Körper.
Edelsteine, die bei den Aura-Soma-Substanzen verwendet werden: Aquamarin, Malachit, Opal, Türkis.

Blau

Wichtigstes Thema: Friede und Kommunikation.

Symbolische Bedeutung: Maria, die nährende, schützende Mutter Gottes und Himmelskönigin, und Kwan-Yin, die fernöstliche Göttin der Barmherzigkeit, des Mitleids und der Heilung. Die »blaue Blume der Romantik«. Ruhe. Frieden. Sicherheit.
Autobahnen haben blaue Hinweisschilder. Blau steht für Schnelligkeit und Direktheit, »Geradlinigkeit«. Die Angehörigen militärischer und ziviler Einrichtungen der Luft- und Schifffahrt tragen blaue Uniformen, um aufzuzeigen, daß sie Schutz bieten und daß sie für den Frieden arbeiten. Das signifikanteste Beispiel sind die Blauhelme der UNO-Friedenstruppen.
Spirituelle Bedeutung: Blau ist die Farbe des Erzengels Michael wie von Vishnu und Krishna, zwei wichtigen Göttern der Hindus. Sie werden in der Bhagavadgita, einem der heiligen Bücher Indiens, als in blauen Körpern wohnend beschrieben, was heißt, daß Blau für Göttlichkeit steht. Wasser (Taufe, Segnungen, spirituelle Reinigung). Schutz. Trance-Mediumismus. Schutz (aber anderer als der der Farbe Rot, der isolierend ist, wogegen Blau sozusagen einen halbdurchlässigen Schutz bietet, der unterstützende, hilfreiche Einflüsse nach innen und außen durchläßt.)
Mentale Bedeutung: Intuition. Intraversion. Diplomatie. Wille. Führung. Uniform. Autorität. (Bluejeans, die verbreitetste Uniform, demonstrierten in Europa zunächst Auflehnung gegen Autorität. Heute symbolisieren sie Freiheit und Freizeit).
Emotionale Bedeutung: Heiterkeit. Ruhe. Sanftmut bzw. Sanftheit. Intuition. Beruhigung, Besänftigung. Leere. Frigidität. Depression (in englisch bedeutet »feeling blue« oder »having the blues«, daß jemand deprimiert ist). In-sich-gekehrt-Sein. Die nährende Mutter. Vater-Problematik. (Bei Aura-Soma hat Blau

mit der positiven mütterlichen und der negativen väterlichen Seite einer Persönlichkeit zu tun).
Körperliche Zuordnungen: Schilddrüse. Kehle. Alles, was mit Kommunikation in Verbindung steht. Krämpfe. Verstauchungen. Infekte. Nackenprobleme. Wirkt beruhigend, auch bei Jukken und Sonnenbrand.
Edelsteine, die bei den Aura-Soma-Substanzen verwendet werden: Lapislazuli, Opal, Saphir, Türkis.

Königsblau

Wichtigstes Thema: Zu wissen, warum man hier ist.

Symbolische Bedeutung: Königsblau ist die Farbe König Davids, des Anführers der Juden, der die Krone nicht akzeptierte. Er vertrat die Ansicht, daß nur dem Spirituellen die Auszeichnung einer Krone zukomme. Königsblau ist auch die Farbe der ägyptischen Göttin der Nacht, Nuit, die tiefe Weisheit symbolisiert. Steht für Weiblichkeit und Neumond. Mystizismus. Das Dritte Auge, »höhere Geistesfunktionen« wie Hellsehen, Hellhören, Hellfühlen, aber nicht als spontane Phänomene, sondern mit bewußter Zugangsmöglichkeit. Kommunikation aus der Seele heraus.
Spirituelle Bedeutung: ist mit der symbolischen identisch.
Mentale Bedeutung: »Höhere Geistesfunktionen«, siehe oben. Autorität. Effektivität. Kommunikation, die von tief innen kommt. Das Wissen, warum man hier ist. Entschlossenheit bzw. Entschlußfähigkeit. Fähigkeit »durchzublicken«. Depression. Isolation. Abgetrenntsein. Geheimnistuerei, Paranoia. Extreme Tendenz zu idealisieren. Die Dinge nicht sehen wollen, wie sie sind.
Emotionale Bedeutung: Nüchternheit. Objektivität. Distanz

(-fähigkeit). Ehrfurcht. Einsamkeit bzw. Alleinsein (im Sinne von All-eins-Sein). Depression.
Körperliche Zuordnungen: Augen. Ohren. Nase. Stirnhöhlen. Hirnanhangdrüse. Geistige Stärke.
Edelsteine, die bei den Aura-Soma-Substanzen verwendet werden: Lapislazuli, Saphir.

Violett

Wichtigstes Thema: Spiritualität, Heilung, Dienen, zu viel Grübelei.

Symbolische Bedeutung: Spirituelle Autorität (in der katholischen Kirche sind Meßgewänder zu bestimmten Anlässen violett). Neues Wachstum.
Spirituelle Bedeutung: In der Theosophie ist Violett die Farbe der »Flamme der Transmutation«, die Negativität verbrennt und neues Wachstum möglich macht. Individualismus. »Den Himmel auf die Erde bringen«. Dienen. Heilung. Abschluß. Den Lebenssinn erkennen und erkennen, daß es nicht nur wichtig ist, daß wir ihn leben, sondern auch, wie wir ihn leben.
Mentale Bedeutung: Zu viel Grübelei.
Emotionale Bedeutung: Leiden. Trauer. Nicht-hier-(d. h. nicht-inkarniert-) sein-Wollen. Schwierigkeiten mit der materiellen Seite des Lebens. Süchte. Tendenz, sich zu entziehen. Innere Ruhe.
Körperliche Zuordnungen: Schleimproduktion. Hirnplatten. Gut gegen Streß und Überaktivität. Beruhigend.
Edelsteine, die bei den Aura-Soma-Substanzen verwendet werden: Amethyst.

Magenta

Wichtigstes Thema: Liebe zu den kleinen, alltäglichen Dingen.

Magenta spielt in der Goetheschen Farbenlehre und in der Druckereitechnik eine Rolle, einer breiteren Öffentlichkeit ist diese Farbe aber kaum bekannt. Auch wir haben nur beschränkte Informationen über sie.

Magenta ist die Farbe des »achten Chakras«, das sich außerhalb des Körpers über dem Kopf befindet. Die Farbe hat mit opferbereiter Liebe zu tun, die anderen dient. Sie enthält Vorfreude auf die Zukunft. Stimuliert die Aufmerksamkeit. Liebe zu den kleinen, alltäglichen Dingen. Kooperation. Den eigenen Lebenssinn finden und leben.

Körperliche Zuordnungen: Hormonsystem. Geschlechtsorgane. (Morgendliche) Übelkeit. Stimuliert den Energiefluß. Magenta wirkt auf alle Chakren und Körperteile.

Edelsteine, die bei den Aura-Soma-Substanzen verwendet werden: Amethyst.

Bei Aura-Soma gibt es zwei Arten von Magenta. Einmal Tiefmagenta, das beispielsweise die untere Schicht von Flasche Nr. 0 ausmacht. Es sieht aus wie Schwarz, wenn jedoch ein helles Licht durchscheint, sieht man, daß es sich um ein ganz tiefes Rot handelt. Die zweite Art Magenta sieht aus wie ein intensives Pink. Es ist z. B. in beiden Schichten von Flasche Nr. 67 vertreten.

Pink

Wichtigstes Thema: Bedingungslose Liebe und Fürsorge.

Pink (Rosa) ist bei Aura-Soma Rot, durch das Licht geschickt wurde. Das heißt, das alle »roten Belange« durch Licht verfeinert werden. Besonders gilt das für die leidenschaftliche, sexuell gefärbte Liebe, die sich durch das Licht zur bedingungslosen Liebe verändert. Dabei handelt es sich nicht nur um individuelle, sondern auch um kollektive Lernaufgaben. So hat beispielsweise die (»rote«) sogenannte sexuelle Revolution uns von Prüderie und Verklemmtheit weg durch Zeiten von Promiskuität und anderen sexuellen Übertreibungen hin zu neuen Möglichkeiten wie Tantra geführt, und sie wird uns möglicherweise zu einer (pinkfarbenen) wirklichen spirituellen Sexualität führen. Pink steht für bedingungslose Liebe und Fürsorge. Für weibliche, intuitive Energie. Für Erwachen. Auch für das Bedürfnis nach all diesem, nach Wärme und Aufmerksamkeit. Es steht für das weibliche Rollenmodell.
Körperliche Zuordnungen: Hormonsystem. Geschlechtsorgane. Augen. Kopf. Taubheit. Gegenmittel gegen Angst.
Edelsteine, die bei den Aura-Soma-Substanzen verwendet werden: Diamant, Rosenquarz, Turmalin.

Klar

Wichtigstes Thema: Leiden und das Verstehen von Leiden. »Klar« ist natürlich keine Farbe, aber bei Aura-Soma wird Klar als Farbe betrachtet.

Symbolische Bedeutung: Klar ist »gefrorenes«, materialisiertes Licht (und enthält somit alle Farben). Es hat mit dem Spiegel –

und auch dem Zerrspiegel – zu tun, in dem wir uns selbst erkennen können. Transparenz. Die Quelle des Lichts.
Spirituelle Bedeutung: Karmisches Vergeben. Totale Reflexion. Leere. Weite. Transparenz. Klarheit. Reinheit. Die Energie des Mondes. Die »Silberschnur«, die uns mit dem Unendlichen verbindet. Die weiße Rose als Zeichen für Integrität, Ehrlichkeit, Einfachheit und Wahrheit.
Mentale Bedeutung: Klarheit. Leere. Weite.
Emotionale Bedeutung: Die »Quelle der unvergossenen Tränen«. Leiden. Das Verstehen von Leiden. Klarheit. Entschlossenheit.
Körperliche Zuordnungen: Klar kann überall aufgetragen werden. Es bringt Licht in alle Chakren und Körperteile. Es wirkt in den meisten Kombinationen reinigend und entgiftend.
Edelsteine, die bei den Aura-Soma-Substanzen verwendet werden: Achat, Diamant, Mondstein, Quarz, Rutil-Quarz, Zirkon.

Aus den 14 beschriebenen Farben gehen bei Aura-Soma bis heute insgesamt 28 unterschiedliche Varianten hervor:

Rot
Rosenpink
Pink
Blaßpink
Koralle
Blaßkoralle
Orange
Blaßorange
Gold
Blaßgold
Gelb
Zitronengelb
Blaßgelb
Olivgrün
Grün
Smaragdgrün
Blaßgrün
Türkis
Blaßtürkis
Blau
Blaßblau
Königsblau
Rotviolett
Violett
Blaßviolett
Magenta
Tiefmagenta
Klar

Zum Abschluß dieses Kapitels noch ein bemerkenswerter Text zum Thema Farbe aus einer gänzlich »un-spirituellen« Quelle. Im einmal wöchentlich als Beilage erscheinenden und in Farbe gedruckten sogenannten Magazin der »Süddeutschen Zeitung« wurde am 25. März 1994 das Foto eines Wirsingkohlblattes in Vergrößerung präsentiert. Über eine Doppelseite waren zwei dicke, hellgrüne Adern und viele kleine, noch heller grüne Adern zu sehen, die sich durch saftiges, knackiges Blattgrün schlängelten. Ein Bild prallen Lebens. Neben der Fotografie stand folgender Text:

»Dieses Photo entstand im Atelier der Münchner Photographin Mona Giulini. Es zeigt das Blatt eines Wirsingkohls – tiefgrün, wie bereits der Name verrät, in dem sich das lateinische Wort ›viridia‹ (grünes Gemüse) versteckt. Die wirkliche Farbe allerdings ist reine Ansichtssache: Würde das Blatt das gesamte Sonnenlicht reflektieren, so erschiene es uns strahlend weiß. Da es das nicht tut und nur die mittleren, ›grünen‹ Wellenlängen zurückwirft, fällt genau dieser Lichtanteil auf die Netzhaut, so daß wir im Brustton der Überzeugung von einem grünen Wirsingblatt sprechen. Alle anderen Farben des Spektrums ›schluckt‹ das Grünzeug weg. Die langen, roten Wellen nützt das Blatt, um mit Hilfe der Lichtenergie aus Kohlendioxyd und Wasser Zucker- und Stärkemoleküle zu produzieren. In gleicher Weise verfährt es mit den kurzen, blauen Lichtwellen. Das rote und das blaue Licht sorgen so für Wachstum; weltweit entstehen auf diese Weise etwa 170 Milliarden Tonnen organische Materie pro Jahr. Ein Zweitausendstel davon essen wir, direkt oder über den Umweg durch das Tier. So gesehen verzehren wir letzten Endes rotes und blaues Licht – und können bei Belieben und mit vollem Bauch darüber rätseln, welche Farbe das Wirsingblatt denn nun wirklich hat.«

7 Der Umgang mit den »Balance«-Flaschen

Nun kommen wir zum praktischen Teil. Wie erfahren Sie, welche Aura-Soma-»Balance«-Öle für Sie passen, Ihren Problemen angemessen und für Sie hilfreich sind? Grundsätzlich können Sie drei Wege gehen.

Der erste und einfachste Zugang führt über das Aura-Soma-»Chakra-Chart«. Auf dieser Darstellung des menschlichen »Regenbogens« können Sie das Problem, für dessen Lösung Sie sich Hilfe erwünschen, lokalisieren. Sagen wir, sie hätten immer wieder Schwierigkeiten damit, in einen meditativen Zustand zu gelangen, weil Ihnen zu viele Gedanken im Kopf herumgehen. Die Ursache des Problems läge demnach im violetten Bereich Ihres »Regenbogens«. Also suchen Sie sich anhand der Abbildungen, in einem Geschäft oder bei einem Aura-Soma-Berater Flaschen, die Violett enthalten, aus. Danach studieren Sie selbst die Beschreibungen oder lassen sich beraten. So finden Sie heraus, welche Substanz Ihnen die beste Unterstützung geben kann. In unserem Fall wäre es die Flasche Nr. 37 (Violett über Blau).

Der zweite Weg ist ein mehr intuitiver. Und hierfür empfiehlt es sich nicht, mit Hilfe der Fotos die Auswahl zu treffen, weil sie die Flaschen nur zweidimensional zeigen. Damit die Intuition wirklich funktionieren kann, ist es angebracht, die Flaschen direkt vor Augen zu haben, und zwar möglichst bei Tageslicht.

Gehen Sie in einen Zustand der Entspannung, denken Sie an das Problem, das Sie lösen wollen, und fragen Sie Ihre innere Stimme, welche der Substanzen Ihnen helfen könnte. Natürlich ist

es auch möglich, eine passende Flasche auszupendeln. Oder, während Sie Ihre Augen geschlossen halten, mit der linken Hand nahe an den Flaschen entlangzufahren, um festzustellen, welche energetisch zu Ihnen spricht.
Sie können auch eine Tarotkarte ziehen, während Sie sich Ihr Problem bewußtmachen. Die korrespondierende Flasche ist dann die passende »Medizin«. (In diesem Fall sollten Sie allerdings über einige Erfahrungen mit dem Tarot verfügen). Die »großen Arkana« sind mit Nummern versehen, von 0 bis 22. Sie entsprechen den ersten 22 Flaschen. Mit den »kleinen Arkana« geht es über den »König der Stäbe« (Nr. 23) und die »Königin der Stäbe« (Nr. 24) usw. weiter. Die Angaben sind in den Beschreibungen der Flaschen enthalten.
Sie können auch ein I Ging werfen, um die passende Substanz für sich herauszufinden. (Hier gilt das gleiche wie für die Tarotkarten. Sie sollten mit dem I Ging vertraut sein, wenn Sie diesen Weg beschreiten.) Die Flaschenbeschreibungen enthalten auch hierfür die entsprechenden Angaben.
Wenn Sie sich mit der Numerologie auskennen, werden Ihnen sicher eine Menge Varianten einfallen, nach denen Sie »Ihre« Flaschen auswählen können. Hier nur zwei Ideen dazu: Bilden Sie die Quersumme Ihres Geburtsdatums, und zwar so, daß eine zweistellige Zahl dabei herauskommt. (Das hat sich bei Aura-Soma über die Jahre als geeigneter erwiesen, als auf eine einstellige Zahl herunterzugehen.)
Jemand, der beispielsweise am 2.2.1953 geboren ist, zählt folgendermaßen: 2+2+1+9+5+3 = 22. Er zählt jetzt also nicht, wie das in anderen Fällen empfohlen wird, 2+2 zu 4 zusammen, sondern er beläßt es bei 22. Dies wäre aus numerologischer Sicht »seine« Flasche.
Möchte er die Flasche herausfinden, die besonders für die Lebensphase paßt, in der er sich momentan befindet, zählt er sein Geburtsdatum zur laufenden Jahreszahl hinzu. Also beispielswei-

se: 2+2+1+9+9+5 = 28. Die Flasche 28 wäre also seine »Jahresflasche« für 1995.

Der Weg über das Chakra-Chart und der von uns als »intuitiv« beschriebene Weg ist jeweils relativ einfach und durchaus empfehlenswert. Doch erst der dritte Weg zeigt, welche Dimensionen in Aura-Soma stecken und welche genauen Informationen in Ihrer speziellen Farbauswahl stecken. Dieser Weg wird in einem sogenannten Reading bei einem Aura-Soma-Berater beschritten.

Hier werden wir Ihnen erklären, wie Sie vorgehen sollten, um Ihre Flaschen auszuwählen, und welche Aussagen in den einzelnen Flaschen stecken, wie sie sich aus der Reihenfolge ergeben, in der sie gewählt wurden. Mit Hilfe der Beschreibungen in Kapitel 8 können Sie dann in etwa absehen, welches Ergebnis ein Reading bei Ihnen hätte. Allerdings braucht es eine Menge Erfahrung, um den Überblick über alle verschiedenen relevanten Betrachtungsniveaus zu behalten und daraus sinnvolle Schlüsse zu ziehen. Weil dieses Buch auf möglichst verständliche Art einen ersten Einstieg in die Arbeit mit Aura-Soma liefern möchte, können wir hier zu diesen Betrachtungsniveaus nicht allzu viel sagen. Das wird in einem weiteren Buch geschehen.

Wenn Sie also den »dritten Weg« beschreiten und daraus wirklich Nutzen ziehen wollen, sollten Sie einen Aura-Soma-Berater aufsuchen, der die Sprache der Farben lesen und übersetzen kann.

Und so beginnen Sie mit Ihrer Auswahl:

Stellen Sie sich vor, Sie würden auf eine einsame Insel geschickt, wo Sie einige Zeit verbringen müßten und nur eine einzige der »Balance«-Flaschen mitnehmen dürften, die Ihnen auf der Insel Gesellschaft leisten wird. Welche wählen Sie? Suchen Sie so lange, bis Sie ganz sicher sind.

Nehmen Sie diese Flasche beiseite, und beginnen Sie den Prozeß

von neuem. Behalten Sie Ihre Mission auf der einsamen Insel im Kopf und die Möglichkeit, ein einziges Fläschchen mitnehmen zu können. Welches ist es jetzt?
Stellen Sie auch Ihre zweitliebste Flasche zur Seite. Sie beginnen wieder von vorne, und Sie beginnen noch einmal von vorn. Jetzt haben Sie Ihre vier bevorzugten Flaschen ausgewählt, in denen jeweils ein Code steckt, der ganz persönlich auf Sie zutrifft.

- Die erste Flasche zeigt Ihre Lebensaufgabe. Das Ziel, mit dem Sie sich diesmal inkarniert haben,
- die zweite Flasche zeigt Ihre größten Schwierigkeiten und, wenn Sie daran gearbeitet haben, Ihr größtes Geschenk; das Geschenk, das Sie von der Schöpfung erhalten, und gleichzeitig das Geschenk, das Sie der Schöpfung machen,
- die dritte Flasche enthält Informationen darüber, wie weit Sie bisher auf Ihrem Weg gekommen sind,
- die vierte Flasche informiert Sie über mögliche Zukunftsperspektiven.

Die Rangfolge Ihrer Vorlieben für die Flaschen ist also von großer Bedeutung.
Wenn Sie einen Aura-Soma-Berater aufgesucht haben, wird er Ihnen jetzt Ihr Reading geben, Ihre Beratung. Danach wird er Ihnen empfehlen, welche der Flaschen Sie kaufen und anwenden sollen. Haben Sie in einem Geschäft oder per Foto Ihre Wahl getroffen, ist es am besten, alle vier zu kaufen bzw. sich schicken zu lassen, damit Sie sich möglichst intensiv mit den Flaschen beschäftigen können. Auf welche Art und Weise und in welcher Abfolge – das erfahren Sie weiter unten noch in diesem Kapitel.
Hier nun die Informationen, die wir Ihnen vermitteln können.

Die erste Flasche

Die untere Hälfte: zeigt Ihnen an, was Sie aus der Vergangenheit (das heißt: aus vorigen Leben) mitbringen, und Ihre Lebensaufgabe, die möglicherweise noch in (ein) weitere(s) Leben hineinreicht. Sie indiziert, auf welchem »Seelenstrahl« Sie sich inkarniert haben. Dieser Strahl (das heißt in diesem Zusammenhang: Ihre Lebensaufgabe) hat mit den Attributen zu tun, die wir im Kapitel über die Farben zusammengetragen haben. Die untere Hälfte Ihrer ersten Flasche trägt die Farbe Ihrer »wahren Aura«.

Die obere Hälfte: zeigt die Umstände auf, unter denen Sie in dieses Leben hineingeboren wurden. Sie bezieht sich konkret auf den Moment Ihrer Zeugung, aber auch auf die Lebensumstände der Kindheit und des Erwachsenenalters, die Sie zu dem werden ließen, der Sie heute sind. Sie verkörpert den »Persönlichkeitsstrahl«, auf dem Sie in dieses Leben gekommen sind. Womit dieser Strahl (das heißt in diesem Zusammenhang: Ihre Persönlichkeit) zu tun hat, können Sie ebenfalls im Kapitel über die Farben nachlesen.

Beide Hälften zusammen machen Ihre »Seelenflasche« aus. Jedenfalls dann, wenn Sie sich selbst schon gut kennen und wenn Sie wirklich sorgfältig gewählt haben. Sie können davon ausgehen, daß Sie tatsächlich Ihre Seelenflasche gefunden haben, wenn Sie über längere Zeit immer wieder und möglichst ohne Ausnahme diese Flasche an die erste Stelle setzen.
Sie weist Sie darauf hin, was Sie in diesem Leben lernen und verwirklichen wollen. Im Kapitel *Die Beschreibungen der 92 »Balance«-Flaschen* können Sie unter »Positive Persönlichkeitsaspekte« nachlesen, was Ihre Lernaufgaben, Begabungen und Ziele sind. Schauen Sie auch ruhig unter den negativen Persönlichkeitsaspekten nach. Sie gelten zwar hauptsächlich für die

zweite Flasche, aber Sie werden sehen, daß die Beschreibungen auch auf die erste zutreffen und daß Sie an diesen Aspekten noch arbeiten können. Unter »Spirituelle -«, »Mentale -«, »Emotionale -« und »Körperliche Ebene« finden Sie, welche Effekte die Anwendung der zusammengeschüttelten Substanz auf diese Bereiche haben kann.

Bitte bedenken Sie immer, daß die Wirkungsweise der Aura-Soma-Substanzen subtiler ist als die von Medikamenten. Die Effekte zeigen sich nicht immer sofort, sondern oft erst nach längerer, regelmäßiger Anwendung, und häufig auch auf sehr sanfte und feine Weise. Schwere gesundheitliche Probleme sollten Sie auf keinen Fall nur mit Aura-Soma zu lösen versuchen; ziehen Sie immer einen Arzt oder Heilpraktiker Ihres Vertrauens hinzu – möglichst natürlich jemanden, der für alternative, sanfte Heilweisen offen ist –, und folgen Sie seinen Empfehlungen.

Aura-Soma »beißt« sich weder mit Mitteln wie Bach-Blüten noch mit homöopathischen, noch mit physikalischen Anwendungen oder Psychotherapien. Im Gegenteil, all diese Therapien werden durch Aura-Soma noch unterstützt. Auch wenn Sie aus bestimmten Gründen chemische Medikamente nehmen müssen, dürfen Sie Aura-Soma anwenden. Ihr Gesundungsprozeß wird dadurch gefördert.

Die zweite Flasche

Bei der zweiten und den beiden folgenden Flaschen ist vor allem die Betrachtung der Farbkombination beider Schichten wichtig; nicht so sehr das Anschauen der einzelnen Schichten.

Beide Hälften zusammen sagen Ihnen, wo Ihre größten Schwierigkeiten, Blockaden bzw. Probleme, aber gleichzeitig auch Ihre größten Wachstumsmöglichkeiten liegen. Wenn Sie daran ar-

beiten oder bereits daran gearbeitet haben, öffnen Sie mehr und mehr das »Geschenkpäckchen«, das für Sie vorgesehen ist. Gleichzeitig und in gleicher Form enthält dieses Päckchen, wie gesagt, das Geschenk, das Sie dem großen Ganzen zurückgeben können – ein wunderschönes Paradoxon.
Über Schwierigkeiten, Blockaden und Probleme können Sie sich unter »Negative Persönlichkeitsaspekte« informieren. Ihr Geschenk ist unter »Positive Persönlichkeitsaspekte« von Flasche Nr. 2 zu finden. Unter »Spirituelle -«, »Mentale -«, »Emotionale -« und »Körperliche Ebene« werden Sie die Auswirkungen der Anwendung von der zusammengeschüttelten Substanz auf diese verschiedenen Ebenen finden.

Die dritte Flasche

Beide Hälften zusammen betrachtet zeigen Ihnen, wie weit Sie bis heute Ihren Weg gegangen sind. Prüfen Sie die Auflistung der positiven Persönlichkeitsaspekte, und beurteilen Sie so ehrlich wie möglich, ob Sie bei ihnen schon (teilweise) angelangt sind oder ob Sie sich noch mehr mit den negativen Persönlichkeitsaspekten beschäftigen, für die die zweite Flasche steht. Wahrscheinlich treffen einige Punkte der einen und einige der anderen Abteilung zu. Schauen Sie sich auch die negativen Persönlichkeitsaspekte von Flasche Nr. 3 an, und lassen Sie sich so zeigen, was Ihnen zusätzlich noch im Wege steht.
Die Interpretation der dritten Flasche bringt Schwierigkeiten mit sich, vor allem, wenn man sie allein machen will. Es bedarf einer Menge Distanz zu sich selbst und Fähigkeit zur Selbstkritik, um den Stand der Dinge auch nur einigermaßen realistisch und objektiv zu beurteilen. Auch ist es sehr schwierig, für sich selbst Strategien zu entwickeln, wie man neben der Anwendung der Substanzen an seinen Problemen und »Macken« arbeiten kann.

Denn so unterstützend Aura-Soma sein mag, was bestimmte ungute Verhaltensweisen und Lebensstrategien angeht, muß man sich einfach neues Verhalten aneignen und es trainieren. Das im Alleingang zu entwickeln ist außerordentlich schwierig. Die Unterstützung eines Beraters oder eines Therapeuten kann dabei eine große Hilfe sein.
Schauen Sie bitte wieder nach, welche Effekte die Anwendung der zusammengeschüttelten Flüssigkeiten auf Ihre spirituelle, mentale, emotionale und körperliche Ebene haben kann.

Die vierte Flasche

Beide Hälften zusammen betrachtet zeigen auf, was die Zukunft möglicherweise für Sie bereithält. Achten Sie bei der Beschreibung dieser Flasche besonders auf die positiven Persönlichkeitsaspekte, denn bekanntlich sind wir Mit-Schöpfer unserer Zukunft. Und es ist sehr wahrscheinlich, daß das, worauf wir uns heute konzentrieren, morgen unsere Realität sein wird. Nehmen Sie daher weder die negativen Persönlichkeitsaspekte, noch mögliche Schwierigkeiten im spirituellen, mentalen, emotionalen oder körperlichen Bereich ins Visier, sondern das, was für Sie selbst, Ihre Mitmenschen und das »große Ganze« am förderlichsten ist, nämlich die möglichen positiven Persönlichkeitsaspekte, die der »Geist in dieser Flasche« fördern kann.
Diese Flasche sollte man sich ans Bett stellen, um die positiven Energien aus der Zukunft anzuziehen. Natürlich können Sie auch mit der zusammengeschüttelten Substanz »arbeiten«, das heißt sie regelmäßig auf den angemessenen Körperstellen auftragen. Allerdings empfiehlt sich diese »Arbeit« erfahrungsgemäß erst nach der Anwendung der zweiten und der dritten Flasche, wobei Pausen eingelegt werden sollten.

Die zweite Flasche gilt bei Aura-Soma als die »therapeutische«, was heißt, daß Sie die zweite Flasche als erste anwenden. Auf diese Weise können Sie gute, spürbare Erfolge erzielen.
Der Inhalt Ihrer »Seelenflasche«, der ja farblich sozusagen Ihr innerstes Wesen enthält, wirkt ungeheuer stark. Sie sollten mit dieser Substanz erst dann in körperlichen Kontakt treten, wenn Sie schon über Erfahrungen mit anderen Flaschen verfügen und Ihre Reaktionen kennen. Sie sollten sich zwei bis drei Wochen Zeit lassen, damit Sie sich wirklich auf Ihre Seelenfarben einlassen können. Sie könnten die Flasche zum Beispiel auf eine ruhige, der Erholung und Besinnung dienende Urlaubsreise mitnehmen. Statt die Substanz aufzutragen, können Sie die Flasche abends vor dem Schlafengehen für einige Zeit auf Ihr Drittes Auge legen und gezielt das Licht einer Strahlerlampe oder Taschenlampe durchschicken. Das gleiche kann man mit Sonnenlicht machen. Auf diese Weise können Sie testen, wie der Effekt ist und wie Sie dosieren müssen.
Wenn Sie die zweite Flasche Ihrer Wahl, also die »therapeutische« Flasche, aufgebraucht haben, legen Sie eine Pause von mindestens einer Woche ein. Beobachten Sie, was sich verändert (hat): Träumen Sie mehr als zuvor? Wie sieht der Inhalt Ihrer Träume aus? Was geschieht in Ihrer Meditation oder in Ihren Entspannungsübungen? Erinnern Sie sich an Dinge, die Sie längst vergessen hatten? Wie verhält es sich mit Ihrem Schlaf und Ihrem Appetit? Wie sieht es mit Ihren Gefühlen aus? Empfinden Sie mehr Freude, Wut, Frustration, Zärtlichkeit, sexuelle Erregung, Verspieltheit als sonst? Wie kommen Sie mit Ihrer Arbeit zurecht? Schauen Sie in der entsprechenden Flaschenbeschreibung nach: Spüren Sie Veränderungen auf den angesprochenen Ebenen? Haben Sie auch noch nach einer Woche das Gefühl, daß sich in Ihnen eine Menge bewegt? Dann verlängern Sie die Pause! Ihnen läuft nichts weg, lassen Sie sich die Zeit, die Sie brauchen. Machen Sie das Optimale aus jeder Substanz,

nehmen Sie das gesamte Potential vom »Geist in dieser Flasche« in sich auf. Und erst, wenn Sie wirklich das Gefühl haben, daß der Prozeß beendet ist, schließen Sie Freundschaft mit einer neuen Flasche. Als nächstes empfehlen wir, die dritte Flasche Ihrer Wahl zu verwenden. Sie kann, im Gegensatz zur ersten und auch im Gegensatz zur zweiten Flasche, die durchgängig gleichbleiben sollten, im Lauf der Zeit variieren. Auch Ihre Vorliebe für die vierte Flasche kann sich im Lauf der Zeit verändern. Das ist völlig normal, denn der Mensch entwickelt sich, nicht zuletzt durch die Arbeit mit den Aura-Soma-Substanzen. Sie können die Entwicklungen beschleunigen und Ihre Persönlichkeit um weitere Facetten bereichern, wenn Sie dranbleiben. Das können Sie sehr schön nachvollziehen, wenn Sie die Variationen, die sich bei der Auswahl Ihrer dritten und vierten Flasche ergeben, beobachten. Allerdings möchten wir empfehlen, ehrlich zu bleiben und nur auf Ihre innere Stimme zu hören.
Es ist immer wieder zu bemerken, daß sich die Anwender mit zunehmender Kenntnis der Bedeutungen der einzelnen Flaschen mehr vom Wissen als von der Empfindung leiten lassen. Man könnte sagen, daß sie Eindruck bei sich selbst, bei ihrem Aura-Soma-Berater oder bei wem auch immer schinden wollen. Dabei vergeuden Sie aber nur Zeit und Geld. Es ist höchst unwahrscheinlich, daß die mit dem Intellekt gewählten Flaschen Wirkungen entfalten.

Dafür geschieht aber glücklicherweise etwas ganz anderes. Häufig »meldet« sich, während Sie die Flaschen betrachten, eine Aura-Soma-Flasche, die Ihnen bisher eigentlich noch nie aufgefallen ist und die Ihnen von ihrer Farbgebung her auch vielleicht gar nicht sonderlich gefällt. Trotzdem spüren Sie eine starke Anziehungskraft. Sie sind gut beraten, wenn Sie dem Ruf folgen und diese Flasche annehmen und anwenden. Auf diese Weise offenbart sich oft ein aktuelles Problem, das gelöst werden möchte.

(Worum es sich dabei handelt, können Sie meist aus der Flaschenbeschreibung ersehen.) Schon nach kurzer Zeit der Beschäftigung mit Aura-Soma entwickelt sich der Instinkt für Farbe in erstaunlicher Weise, und die Reaktion auf eine bestimmte Farbkombination in einer Flasche kann eine Schwierigkeit anzeigen, noch ehe das Alltagsbewußtsein davon Notiz genommen hat.

Auf einem Aura-Soma-Workshop geschah einmal folgendes: Eines Tages fühlte sich eine Teilnehmerin geradezu magisch von Flasche Nr. 78 angezogen (Violett über Tiefmagenta), sie war regelrecht hungrig auf das Violett (»ich könnte es trinken«, sagte sie). Doch auch das tiefe Magenta hatte seine Botschaft, und genau diese Kombination barg eine entscheidende Information für sie.

Die so angesprochene Frau begann, die Substanz vorschriftsmäßig anzuwenden.

Nach ein paar Tagen fing sie an, von ihrer schon lang verstorbenen Mutter zu träumen, und ihr wurde klar, daß ihre eigenes ständiges Kränkeln irgend etwas mit ihrer Mutter zu tun haben mußte.

Weil sie nun aber weder durch ihre Träume noch durch Meditation und Nachdenken hinter das Geheimnis kam, suchte sie nach dem Workshop eine Atemtherapeutin auf, die sie bereits kannte und der sie vertraute. In einer intensiven Rebirthing-Sitzung, in der sie auch die Substanz Nr. 78 anwendete, öffnete sich das Geheimnis. Durch das Atmen in einen veränderten Bewußtseinszustand versetzt, erfuhr sie, daß ihre Mutter im Krieg vergewaltigt worden war. Die Mutter hatte niemals und mit niemandem über diese Verletzung gesprochen. Sie hatte ihren Schock ein Leben lang verdrängt, und sie litt bis zu ihrem Tod an den verschiedensten Krankheiten, besonders an dramatischen Halsentzündungen.

Unbewußt und auf einer rein körperlichen Ebene hatte sie ihr

eigenes »Schock-Programm« an ihre nach dem Krieg geborene Tochter weitergegeben. Diese hatte lange Zeit gegrübelt, warum sie in ihrem gesamten Leben noch nie richtig gesund gewesen war. Natürlich konnte sie nicht ahnen, was sich in ihrer Mutter verbarg und was diese ihr als Erbe mitgegeben hatte. Erst durch die Hilfe von Aura-Soma war es möglich, das Geheimnis zu lüften, das ihr so viele Probleme bereitet hatte.
Die Frau brauchte einige Wochen, um mit den Informationen aus Flasche Nr. 78 fertig zu werden und sie wirklich zu »integrieren«, was heißt, das ans Licht geholte Verdrängte auch wirklich im Licht zu lassen; es sich immer wieder bewußtzumachen und zu akzeptieren, sich immer wieder zu sagen, daß das Trauma und seine Folgen nun vorbei sind und daß nun für ihre Mutter »drüben« und für sie selbst eine neue Zeit begonnen hat.

Sie sagte auch ihrem Körper, daß Scham und Schuld und Sühne nun nicht mehr angesagt seien. Wenn möglich legte sie sich dafür in die Sonne, also auch ganz konkret in das Licht, und sie machte sich alle ihre Körperzellen bewußt, machte sich bewußt, wie sie jetzt frei sind vom alten »Zauberspruch« und wie sie von nun an gesund und kraftvoll im Einklang mit allen anderen Persönlichkeitsanteilen zusammenarbeiten können. (Genauere Informationen über diese Art innerer Arbeit finden Sie in dem Buch »Wieder gesund werden« von Carl Simonton. Die dort beschriebene Arbeit bezieht sich auf Krebspatienten. Sie kann jedoch leicht auf Patienten mit weniger schweren Leiden umfunktioniert werden).
Nach der Anwendung von Flasche Nr. 78 legte die Frau eine Pause ein. Anschließend verwendete sie Nr. 64 (Grün über Klar), eine Flasche, die sich für die Integration schwierig zu akzeptierender Wahrheiten besonders gut eignet. Außerdem unterstützt dieses Öl einen Neubeginn.

Im Lauf von mehreren Monaten besserte sich das körperliche Befinden der Frau wesentlich.

Fassen wir also noch einmal kurz zusammen, in welcher Reihenfolge Sie mit Ihren Flaschen arbeiten sollten.

Die zweite Flasche Ihrer Wahl ist die sogenannte therapeutische. Es empfiehlt sich generell, sie als erste anzuwenden. (Wir erinnern noch einmal daran, daß Sie, wenn Sie innerhalb einiger Tage keinerlei Wirkung verspüren, Flasche Nr. 11 als »Zwischenmittel« und »Wegbereiter« anwenden oder gleichzeitig mit der zweiten Flasche anwenden können. Sie können aber auch mit der zweiten Flasche pausieren und erst einmal nur Nr. 11 benutzen und dann, wenn sie leer ist, mit dem Inhalt der zweiten fortfahren.)

Legen Sie eine Pause ein, nachdem Sie diese Flasche aufgebraucht haben. Eine Woche ist ein empfehlenswerter Zeitraum, zehn Tage oder sogar mehr können aber auch angemessen sein.

Die nächste sollte die dritte Flasche Ihrer Wahl sein. Gehen Sie damit genauso vor wie beschrieben und legen Sie danach wieder eine Pause ein.

Auf die dritte folgt die vierte Lieblingsflasche. Danach können Sie vorsichtig, ebenfalls nach einer Pause, Ihre »Seelenflasche« anwenden; das aber nur, wenn Sie die notwendige Ruhe und den nötigen Platz in Ihrem Leben haben, um sich auf die starken Energien dieser Substanz einlassen zu können. Warten Sie damit lieber bis zu Ihrem nächsten Urlaub, bevor Sie in Ihrem Alltagsleben möglicherweise zu viel Ihrer Energie aufbrauchen. Nach dem Benutzen dieser ersten drei oder vier Substanzen verfügen Sie bereits über einige Erfahrungen mit den »Geistern in den Flaschen«. Sie werden dann selbst entscheiden können, wie Sie weiter vorgehen. Ob Sie erst einmal eine längere Pause einlegen, vielleicht den Inhalt einer »Ihrer« Flaschen ein zweites Mal auf sich wirken lassen, sich von neuem mit der gesamten Auswahl konfrontieren oder sich eine neue »Medizin« aussuchen. Tips zum weiteren Vorgehen finden Sie übrigens auch im letzten Kapitel.

Nun noch einige wichtige Informationen zur Behandlung der Flaschen.

Fassen Sie sie, egal, ob es Ihre eigenen sind oder nicht, immer mit der linken Hand und immer am Verschluß an, auf diese Weise werden die in den Flaschen enthaltenen Energien am wenigsten gestört.

Wenn Sie den Inhalt einer Flasche anwenden wollen, können Sie allerdings selbstverständlicher mit ihr umgehen. Behandeln Sie sie ganz normal, und wenn später beim Auftragen Spritzer danebengehen, wischen Sie sie einfach mit einem Zellstofftuch ab. Es ist sicherlich angebracht, den »Geistern in den Flaschen« mit Respekt gegenüberzutreten. Aber nicht mit übertriebenem Respekt. Sie wollen ja Körperkontakt mit ihnen haben!

Nehmen Sie die Flasche in Ihre linke Hand, und zwar so, daß der Ringfinger die eine »Schulter« hält, der Mittelfinger über dem Verschluß liegt und der Zeigefinger die andere »Schulter« hält. Getragen wird die Flasche durch den Daumen.

Öffnen Sie nun den Verschluß. Schütteln Sie die beiden Schichten kräftig, so daß sie sich vermischen. Geben Sie die so entstandene »Kurzzeit-Emulsion« in Ihre rechte Hand, und verteilen Sie sie an den beschriebenen Stellen (siehe Kapitel 8). Wenn Sie das Gefühl haben, daß die Substanz nur schwer aus der Flasche herauszuschütteln ist, können Sie den Plastikstöpsel entfernen. (Heben Sie ihn jedoch auf, vielleicht wollen Sie ihn später wieder einsetzen!) Zu Anfang vermischen sich die beiden Schichten noch nicht so leicht, und sie teilen sich auch schnell wieder. Je mehr von der Substanz jedoch benutzt wurde und je mehr Platz in der Flasche entstanden ist, um so einfacher geht es später. Beim Auftragen ist ganz wichtig, daß ein breites Band rund um den Körper beschrieben wird und daß die Wirbelsäule

immer einbezogen ist, wenn sich die angegebenen Stellen auf den Rumpf beziehen.
Durch das Schütteln geht die Energie des elektromagnetischen Feldes des Anwenders in den Inhalt der Flasche ein, wodurch das Heilungspotential erhöht wird. Dieses Prinzip findet sich auch in der Homöopathie wieder, wo der Patient manchmal ein Medikament auf seine Hand bekommt, um es mit der eigenen Energie zu »durchtränken«. Weiterhin geht durch das Schütteln mit der linken Hand etwas vom Potential Ihrer rechten Gehirnhälfte in die Substanz ein, Ihrer kreativen, unbewußten, mit anderen Dimensionen verbundenen Seite.
Wir empfehlen eine Anwendung morgens nach dem Duschen oder Waschen und eine abends direkt vor dem Schlafengehen. Mit den Rotkombinationen sollten Sie allerdings vor dem Schlafengehen vorsichtig sein. Sie wirken bei vielen Menschen so stimulierend, daß sie sich in ihrer Nachtruhe gestört fühlen.

Im übrigen empfehlen wir, wie gesagt, einfach zu beginnen und nicht mehr als eine einzige Flasche zu benutzen, bis sie aufgebraucht ist, und dabei zu bleiben, egal, wie die Reaktionen aussehen. Selten reagiert jemand mit einer Bronchitis auf einen Flascheninhalt; kommt es dennoch dazu, bleiben Sie dran, es handelt sich nur um eine sogenannte Heilungskrise, die schnell überwunden ist, wenn Sie die Substanz weiterverwenden.
Nur wenn eine Hautreaktion eintritt, sollten Sie ein paar Tage Pause einlegen. Die Haut muß sich beruhigen. Was an »Negativem« sonst noch passieren kann, haben wir ja bereits in Kapitel 3 angeschnitten, wie z. B. das Aufsteigen von unguten Gefühlen und Erinnerungen. Doch seien Sie froh, wenn es dazu kommt, denn es bedeutet nur, daß »alte Geschichten« dabei sind, sich zu verabschieden.
Über die »positiven« Effekte haben wir auch schon gesprochen. Sie werden mehr und mehr Sie selbst werden; Sie werden Ihrem

Lebensziel näher kommen. Diese Reise ist immer eine sehr individuelle. Freuen Sie sich darauf!

Benutzen Sie die Flaschen, die Sie geschüttelt haben, nur selbst, und lassen Sie es nicht zu, daß ein anderer sie anfaßt, außer in der beschriebenen vorsichtigen Weise, nämlich am Verschluß. Es ist Ihre Flasche, kein anderer hat mit ihr etwas zu schaffen.
Nehmen wir jedoch einmal folgenden Fall an: Sie benutzen gerade die »Schock-Flasche« (Nr. 26), um eine alte Schock-Situation abzuschließen. Da erlebt jemand in Ihrem Freundeskreis ein Trauma, und Sie möchten ihm mit Ihrer Flasche Unterstützung geben. In diesem Fall können Sie die Flasche von Ihren eigenen Energien vollständig reinigen, der andere kann sie für sich energetisieren und zu Ende benutzen.
Dieser Reinigungsvorgang wird auf folgende Art am einfachsten und schnellsten durchgeführt: Stellen Sie die Flasche aufrecht auf ein Amethyst-Bett oder in eine Amethyst-Druse. (Das ist eine natürlich gewachsene Höhle aus Amethyst, die es in Mineralienfachgeschäften zu kaufen gibt.) Der Vorgang dauert etwa 12 Stunden, und er ist auch dann gelungen, wenn farbliche Veränderungen sichtbar sind bzw. sichtbar geblieben sind.
Die zweitschnellste Methode ist folgende: Stellen Sie das Fläschchen ebenfalls aufrecht bis zu den »Schultern« in Meersalz. Auf diese Art dauert die Reinigung 24 Stunden. Sie ist genauso effektiv wie die Reinigung mit den Amethysten.
Und es gibt noch eine dritte Möglichkeit, die etwa 36 Stunden dauert: Stellen Sie die Flasche bis zu den »Schultern« in eine starke Lösung aus Meersalz und Wasser. Sie ist genauso effektiv wie die beiden zuvor beschriebenen Methoden.
Wenn Sie sich beim Auftragen eines Öls – zum Beispiel am Rücken – von jemandem helfen lassen möchten, schütteln Sie selbst Ihre Flasche, und geben Sie die Emulsion in die Hand Ihres Helfers. Er kann sie dann ganz normal einmassieren.

Manchmal verschwindet aus einer Flasche, die Sie anwenden oder die Sie bei sich stehen haben, eine Farbe. Das bedeutet, daß Sie diese Farbe besonders benötigen. Lassen Sie sich dadurch nicht irritieren. Registrieren Sie, daß diese Farbe im Moment wichtig für Sie ist, schauen Sie nach, was das bedeutet, und wenden Sie die Substanz weiter an wie gewohnt. Sie können die Flasche auch in Ihrer Nähe stehenlassen, wenn Sie das Öl nicht benutzen.

Häufig werden »Balance«-Öle durch die Anwendung trüb und fleckig. Das bedeutet, daß sich der Anwender auf einen tiefen Prozeß eingelassen hat. Dann sollte man sicherstellen, daß die Störfaktoren mit keinem anderen zu tun haben als mit einem selbst. Das heißt, man reinigt die Flasche wie beschrieben und läßt sie weder mit Freunden noch mit Familienmitgliedern in Kontakt kommen. Treten Flecken und Trübung dann wieder auf, können Sie sicher sein, daß sie durch Sie selbst verursacht sind. Benutzen Sie den Flascheninhalt wie gewohnt weiter. Die kleinen energetischen Schmutzpartikelchen werden Ihren Heilungsvorgang unterstützen, genau wie bei einer Impfung kleine Mengen von Krankheitserregern in den Körper gebracht werden, um die Produktion von Antikörpern anzuregen.

Die Aura-Soma-Substanzen verderben nicht. Sie sind unter hohen Qualitätsstandards hergestellt, und es gibt Flaschen, die noch aus der Zeit von Vicky Wall stammen, deren Inhalt völlig unversehrt ist. Sie wurden nie geschüttelt, das heißt: Niemand hat sie sich je zu eigen gemacht. Sie stehen in Dev-Aura im Ausbildungszentrum, seit Jahren unterliegen sie dem Rhythmus von Tag und Nacht, von Sonnenlicht und Mondlicht und völliger Dunkelheit, und ihre Farben sind brillant wie eh und je. Sie können also sicher sein: Wenn sich das Aussehen eines Flascheninhalts verändert, hat das entweder mit Ihnen selbst zu tun oder mit einem Menschen in Ihrer Nähe.

In den Anfangsjahren von Aura-Soma wurde sehr genau beobachtet, welche Art von Blasen und Mustern beim Schütteln einer Flasche in den Flüssigkeiten entstanden. Diese Muster wurden gedeutet und in den Inhalt der Readings einbezogen. Kurz vor ihrem Tod 1991 kam Vicky Wall jedoch davon ab. Sie war zu dem Schluß gekommen, daß viele Aura-Soma-Berater und -Anwender sich in Betrachtungen und Interpretationen verloren. Dabei war es ihr wesentlich wichtiger, daß die Öle angewendet wurden und ihre segensreiche Wirkung entfalten konnten. Wir sind der gleichen Ansicht wie Vicky Wall und gehen daher hier auf diesen Punkt nicht weiter ein.

Zum Abschluß noch ein Tip. Zwar sind alle Bestandteile der Aura-Soma-Produkte natürlichen Ursprungs und völlig unschädlich. Das bedeutet jedoch nicht, daß die Farben keine Flecken verursachen! Halten Sie sich für das Schütteln und Auftragen der Substanzen möglichst im Badezimmer auf, wo Sie eventuelle Tropfen und Spritzer sofort abwaschen können. Und reiben Sie die Öle gründlich ein, damit auf Ihrer Kleidung keine Streifen oder Flecken entstehen.

8 Die Beschreibungen der 92 »Balance«-Flaschen

In diesem Kapitel wird erklärt, welche Informationen in den einzelnen »Balance«-Flaschen stecken. Doch vorab einige Erläuterungen zum Aufbau und Inhalt der Beschreibungen.

Bis heute gibt es 92 verschiedene »Balance«-Flaschen, Flasche Nr. 0 bis Flasche Nr. 91, die Nummer 0 wird also mitgezählt. Es werden noch weitere hinzukommen, die gesamte Anzahl wird eines Tages mehr als 100 betragen.

Wir haben uns um eine verständliche Systematik bemüht, was bei der Fülle und Komplexität der Informationen nicht ganz einfach war. Jede Flasche stellt eine Art Universum in sich selbst dar. Ein Universum mit »positiven« und »negativen« Seiten, mit Zyklen, die sich an ihren extremen Enden treffen, und mit Paradoxien. Was der einzelne für sich mit einer Flasche bewirken kann, die ihm entspricht und die er sich zu eigen gemacht hat, ist sehr weitreichend. Manchmal sogar so weitreichend und auch so intim, daß es niemals berichtet und bei Aura-Soma aufgezeichnet worden ist und werden wird.
Wir haben auf der einen Seite versucht, von den Erfahrungen so viel wie möglich einzubringen, auf der anderen Seite aber war es uns auch wichtig, den Lesern mit den Informationen über die Flaschen möglichst deutliche Orientierung und effektive Hilfestellung zu geben. Daher haben wir auch manchen Gedanken und Aspekt unter den Tisch fallenlassen. Wir glauben, daß mit unserer Auswahl beiden Absichten Genüge getan wird.

Wer tiefer einsteigen möchte, entschließt sich vielleicht zum Besuch eines Seminars, oder er läßt die Flaschen selbst sprechen. Den besten Weg dafür werden Sie mit der Zeit selbst herausfinden. Hier nur eine kleine Anregung zum Einstieg:
Nehmen Sie eine Flasche, die Ihnen etwas bedeutet und von der Sie Informationen haben wollen, in Ihre Meditation. Bitten Sie sie um Hilfe und Unterstützung. Betrachten Sie sie, nehmen Sie die Farben, die Energie ganz offen und ohne den Filter Ihres Intellekts in sich auf. Oder legen Sie sie auf Ihr Drittes Auge, auf Ihr Herzchakra oder auf eine andere Ihnen als richtig erscheinende andere Stelle Ihres Körpers. Spüren Sie einfach, was die Flasche aussendet, und seien Sie nicht ungeduldig, wenn zu Anfang »nichts kommt«. Farben enthalten eine Sprache, die sich erst mit der Zeit entschlüsselt, denn diese Sprache ist in Vergessenheit geraten. Denken Sie daran, wie lange es gedauert hat, bis Sie ihre Muttersprache erlernt hatten.

Als Vicky Wall die Anleitungen für die Herstellung der Aura-Soma-Substanzen erhielt, war ihr zum einen nicht bewußt, wozu sie nützen sollten. Zum anderen war ihr nicht klar, daß die Reihenfolge, in der die Flaschen, beziehungsweise ihre Inhalte, »geboren« wurden, im Einklang mit der Kabbala, dem Tarot, dem I Ging standen. Diese Beziehungen wurden erst später erkannt und ergänzt. Nachdem Vicky Wall klar war, daß diese Beziehungen bestanden, erhielt sie auch diesbezügliche Durchsagen, die sie aufzeichnen ließ. So kam es zu den entsprechenden Angaben, die wir heute haben.
Wir stellen hier, um nicht zu weitschweifig zu werden, lediglich die Zuordnungen zum Tarot und zum I Ging vor. Wer bereits mit diesen Systemen vertraut ist, wird diesen Beitrag zum Verständnis der Flaschen und ihren jeweiligen Eigenschaften als hilfreich empfinden. Wer keine Beziehung dazu hat, kann diese beiden Blickrichtungen getrost ignorieren.

Wichtig zu erwähnen ist in diesem Zusammenhang noch, daß die Nummern der Flaschen nicht mit der kabbalistischen Numerologie übereinstimmen. Beispielsweise ist die numerologische Bedeutung von Flasche 0 die Zahl 1, die von Flasche 1 ist die Zahl 2. Später gibt es weitere und andersartige Abweichungen. Würden wir diese Angaben hier integrieren, führte das mit Sicherheit zu Verwirrung.

Bis etwa zur Flasche Nr. 44 stammen die Namen von Vicky Wall oder aus ihrer unmittelbaren Umgebung, etwa ab Flasche Nr. 45 von Mike Booth und seiner Umgebung. Die Namen drücken in einem Begriff die Eigenschaften der jeweiligen Flasche bzw. ihrer Inhalte aus. Die Rubrik »Grundthema« beabsichtigt, diese Eigenschaften, das Ziel, die Funktion der Flasche noch etwas deutlicher zu machen. Das Grundthema kann allerdings stark variieren und für den einzelnen Anwender von dem abweichen, was wir formuliert haben.
Der Abschnitt »Positive Persönlichkeitsaspekte« bezieht sich auf die im vorhergehenden Kapitel beschriebene Wahl und Rangfolge der vier bevorzugten Flaschen, dabei auf die erste und auch abgeschwächt auf die dritte und vierte. »Negative Persönlichkeitsaspekte« bezieht sich auf die zweite Flasche, welche die zu überwindenden Schwierigkeiten des Betreffenden repräsentiert; die zweite Flasche sollte man als erste anwenden.
Es müssen übrigens weder bei den positiven noch bei den negativen Persönlichkeitsaspekten alle aufgeführten Attribute zutreffen; ebensowenig wie alles in den dann folgenden vier Paragraphen Aufgeführte zutreffen muß. Aura-Soma ist eine feinstoffliche Therapie. Ihre Wirksamkeit und Wirkungsweise sind nicht in der gleichen Art festzulegen wie die auf dem Beipackzettel einer »chemischen Keule«.
Die vier Abschnitte »Spirituelle Ebene«, »Mentale bzw. geistige Ebene«, »Emotionale Ebene« und »Körperliche Ebene« führen

auf, welche Effekte die Substanz, wenn sie vorschriftsmäßig angewendet wird, auf die entsprechenden Bereiche haben kann. Wobei mehr oder minder immer alle vier Bereiche gemeinsam angesprochen werden. Der Mensch ist eine Ganzheit, die Übergänge zwischen den einzelnen Ebenen sind fließend. Für die Unterteilung haben wir uns lediglich wegen der Übersichtlichkeit entschlossen.
Wie bereits erwähnt, stellt jede Flasche ein Universum in sich dar. Und so treffen auch Anteile der negativen Persönlichkeitsaspekte auf denjenigen zu, der diese Flasche in erster Position hat; und wenn jemand mit dieser Flasche in zweiter Position an sich arbeitet, wird mehr und mehr der Schatz dessen entdeckt werden können, den wir dort unter »Positive Persönlichkeitsaspekte« zusammengetragen haben. Vielleicht erscheint Ihnen das bei der ersten Lektüre alles sehr verworren. Nach der linearen Denkweise, die wir in der Schule beigebracht bekommen haben, ist es auch verworren. Doch sobald Sie mit Ihren Aura-Soma-Flaschen wirklich Kontakt aufgenommen und einige Erfahrungen mit ihnen gemacht haben, werden Sie genau verstehen, was gemeint ist.
In dem Abschnitt »Wo die Substanz aufgetragen werden soll« sind genaue Angaben zum Auftragen gemacht. (Auf welche Art Sie das Fläschchen schütteln und wie Sie mit der entstandenen Kurzzeit-Emulsion umgehen sollen, haben wir ja bereits im vorhergehenden Kapitel beschrieben.) Sie sollten die Substanz immer in einem breiten Band um den gesamten Körper herum auftragen, so daß die Wirbelsäule eingeschlossen ist. Das ist für die Wirksamkeit wichtig.
Wir erwähnen in den jeweiligen Abschnitten nicht, daß alle Substanzen grundsätzlich auch auf den Händen und Füßen angewendet werden können. Über die Reflexzonen werden die Inhaltsstoffe an die Stellen im Körper transportiert, wo sie benötigt werden. Das zu wissen kann besonders in Notfallsitua-

tionen von Bedeutung sein, wenn die entsprechenden für die jeweiligen Substanzen empfohlenen Stellen nicht erreichbar sind.
Unter »Besonderheiten« finden Sie unter anderem Informationen darüber, ob bestimmte Flaschen Bestandteile des »Chakra-Sets« sind. Was es damit auf sich hat, wird in Kapitel 12 erklärt.
Noch etwas zur Formulierungsweise. Wir benutzen die Männlichkeitsform und sprechen vom Anwender. Der Text läßt sich so einfacher lesen. Leserinnen, die auf eine weibliche Form Wert legen, bitten wir um Verständnis.

Im übrigen finden Sie stets in positiver und negativer Hinsicht extreme Formulierungen. Dazu haben wir uns entschlossen, weil wir deutlich und klar sein wollen; nicht, um verletzend zu sein. Wenn wir von »Egozentrik« oder »Selbstbetrug« oder »emotionaler Unreife« sprechen, so sind immer nur Tendenzen dahin gemeint. Wenn wir von heilerischen Fähigkeiten oder anderen wunderbaren Begabungen sprechen, so heißt das nicht, daß Sie jetzt Ihren Beruf aufgeben und Heiler oder Heilerin werden sollen. Auch im Büroalltag, in einem Blumen- oder Bekleidungsgeschäft oder im Familienalltag können solche Talente auf das fruchtbarste genutzt werden.

Die Bezeichnungen der Tarotkarten entsprechen denen des Decks von A. E. Waite, des sogenannten Rider-Waite-Decks. Einige der Affirmationen sind durch Angaben in Hans-Dieter Leuenbergers »Schule des Tarot« (siehe Literaturliste) inspiriert. Wir danken ihm für diese Ideen.

Die Affirmationen können Ihnen helfen, die Ebene des Bewußtseins einzubeziehen und so die Wirkung der Öle möglicherweise zu verstärken. (Allerdings nur, wenn Ihnen das sympathisch ist.

Wenn nicht, können Sie diesen Punkt genauso ignorieren wie den zu den Tarotkarten und zum I Ging.)
Schreiben Sie die Affirmation zu der Flasche, die Sie gerade verwenden, auf einen Zettel, und legen Sie ihn neben Ihre Nachttischlampe. Lesen Sie den Zettel abends vor dem Einschlafen und morgens nach dem Aufwachen, und beziehen Sie den Inhalt des Satzes in Ihre Meditation ein. Oder heften Sie den Zettel an Ihren Badezimmerspiegel, an den Kühlschrank, an das Armaturenbrett Ihres Autos ... Sicher fallen Ihnen noch eine Menge anderer Möglichkeiten ein, wie Sie Ihren Affirmationen am meisten, am häufigsten und am intensivsten Aufmerksamkeit schenken können.
Natürlich können Sie auch eigene Sätze dieser Art formulieren.

Die Aura-Soma-Substanzen öffnen für neue Möglichkeiten, sie lindern und besänftigen, oder sie machen bewußt und geben Mut. Doch was sie nicht können: Ihre Lebensumstände ändern, Ihnen neue Verhaltensweisen beibringen, Ihnen Routine, Erfahrung und Professionalität verleihen. Das müssen Sie, unterstützt durch die »Geister in den Flaschen«, schon selbst tun. Wenn Sie also zum Beispiel im Zuge Ihrer Arbeit mit Aura-Soma entdekken, jetzt sei es an der Zeit, sich nicht mehr vor dem öffentlichen Reden zu drücken, besuchen Sie einen Rhetorikkurs. Wenn Sie sehen, daß Sie endlich mit einer alten Kindheitsgeschichte abschließen müssen, suchen Sie sich einen guten Psychotherapeuten oder eine entsprechende Gruppe, wo Sie professionelle Hilfe finden. Wird Ihnen klar, daß Süchte, Abhängigkeiten und Co-Abhängigkeit Ihr Leben beeinflussen, wenden Sie sich an die Anonymen Alkoholiker. (Dort erhalten Sie auch Informationen für Menschen, die mit Süchtigen leben und sich daher in einer Situation der Co-Abhängigkeit befinden.)
Wenn Sie merken, daß Sie in Ihrem Beruf nicht mehr glücklich sind und daß Sie etwas anderes tun möchten, informieren Sie

sich beim Arbeitsamt oder bei einer anderen Beratungsstelle, erfragen Sie, welche Möglichkeiten es gibt, und verfolgen Sie sie dann.

Sorgen Sie dafür, daß sich Ihr Wachstum konkretisiert. Eine Spiritualität, die sich nicht im ganz normalen Alltag anwenden läßt und die dort nicht sichtbar ist – durch Menschlichkeit, Freundlichkeit, Fairneß, Verständnis, Mitgefühl, Hilfsbereitschaft und so weiter –, ist nichts Echtes, sondern aufgesetzt. Die Substanzen werden Ihnen die denkbar beste Unterstützung dafür geben, daß Sie Veränderungen auf allen Ebenen wirklich in Angriff nehmen und realisieren können.

Nr. 0

Name der Flasche: Spirituelle »Erste Hilfe«
Farben: Königsblau über Tiefmagenta
Zusammengeschüttelte Farbe: Tiefmagenta
Körperlicher Bereich (Chakra): Kronenchakra
Tarotkarte: Der Narr
I-Ging-Zeichen: beginnt erst mit Flasche Nr. 1
Grundthema: hilft, tiefe intuitive Einsichten ins praktische Leben zu übertragen

Positive Persönlichkeitsaspekte: Emotional ausgeglichen. Auf der Suche nach Wahrheit, besonders mit Blick auf spirituelle Dinge. Besitzt heilerische und sensitive Fähigkeiten sowie die Fähigkeit, im Schlaf den Körper zu verlassen und in Krisengebieten Heilungsarbeit zu leisten (»Out-of-the-Body-Experiences«). Bei manchen Menschen geschieht das bewußt, bei den meisten aber unbewußt. Diese Personen fühlen sich häufig morgens nach dem Aufstehen schlechter als am Abend zuvor. In diesem Fall ist es

sehr hilfreich, morgens Spirituelle »Erste Hilfe« zu benutzen und auf die Schläfen aufzutragen.
Negative Persönlichkeitsaspekte: Kann dazu neigen, sich exzessiv mit spirituellen Dingen zu beschäftigen. Außerdem kann eine Neigung zu Zügellosigkeit, Torheit und Selbstbetrug bestehen. Häufig besteht ein Mangel an Selbstliebe und ein Bedürfnis danach, selbst geheilt zu werden. (»Der verwundete Heiler«).
Spirituelle Ebene: Stimuliert die Inspiration. Heilt tiefe spirituelle Probleme. Macht den Weg frei für spirituelle bzw. religiöse Erfahrungen.
Mentale bzw. geistige Ebene: Hilft, Selbstbetrug aufzudecken. Unterstützt einen Neubeginn, einen neuen Schritt. Hilft, in Kontakt mit der eigenen Kraft zu kommen.
Emotionale Ebene: Bringt tiefen Frieden und tiefe Freude sowie das Vertrauen in eine größere Ordnung.
Körperliche Ebene: Hilft bei chronischen Kopfschmerzen, Schlaflosigkeit, geistiger Unruhe, ernsthaften Verletzungen, schweren Wehen und Geburtsschäden.
Wo die Substanz aufgetragen werden soll: Um den gesamten Haaransatz herum, um die Ohren herum. Kann in akuten Fällen überall am Körper aufgetragen werden.
Affirmation: Ich liebe das Leben. Leben ist Lernen.
Besonderheiten: Keine.

Nr. 1

Name der Flasche: Körperliche »Erste Hilfe«
Farben: Blau über Tiefmagenta
Zusammengeschüttelte Farbe: Tiefmagenta
Körperlicher Bereich (Chakra): Drittes Auge und Kronenchakra
Tarotkarte: Der Magier

I-Ging-Zeichen: oben Himmel, unten Himmel, Nr. 1, »Das Schöpferische«
Grundthema: hilft, zu verstehen und anzunehmen, daß der Alltag spirituell ist; die Flasche des Heilers

Positive Persönlichkeitsaspekte: Kennt seine Ideale und ist fähig, sie zu verwirklichen. Starke analytische, charismatische und Führungsqualitäten. Starke männliche (»Animus«-)Qualitäten, egal, ob die Person einen männlichen oder einen weiblichen Körper bewohnt.
Negative Persönlichkeitsaspekte: Schwierigkeiten mit der weiblichen Seite. Tendenz zu geistiger Übererregtheit und negativer Manipulation anderer. Schwierigkeiten, sich auszudrücken.
Spirituelle Ebene: Die Substanz hilft, mit dem eigenen Lebenssinn in Kontakt zu treten, der sehr viel mit Dienen zu tun hat. Unterstützt den Prozeß, sich von alten Glaubenssystemen zu verabschieden.
Mentale bzw. geistige Ebene: Hilfreich bei schlechtem Erinnerungsvermögen und bei geistiger Übererregtheit. Regt dazu an, alte Erinnerungen hervorzuholen und positiv zu verarbeiten.
Emotionale Ebene: Kühlt Emotionen ab, besonders in Krisensituationen. Hilft, Gefühle von Abgetrenntsein zu überwinden und über Selbstliebe mit der eigenen Kraft in Verbindung zu treten.
Körperliche Ebene: Hilft bei Verbrennungen, Quetschungen und Schürfwunden, bei allen Schmerzen, besonders Rückenschmerzen, bei Bronchitis, hohem Blutdruck und Zystitis, bei Durchfall und Ischias. Ist bei allen diesen Beschwerden besonders im akuten Stadium hilfreich.
Wo die Substanz aufgetragen werden soll: Um den gesamten Haaransatz herum, um den Hals und die Ohren herum. Und: siehe »Besonderheiten«.
Affirmation: Ich bin ganz. Ich integriere all meine Teile.

Besonderheiten: Körperliche »Erste Hilfe« ist eine der wenigen Substanzen, die neben der vorschriftsmäßigen Anwendung auch lokal an betroffenen Stellen aufgetragen werden können, ohne daß die Wirbelsäule einbezogen werden muß. Die Substanz kann also einfach in eine schmerzende Stelle eingerieben werden, ähnlich wie die Bach-Blüten »Rescue Remedy«-Creme. Sie ist nicht nur in der 50-Milliliter-Glasflasche, sondern auch in einem 25-Milliliter-Plastikfläschchen erhältlich, das leicht transportabel ist. Sie kann so auch von anderen als dem »Besitzer« verwendet werden.

Nr. 2

Name der Flasche: Friedensflasche
Farben: Blau über Blau
Zusammengeschüttelte Farbe: Blau
Körperlicher Bereich (Chakra): Kehlkopfchakra
Tarotkarte: Die Hohepriesterin
I-Ging-Zeichen: oben Erde, unten Erde, Nr. 2, »Das Empfangende«
Grundthema: stellt den Kontakt zu wirklichem inneren Frieden her

Positive Persönlichkeitsaspekte: Steht mit sich selbst im Einklang und ist friedliebend, setzt sich für den Frieden ein. Verfügt über Kreativität, die mit dem Kehlkopfchakra zu tun hat (z. B. mit Blick auf öffentliches Sprechen). Unterstützt andere Menschen. Besitzt starke weibliche (»Anima«-)Qualitäten und eine enge Verbindungen zu den Archetypen Eva und Isis, egal, ob der Betroffene einen männlichen oder weiblichen Körper bewohnt. Ist fähig, sich zu einem Kanal für Informationen aus anderen Dimensionen zu machen.

Negative Persönlichkeitsaspekte: Hat Schwierigkeiten damit, inneren und äußeren Frieden zu finden. Hat einerseits große Probleme mit der männlichen Seite, andererseits liegt ein starkes Defizit an mütterlicher, nährender Energie vor. (Hat sie nicht erhalten und kann sie nicht geben). Hat Angst vor dem Unbekannten.

Spirituelle Ebene: Hilft, Verbindung zu den tieferen Aspekten in sich selbst herzustellen, auch im Hinblick darauf, sich zum »Kanal« zu machen, das heißt Informationen aus anderen Dimensionen durchzulassen. Reinigt die Aura. Hilft Sterbenden, einen leichteren Übergang zu finden. Hat mit der Personifikation des Mondes bzw. »der Mondin« zu tun. Verschafft Zugang zu tiefer Intuition.

Mentale bzw. geistige Ebene: Hilft bei Angst vor dem Unbekannten, bei Problemen bezüglich Konzentration und Sprechen. Verschafft Zugang zu Kreativität und Intuition.

Emotionale Ebene: Erleichtert Übergänge, zum Beispiel bei Sterbenden, bei Gebärenden oder bei Menschen in Krisensituationen. Verschafft Zugang zur »Kraft der Stille«, zu Ausgeglichenheit in oder nach emotional belasteten Situationen und zu dem Gefühl, beschützt zu sein. Hilft, Träume zu entschlüsseln.

Körperliche Ebene: Hilft bei über- oder unteraktiver Schilddrüse, bei Schwierigkeiten mit dem endokrinen System, bei Sprachproblemen, verspanntem Nacken, Infekten, Quetschungen, in der Schwangerschaft und beim Zahnen von Babys.

Wo die Substanz aufgetragen werden soll: Die obere Linie für das Band, das aufgetragen werden soll, stellen der Haaransatz im Nacken und die Linie zwischen den Unterkiefern dar, die untere Linie die Höhe des Schlüsselbeins. Also um den gesamten Hals herum auftragen.

Affirmation: Ich atme Frieden ein. Ich atme Frieden aus.

Besonderheiten: Gehört zum Chakra-Set, bezieht sich hier auf das Kehlkopfchakra. Und – dies mag wie ein Kuriosum erscheinen,

ist aber eine vielfach erwiesene Tatsache – hilft Schwangerschaftsstreifen vorzubeugen. In diesem Fall an der entsprechenden Stelle auftragen.
Bei zahnenden Babys die Substanz rund um den Kieferbereich auftragen. Nur äußerlich anwenden!

Nr. 3

Name der Flasche: Herzflasche
Farben: Blau über Grün
Zusammengeschüttelte Farbe: Türkis
Körperlicher Bereich (Chakra): Herzchakra
Tarotkarte: Die Herrscherin
I-Ging-Zeichen: oben Wasser, unten Donner, Nr. 3, »Die Anfangsschwierigkeit«
Grundthema: Herz(-ens)-probleme; die gesamte emotionale Seite des Seins

Positive Persönlichkeitsaspekte: Verfügt über intuitives Wissen. Hilft anderen Menschen, ihre Richtung zu finden. Besitzt Fähigkeiten als Künstler, Lehrer, Therapeut. Kann durch künstlerische, körperliche, besonders auch durch ökologische Arbeit zu spirituellem Erwachen gelangen.
Diesem Menschen ist Wahrheit sehr wichtig.
Er hat Talent zum Erfolg. Bringt die Ernte aus vielen früheren Inkarnationen ein.
Negative Persönlichkeitsaspekte: Versucht in extremem Maße, die Erwartungen anderer zu erfüllen. Sendet doppelbödige Botschaften aus. Weiß nicht, was er fühlt. Hat Schwierigkeiten, einen Platz zu finden oder sich Platz zu verschaffen, wo er sich entfalten kann.
Spirituelle Ebene: Verhilft zu spirituellem Fortschritt und dazu,

auszumachen, worin ein solcher Fortschritt besteht. Öffnet dafür, daß die Essenz der Seele sich ausdrückt.
Mentale bzw. geistige Ebene: Verschafft Zugang zu Vorstellungskraft und Kreativität. Hilft bei Depressionen, besonders bei exogenen (das heißt, bei solchen, die ihren Ursprung nicht im Erbgut haben, sondern die durch äußere Bedingungen oder Erlebnisse verursacht wurden).
Emotionale Ebene: Beseitigt Schwierigkeiten im gesamten emotionalen Feld, einschließlich Schwierigkeiten im Ausdruck von Gefühlen.
Körperliche Ebene: Lindert Bauchschmerzen, Asthma, chronische Bronchitis, Angina pectoris, alle weiteren Herzbeschwerden, Hautausschlag auf der Brust, Bindegewebsgeschwülste.
Wo die Substanz aufgetragen werden soll: Über den gesamten Brustraum, in einem breiten Band vom Brustbein bis zum Abschluß der Rippen.
Affirmation: Ich drücke Liebe und Wahrheit aus.
Besonderheiten: Gehört zum Chakra-Set, hat hier mit dem Herzchakra zu tun. Hilft in der Reinkarnationstherapie, mit Inkarnationen aus Atlantis Kontakt aufzunehmen. Diese Flasche heilt besonders effektiv Tiere, woran auch immer sie leiden. Sie hilft auch Menschen, die sich beruflich oder privat mit Tieren beschäftigen, an ihr Heilungspotential Tieren gegenüber zu gelangen. Für Menschen mit dieser Flasche in der ersten, dritten oder vierten Position ist Karma-Yoga als spirituelle Disziplin sehr geeignet.

Nr. 4

Name der Flasche: Sonnenflasche
Farben: Gelb über Gold
Zusammengeschüttelte Farbe: Goldgelb
Körperlicher Bereich (Chakra): Solarplexuschakra
Tarotkarte: Der Herrscher
I-Ging-Zeichen: oben Berg, unten Wasser, Nr. 4, »Die Jugendtorheit«
Grundthema: öffnet die Tür zu innerem Wissen und innerer Weisheit

Positive Persönlichkeitsaspekte: Besitzt Autorität und ein großes Talent für Management und Organisation, verbindet dieses Talent mit Weisheit. Hat Zugang zu Wissen aus vergangenen Zeiten und kann dieses Wissen umsetzen. Besitzt die Fähigkeit, eine Vision in die Realität umzusetzen. Sieht die amüsante Seite des Lebens. Diesem Menschen ist bewußt, daß es wertvoller ist, etwas zu wissen, als etwas zu besitzen.
Negative Persönlichkeitsaspekte: Ist von tiefer Angst und Freudlosigkeit geprägt und emotional unreif. Neigt zu Utopien. Verhält sich sehr autoritär und dabei unreif.
Spirituelle Ebene: Überträgt spirituelle Ideen ins Konkrete. Verschafft Kontakt zu Intuition und innerer Führung. Bringt »Solares Bewußtsein«. Erhöht die Wahrnehmungsfähigkeit.
Mentale bzw. geistige Ebene: Ist hilfreich bei Phobien, die ihre Ursache im Mentalen haben.
Emotionale Ebene: Bringt Vertrauen, Sicherheit und Freude.
Körperliche Ebene: Hilft bei Problemen mit dem Nervensystem und mit der Wirbelsäule, bei Hiatus, Brüchen, chronischem Rheumatismus, bei Arthritis und Magersucht, bei Ekelgefühlen, Blähungen, Verstopfung, Diabetes und Beschwerden in den Wechseljahren.

Wo die Substanz aufgetragen werden soll: Auf der Höhe des Solarplexus in einem Band rund um den Körper.
Affirmation: Ich bin sicher. Ich weiß, daß ich nichts weiß.
Besonderheiten: Gehört zum Chakra-Set. Hat hier mit dem Solarplexuschakra zu tun.
Kann in der Reinkarnationstherapie mit Inkarnationen im alten Ägypten Kontakt herstellen.

Nr. 5

Name der Flasche: Sonnenaufgangs-/Sonnenuntergangsflasche
Farben: Gelb über Rot
Zusammengeschüttelte Farbe: Scharlachrot
Körperlicher Bereich (Chakra): Basischakra
Tarotkarte: Der Hierophant
I-Ging-Zeichen: oben Wasser, unten Himmel, Nr. 5, »Das Warten« bzw. »Die Ernährung«
Grundthema: hilft, die verfügbare Energie weise zu nutzen

Positive Persönlichkeitsaspekte: Besitzt viel Energie, kann diese Energie ausdrücken und ist dynamisch und charismatisch. Kommt mit der materiellen Seite des Lebens sehr gut zurecht. Verbreitet eine Atmosphäre von Freude um sich, in der sich die Menschen wohl fühlen. Besitzt pädagogische Qualitäten.
Negative Persönlichkeitsaspekte: Ein sehr unsicherer Mensch, der wenig Vertrauen besitzt. Hat messianische Tendenzen und die Tendenz, sich nicht weiterentwickeln zu wollen. Ist in sexuellen Beziehungen von Angst bestimmt. Andererseits wünscht er sich, daß das Leben eine einzige Party ist. Hat Überlebensängste, unterdrückte Wut. Kann in seinem persönlichen Leben nur sehr schwer Beziehungen zu anderen Menschen aufbauen.
Spirituelle Ebene: Hilft, »Gut und Böse« zu unterscheiden und

eine spirituelle Großzügigkeit zu entwickeln. Ermöglicht, zu erkennen, daß spirituelles Erwachen auch durch Freude stattfindet (die eigene und die, die man gibt).

Mentale bzw. geistige Ebene: Unterstützt Lernprozesse. Hilft dabei, Konzepten eine Struktur zu verleihen.

Emotionale Ebene: Bringt versteckte Wut an die Oberfläche und die Gründe ihres Ursprungs. Ist hilfreich bei Lampenfieber. Macht den Weg frei, Freude, Sicherheit, tiefe Beziehungen (auch sexueller Art) zu finden.

Körperliche Ebene: Hilft bei sexuellen Problemen (Frigidität und Impotenz), auch bei Unfruchtbarkeit, Gebärmutter-, Blasen- und Darmproblemen, bei schmerzhafter Menstruation, Diabetes, Nierenleiden, Schmerzen im unteren Rücken. Bringt Energie.

Wo die Substanz aufgetragen werden soll: Der Inhalt dieser Flasche bezieht sich speziell auf das Basischakra und sollte deswegen so tief wie möglich um den Rumpf herum aufgetragen werden, d. h. um den gesamten Unterbauch herum.

Affirmation: Ich öffne mich für die Freude in meinem Leben.

Besonderheiten: Gehört zum Chakra-Set, bezieht sich hier auf das Basischakra. Hat zusätzlich zu allem anderen auch noch ähnliche Effekte wie die »Schock-Flasche« (Nr. 26). Hilft in der Reinkarnationstherapie, mit tibetischen und chinesischen Inkarnationen in Kontakt zu treten. Kann möglicherweise Mißbrauch anzeigen, und zwar nicht nur dann, wenn diese Flasche in der zweiten, sondern auch, wenn sie in der ersten Position auftaucht. Allerdings sollte man mit diesem Verdacht für sich selbst ebenso wie im Hinblick auf andere Menschen sehr vorsichtig sein. Und wenn tatsächlich ein Mißbrauch stattgefunden hat, so darf das Ziel des Aufdeckungs- und Verarbeitungsprozesses auf keinen Fall Rache und Schuldzuweisung sein. Empfehlenswert ist es, sich für die Auseinandersetzung einen erfahrenen Therapeuten, eine erfahrene Therapeutin zu suchen.

Nr. 6

Name der Flasche: Energie-Flasche
Farben: Rot über Rot
Zusammengeschüttelte Farbe: Rot
Körperlicher Bereich (Chakra): Basischakra
Tarotkarte: Die Liebenden
I-Ging-Zeichen: oben Himmel, unten Wasser, Nr. 6, »Der Streit«
Grundthema: opferbereite Liebe

Positive Persönlichkeitsaspekte: Ein sehr mutiger Mensch, vor allen Dingen bereit, unter schwierigsten Bedingungen zu lieben. Besitzt sehr viel Dynamik, eine magnetische Anziehungskraft und eine unglaubliche Lebenslust. Fühlt sich erfüllt. Hat keinerlei Schwierigkeiten mit materiellen Dingen.
Negative Persönlichkeitsaspekte: Kann nach materiellen Dingen süchtig sein und seine Attraktivität mißbrauchen. Will keine Verantwortung übernehmen, vor allem nicht bezüglich der materiellen Seite des Lebens. Ist frustriert, tendiert zu Laissez-faire und Faulheit und hat kein Interesse am Leben.
Spirituelle Ebene: Hilft, das Bewußtsein durch Liebe zu erweitern, besonders durch Liebe unter schwierigen Bedingungen. Läßt erkennen, daß die Liebe zu einem anderen Menschen die Liebe zu Gott ermöglicht. Verschafft Zugang zu opferbereiter Liebe beziehungsweise dazu, opferbereite Liebe zu empfinden und zu geben.
Mentale bzw. geistige Ebene: Unterstützt den Prozeß, sich selbst kennenzulernen mit dem Ziel, wahrhaftiger zu lieben. Bringt die Füße auf die Erde (zurück), verschafft Erdung.
Emotionale Ebene: Hilft, in Beziehungen das Beste zu geben, Ressentiments von unerfüllter Liebe zu überwinden, die Wünsche des Herzens zu erkennen und zu erfüllen, aber andererseits auch, diese Wünsche loszulassen. Läßt mit der Überlebenspro-

blematik, die aus einer schwierigen Geburt resultiert, besser fertig werden.
Körperliche Ebene: Lindert Muskelkrämpfe, Frostbeulen, sexuelle Probleme (Frigidität, Impotenz). Empfehlenswert bei Eisenmangel und nach einem Schlaganfall, um gelähmte Körperteile wieder funktionsfähig zu machen.
Wo die Substanz aufgetragen werden soll: Überall unter dem Hüftbereich. Eignet sich besonders dazu, auf die Fußsohlen aufgetragen zu werden.
Affirmation: Was immer ich tue, läßt die Liebe in meinem Leben wachsen.
Besonderheiten: Vor allem empfehlenswert nach schweren Operationen oder bei Erschöpfungszuständen. Sie sollte aber nicht zu spät am Nachmittag oder Abend aufgetragen werden, weil sie sehr stark energetisierend wirkt und Schlafstörungen hervorrufen kann.

Nr. 7

Name der Flasche: »Der Garten von Gethsemane«
Farben: Gelb über Grün
Zusammengeschüttelte Farbe: Olivgrün
Körperlicher Bereich (Chakra): Herzchakra und Solarplexuschakra
Tarotkarte: Der Wagen
I-Ging-Zeichen: oben Erde, unten Wasser, Nr. 7, »Das Heer«
Grundthema: Glaubenstest

Positive Persönlichkeitsaspekte: Für diesen Menschen stellen Glaube und Vertrauen ein Lebensthema dar (siehe auch »Besonderheiten«). Ein Pionier des neuen Zeitalters. Ein Idealist, ein Philosoph, der die Bedürfnisse und das Leiden der Menschen versteht. Besitzt innere Weisheit und Stärke. Hat in früheren Inkarnationen seine Lektion in Ethik gelernt. Hier und heute ist er fähig, das Gelernte auszudrücken und umzusetzen. Reist gern, liebt die Natur, besonders Bäume – kennt sich bei Bäumen sehr gut aus.

Negative Persönlichkeitsaspekte: Ein desillusionierter Sucher. Ein Egozentriker, der gegen seine eigenen Prinzipien handelt. Ist nicht ehrlich zu sich selbst und weiß das tief im Innern auch, pflegt aber seinen Selbstbetrug weiter.

Spirituelle Ebene: Hilft, den Geist über die Materie zu stellen, innere Weisheit zu erlangen und mit tiefem innerem Wissen Verbindung aufzunehmen. Läßt erkennen, was den eigenen Weg versperrt. Befähigt, diese Hindernisse aus dem Weg zu räumen.

Mentale bzw. geistige Ebene: Stimuliert das Gehirn. Hilft, Entscheidungen zu treffen und übertriebenes Spekulieren und Nach-innen-Schauen abzubauen. Macht entscheidungsfähig. Lindert Agoraphobie (Platzangst beim Überqueren freier Plätze) und Klaustrophobie (Angst vor dem Aufenthalt in geschlossenen Räumen).

Emotionale Ebene: Befreit von Angst, bringt Freude. Läßt Eifersucht und Neid sowie die Angst vor Gefühlen überwinden. Hilft, im emotionalen Bereich reifer zu werden.

Körperliche Ebene: Hilfreich bei Blutüberzuckerung, Problemen mit dem Nervensystem und der Thymusdrüse, bei allen Herzbeschwerden, besonders bei Herzrhythmusstörungen, nach Knochenbrüchen und bei Verstopfung.

Wo die Substanz aufgetragen werden soll: Überall im Herz- und Solarplexusbereich, rund um den Körper.

Affirmation: Ich habe keine Grenzen, außer denen, die ich mir selbst setze.

Besonderheiten: Hat mit der Situation im Garten von Gethsemane zu tun, als sich Jesus seiner letzten Glaubensprüfung unterziehen mußte.

Nr. 8

Name der Flasche: Anubis
Farben: Gelb über Blau
Zusammengeschüttelte Farbe: Grün
Körperlicher Bereich (Chakra): Solarplexus-, Herz- und Kehlkopfchakra
Tarotkarte: Gerechtigkeit
I-Ging-Zeichen: oben Wasser, unten Erde, Nr. 8, »Das Zusammenhalten«
Grundthema: zu viel Denken stört den inneren Frieden

Positive Persönlichkeitsaspekte: Ausgezeichnetes Gefühl für Zeit, Ausgewogenheit, Gerechtigkeit und lineare Abfolge sowie stark ausgeprägtes Empfinden für Gleichheit (aller Menschen, aller spirituellen Traditionen usw.). Kennt das Gesetz des Lebens und die daraus resultierenden Konsequenzen. Verfügt über Talent zu lehren, allerdings nicht auf spirituellem Gebiet. Hervorragende Fähigkeiten im Management sowie im Bereich Kontrolle und Organisation.
Ein Mensch, der sich selbst kennt.
Negative Persönlichkeitsaspekte: Redet zu viel oberflächliches Zeug. Das führt dazu, daß er auch nicht die Informationen erhält, die er benötigt. Übertriebenes Harmoniebedürfnis, Entscheidungsunfähigkeit, weil er beide Seiten einer Situation zu deutlich wahrnimmt. Gleichzeitig Tendenz zu diktatorischem Verhalten. Ist von starken Vorurteilen besetzt.
Spirituelle Ebene: Hilft, das Gesetz der Liebe zu entschleiern, ins Hier und Jetzt zu kommen sowie mit der Unendlichkeit in Kontakt zu treten. (Die liegende Acht, die sogenannte Lemniskarte, ist das Symbol für Unendlichkeit).
Mentale bzw. geistige Ebene: Unterstützt den Prozeß, sich selbst kennenzulernen und sich über seine Pläne für die Zukunft klar-

zuwerden. Lindert Nervosität und nervöses Stottern, auch bei Kindern.
Emotionale Ebene: Löst alte Schuldgefühle auf, stellt eine Balance her, wenn Konflikte auf verschiedenen Persönlichkeitsebenen bestehen. Bringt unterdrückte Wut ans Tageslicht und hilft, in schwierigen Situationen eine neue Perspektive zu finden.
Körperliche Ebene: Beruhigt die Leber, gleicht den Adrenalinspiegel aus. Ist hilfreich bei gestörter Verdauung, bei Magenschwäche sowie bei Beschwerden in den Wechseljahren.
Wo die Substanz aufgetragen werden soll: Um den gesamten Rumpf herum.
Affirmation: Ich bin im Hier und Jetzt. Hier und jetzt ist der einzige Moment, etwas zu verändern.
Besonderheiten: Kann in Reinkarnationstherapien dabei helfen, Schuldgefühle aus früheren Leben aufzulösen.

Nr. 9

Name der Flasche: »Das Herz im Herzen«
Farben: Türkis über Grün
Zusammengeschüttelte Farbe: tiefes Türkis
Körperlicher Bereich (Chakra): Herzchakra
Tarotkarte: Der Eremit
I-Ging-Zeichen: oben Wind, unten Himmel, 9, »Des Kleinen Zähmungskraft«
Grundthema: die individuelle Suche nach Wahrheit

Positive Persönlichkeitsaspekte: Ein selbstloser Mensch. Steht in Kontakt mit seinem eigenen Unbewußten, mit seiner inneren Stimme. Entdeckt die versteckten Geheimnisse des Lebens und kann sie interpretieren. Besitzt Talent für Malerei, Dichtung und Philosophie. Beschäftigt sich mit Fragen, die die gesamte

Menschheit betreffen. Ist als Mensch weit entwickelt, besitzt die Fähigkeit, von einer universellen Perspektive aus zu sprechen und damit viele andere zu erreichen.
Negative Persönlichkeitsaspekte: Besitzt eine starke Tendenz zu Selbstbetrug und auch dazu, andere zu belügen und zu betrügen. Ist eifersüchtig und neigt zu Klatsch. All diese Schwächen sind ihm nicht bewußt.
Spirituelle Ebene: Hilft, aus einem Zwischenstadium herauszufinden, Einsamkeit zu überwinden und ins Alleinsein (im Sinne von All-eins-Sein) zu gelangen. Verleiht spirituellen Schutz. Unterstützt den Prozeß, nach innen zu gehen und Selbstvertrauen zu lernen.
Mentale bzw. geistige Ebene: Macht den eigenen Selbstbetrug bewußt. Hilft, eine neue Richtung zu finden, besonders in bezug auf Kommunikation (zum Beispiel bei Angst vor öffentlichem Sprechen).
Emotionale Ebene: Hilft, mit Gefühlen wie starker Eifersucht, idealisierenden Liebesgefühlen, alten emotionalen Verstrickungen und Einsamkeit fertig zu werden.
Körperliche Ebene: Lindert alle Beschwerden im Brustbereich, inklusive Rücken, besonders ernsthafte Herzbeschwerden, Asthma und Bronchitis. Balanciert die Thymusdrüse aus.
Wo die Substanz aufgetragen werden soll: Um den gesamten Brustbereich herum.
Affirmation: Auf der Suche nach Wahrheit höre ich auf meine innere Stimme.
Besonderheiten: Hilft in der Reinkarnationstherapie, mit Inkarnationen aus Atlantis Verbindung aufzunehmen.

Nr. 10

Name der Flasche: »Geh, umarme einen Baum«
Farben: Grün über Grün
Zusammengeschüttelte Farbe: Grün
Körperlicher Bereich (Chakra): Herzchakra
Tarotkarte: Das Rad des Schicksals
I-Ging-Zeichen: oben Himmel, unten See, Nr. 10, »Das Auftreten«
Grundthema: hilft, Entscheidungen zu treffen

Positive Persönlichkeitsaspekte: Eine Persönlichkeit, die führt, ohne zu dominieren, die anderen Raum zum Wachsen gibt. Sorgt sich um die Belange der Menschheit, von einer Herzensebene her. Sieht, was zu tun ist, und tut es dann auch. Entdeckt auch im Verlust und Verlieren Gewinn. Ein Mensch, der gut zuhören kann, der an sich arbeitet, der ehrlich und wirklich unabhängig ist und mit seinem Schicksal im Einklang steht. Kann kreative Ideen in die Realität umsetzen. Besitzt eine tiefe Verbindung zur Natur.
Negative Persönlichkeitsaspekte: Beschäftigt sich in übertriebener Weise mit der Vergangenheit und Zukunft, entzieht sich gedanklich. Hat seine Füße nicht auf dem Boden. Schafft sich nicht den Raum und die Ausrichtung oder Perspektive, die er braucht. Steht außerhalb der Rhythmen der Natur und des Lebens. Sieht nicht ein, warum er sich (spirituell) weiterentwikkeln soll.
Spirituelle Ebene: Verhilft zu Ehrlichkeit und zur Klärung von Karma. Hilft zu sehen, daß eine Veränderung im Inneren äußere Veränderungen bewirkt. Stabilisiert und zentriert den Astralkörper (das heißt unsere tiefsten Dimensionen) und dehnt ihn aus.
Mentale bzw. geistige Ebene: Macht dem Anwender bewußt, daß

er an sich arbeiten muß. Bringt Klarheit bei mentalen Störungen. Verschafft Frieden mit sich selbst. Schützt vor Eingriffen von außen.
Emotionale Ebene: Hilft, einen neuen Raum, eine neue Perspektive zu finden und auf die eigenen Füße zu kommen, besonders dann, wenn Dinge schiefgelaufen sind.
Körperliche Ebene: Baut Muskeln und Gewebe auf, hilft allgemein bei zellulären Problemen. Löst Verspannungen und Müdigkeit auf. Hilft, nach Operationen die eigene Unabhängigkeit wiederzufinden. Empfehlenswert bei allen Herzbeschwerden, bei Kreislaufproblemen und allen Beschwerden im Brustraum.
Wo die Substanz aufgetragen werden soll: Um den gesamten Brustbereich herum.
Affirmation: Ich habe den Raum, um zu tun, was getan werden muß.
Besonderheiten: Diese Flasche enthält auf allen Ebenen sehr viel Information. »Versteckt« in ihr sind beispielsweise Nr. 2 (Blau über Blau) und Nr. 42 (Gelb über Gelb). Viele der zu diesen Flaschen gemachten Angaben treffen auch auf Nr. 10 zu.

Nr. 11

Name der Flasche: Essener Flasche (I)
Farben: Klar über Pink
Zusammengeschüttelte Farbe: Blaßpink
Körperlicher Bereich (Chakra): Besonders Basis-, Herz- und Kehlkopfchakra, aber auch die anderen Chakren
Tarotkarte: Kraft
I-Ging-Zeichen: unten Erde, oben Himmel, Nr. 11, »Der Friede«
Grundthema: ein Gefühl dafür bekommen, was es mit bedingungsloser (Selbst-)Liebe auf sich hat

Positive Persönlichkeitsaspekte: Eine sehr starke, kraftvolle Persönlichkeit, die aber große Wärme und Zärtlichkeit sowie starkes Mitgefühl ausstrahlt; die wirklich lieben kann. Ein Heiler und Lehrer des neuen Zeitalters. Sieht auch vertrackte Situationen als wachstumsfördernd an und ist selbst unter schwierigen Bedingungen noch freundlich.
Negative Persönlichkeitsaspekte: Ist extrem eitel und besonders im spirituellen Bereich überheblich. Hat seine Hoffnung verloren. Kommt sich als Versager vor. Redet sich ein, er habe richtig gehandelt, auch wenn für jeden anderen deutlich sichtbar ist, daß er einen Fehler gemacht hat.
Spirituelle Ebene: Hilft, spirituelle Überheblichkeit abzubauen. Stimuliert intuitive weibliche Energie und befähigt, diese Energie klar auszudrücken. Öffnet für Botschaften aus anderen Dimensionen. Bringt Selbstliebe.
Mentale bzw. geistige Ebene: Hilft, Selbstzweifel zu überwinden, Vertrauen in sich selbst aufzubauen und Klarheit zu finden. Läßt besonders Menschen, die diese Flasche in der ersten Position haben, unabhängig werden von der Bestätigung anderer.
Emotionale Ebene: Öffnet für Selbstliebe, Liebe zu anderen und dafür, sich selbst und anderen zu vergeben. Hilft, psychosomatische Krankheiten und Ängste aus der Kindheit zu überwinden. Läßt mit der Enttäuschung fertig werden, wenn man viel gegeben und praktisch nichts zurückerhalten hat.
Körperliche Ebene: Reinigt, entgiftet, balanciert das Hormonsystem aus. Hilfreich bei Ohrbeschwerden, besonders bei Kindern, sowie bei Menstruationsbeschwerden und Beschwerden im unteren Rückenbereich.
Wo die Substanz aufgetragen werden soll: Um die Hüften, den Unterbauch, den unteren Rücken herum. Kann aber auch um den gesamten Rumpf und um den Hals herum angewendet werden.
Affirmation: Ich liebe mich so, wie ich bin.

Besonderheiten: Gehört zum Kinder-Set. Wirkt als »Zwischenmittel«, das heißt macht den Weg frei, wenn andere Aura-Soma-Substanzen (noch) nicht wirken. Läßt in der Reinkarnationstherapie mit Inkarnationen bei den Essenern in Kontakt kommen. Kann einer Frau, die sich ein Kind wünscht, bei der Empfängnis helfen.

Nr. 12

Name der Flasche: »Friede in der neuen Zeit«
Farben: Klar über Blau
Zusammengeschüttelte Farbe: Blau
Körperlicher Bereich (Chakra): Kehlkopfchakra
Tarotkarte: Der Gehängte
I-Ging-Zeichen: oben Himmel, unten Erde, Nr. 12, »Die Stokkung«
Grundthema: friedliche, freundliche Kommunikation

Positive Persönlichkeitsaspekte: Ein Mensch, der trotz seiner starken Emotionalität von einer friedlichen Basis aus handelt. Ist sehr in Kontakt mit seinen Gefühlen und mit seiner instinktiven Intelligenz.
Nährt und trägt andere, fühlt sich mit anderen tief verbunden. Besitzt eine klare Vision für seine Initiativen. Fühlt sich geführt und kann darüber ebenso sprechen wie über seine intuitiven Einsichten.
Besitzt Talent zum Schreiben.
Negative Persönlichkeitsaspekte: Ein Egozentriker, der sich spirituellen Dingen verschließt. Möglich ist auch, daß er seine spirituelle Wahrheit zwar kennt, sie aber nicht lebt, weil es so bequemer ist. Empfindet sich als über anderen stehend, ist arrogant, trägt keinen Frieden in sich, hat Schwierigkeiten mit der Kommuni-

kation und ein übertriebenes Bedürfnis danach, daß andere ihn tragen und nähren.
Spirituelle Ebene: Hilft, den Mut zu finden, seine spirituelle Wahrheit zu leben. Verschafft Kontakt zu göttlicher Führung und einer Orientierung der Seele. Bringt einen meditativen, ruhigen, friedvollen Zugang zu Klarheit.
Mentale bzw. geistige Ebene: Baut Egozentrismus ab und führt zu einem Gefühl von Ganzheit und Orientiertsein. Unterstützt Kinder, wenn sie Schwierigkeiten haben, sprechen und sich ausdrücken zu lernen.
Emotionale Ebene: Hilft, tiefe emotionale Probleme loszulassen (zum Beispiel durch Tränen) und Frieden (wieder) zu gewinnen. Verschafft Kontakt zur inneren Stimme. Ist hilfreich bei Problemen mit Abhängigkeit und Co-Abhängigkeit.
Körperliche Ebene: Hat antiseptische und adstringierende (die Haut zusammenziehende) Eigenschaften. Balanciert die Schilddrüse aus. Lindert Schmerzen, vor allem Halsschmerzen, und die wieder besonders bei Kindern.
Wo die Substanz aufgetragen werden soll: Um den gesamten Hals herum.
Affirmation: Je friedlicher ich werde, um so mehr Licht wird mir geschenkt.
Besonderheiten: Gehört zum Kinder-Set. Wenn unter »Positive Persönlichkeitsaspekte« angemerkt ist, daß dieser Mensch sich geführt fühlt und darüber ebenso sprechen kann wie über seine intuitiven Einsichten, so ist damit nicht öffentliches Sprechen gemeint. Sondern es bedeutet, daß es ihm möglich ist, sehr tiefe und kaum in Worte umsetzbare Dinge auszudrücken, wenn er sich in einer Atmosphäre des Vertrauens befindet.

Nr. 13

Name der Flasche: »Veränderung in der neuen Zeit«
Farben: Klar über Grün
Zusammengeschüttelte Farbe: Grün
Körperlicher Bereich (Chakra): Herzchakra
Tarotkarte: Der Tod
I-Ging-Zeichen: oben Himmel, unten Feuer, Nr. 13, »Gemeinschaft mit Menschen«
Grundthema: Raum im Zusammenhang mit Übergang und Veränderung

Positive Persönlichkeitsaspekte: Eine Führungspersönlichkeit, die ihr Wissen klar und freundlich vermittelt und anderen Menschen Perspektiven aufzeigen kann. Entdeckt gern neue Dinge in allen Lebensbereichen. Kennt sich in der Astrologie aus, geht nicht so sehr intellektuell daran, sondern vom Herzen und vom Gefühl. Liebt die Natur. Begleitet häufig Sterbende.
Negative Persönlichkeitsaspekte: Steckt in negativen Mustern und emotionalen Zwickmühlen fest. Hat Angst vor der Natur. Ist besetzt von dem Gedanken, daß er sich nie wird vergeben können. Findet es extrem schwierig, Entscheidungen zu treffen.
Spirituelle Ebene: Verhilft dazu, ins »Hier und Jetzt« zu gelangen und die Vergangenheit loszuwerden. Läßt die Angst vor dem Tod loslassen. Hilft bei der Integration von Informationen aus Zuständen erhöhter Wahrnehmung.
Mentale bzw. geistige Ebene: Hilft dabei, sich selbst zu verzeihen. Erinnerungen werden unwichtiger. Daher kommt ein besserer Kontakt zum Hier und Jetzt zustande.
Emotionale Ebene: Unterstützt das »Rauslassen« von Gefühlen. Verschafft durch das Überwinden von festgefahrenen Emotionen Zugang zu Frieden und Freude. Hilft, Ordnung in Gefühls-

angelegenheiten zu bringen und zu entscheiden, welche dieser Angelegenheiten leben und welche sterben sollen.
Körperliche Ebene: Lindert Bronchitis, Schmerzen im mittleren Rückenbereich, Ekzeme (besonders bei Kindern) und Asthma (ebenfalls besonders bei Kindern).
Wo die Substanz aufgetragen werden soll: Um den gesamten Herzbereich herum.
Affirmation: In jedem Ende liegt ein Neuanfang.
Besonderheiten: Gehört zum Kinder-Set. Wirkt unterstützend bei Rebirthing. Diese Flasche hat auf allen Ebenen mit Metamorphose zu tun, mit der Wandlung der Raupe zum Schmetterling. Die Substanz hilft, »spirituellen Materialismus« zu überwinden. (Der Ausdruck stammt von Chögyam Trungpa.) Der Begriff meint, daß manche Menschen dazu neigen, sich das Weiterkommen auf ihrem spirituellen Weg verdienen zu können. Etwa in dieser Art: »Ich meditiere so und so viele Stunden, dann muß ich vom Kosmos so und so viel zurückbekommen, nach so und so vielen Jahren bin ich dann erleuchtet.« Das Öl unterstützt den Prozeß, zu verstehen, daß es so nicht funktioniert, sondern daß ein Fortschritt in diesen Dimensionen immer auch mit Gnade »von der anderen Seite« zu tun hat.

Nr. 14

Name der Flasche: »Weisheit des neuen Zeitalters«
Farben: Klar über Gold
Zusammengeschüttelte Farbe: Gold
Körperlicher Bereich (Chakra): Solarplexuschakra
Tarotkarte: Mäßigkeit
I-Ging-Zeichen: oben Feuer, unten Himmel, Nr. 14, »Der Besitz vom Großen«
Grundthema: ein klarer Kanal für Weisheit werden

Positive Persönlichkeitsaspekte: Ein inspirierter, zielbewußter Botschafter des neuen Zeitalters, der mit tiefer innerer Weisheit in Verbindung steht. Verbreitet um sich herum Harmonie und Ausgeglichenheit. Ist fähig, sehr tiefe Freude zu empfinden. Besitzt ein hohes Verständnis für natürliche Kräfte. Ein klar denkender Mensch, der aus seinen Fehlern lernt und daraus Weisheit bezieht.
Negative Persönlichkeitsaspekte: Jemand, der mit sich selbst und seinem Schicksal nicht im Gleichgewicht ist. Der in außerordentlich negativer Weise handelt und dadurch Chaos verbreitet. Ist von tiefer Angst besetzt, weiß aber nicht, wovor er Angst hat.
Spirituelle Ebene: Hilft, mit dem eigenen Schutzengel in Verbindung zu treten. Baut Erwartungsängste ab. Bringt unterstützende, positive Energie. Hilft, zu erkennen, daß Ziele nicht zu hoch gesteckt werden dürfen, sondern daß man am schnellsten und am sichersten weiterkommt, wenn man einen Schritt nach dem anderen tut.
Mentale bzw. geistige Ebene: Baut Brücken zwischen Bewußtem und Unbewußtem, wirkt sehr unterstützend bei Traumarbeit. Bringt den Mut, sich schwierige Sachverhalte im eigenen Leben anzuschauen. Hilft aber auch, schlechte Erinnerungen loszuwerden.
Emotionale Ebene: Bringt und bewahrt Zentriertsein, auch in emotionalem Durcheinander. Baut das Herz, die emotionale Ebene, auf, vor allem bei allgemeinen Ängsten und bei Erwartungsängsten.
Körperliche Ebene: Balanciert Solarplexus, Adrenalinsekretion und Leberfunktion aus. Hilfreich bei Diabetes, besonders bei Kindern, ebenso bei allen Schwierigkeiten, die mit den Oberschenkeln zu tun haben.
Wo die Substanz aufgetragen werden soll: Um den gesamten Solarplexusbereich herum.

Affirmation: Je mehr ich meine Angst loslasse, um so mehr öffne ich mich für meine innere Wahrheit.
Besonderheiten: Gehört zum Kinder-Set. In der Reinkarnationstherapie hilft die Substanz, Wunden und Verletzungen aus vergangenen Leben zu heilen. Nimmt Kindern beim Schuleintritt die Angst.

Nr. 15

Name der Flasche: »Heilung im neuen Zeitalter«
Farben: Klar über Violett
Zusammengeschüttelte Farbe: Violett
Körperlicher Bereich (Chakra): Kronenchakra
Tarotkarte: Der Teufel
I-Ging-Zeichen: oben Erde, unten Berg, Nr. 15, »Die Bescheidenheit«
Grundthema: an die eigenen Heilungskräfte gelangen

Positive Persönlichkeitsaspekte: Ein kraftvoller Mensch mit Autorität im besten Sinne des Wortes und mit spiritueller Stärke. Der dafür geradesteht, woran er glaubt, auch unter extrem unvorteilhaften Umständen. Führt ein wirklich spirituelles, dabei aber »geerdetes« Leben. Hilft anderen Menschen, besonders im Hinblick darauf, daß sie sich ihre Illusionen bewußtmachen. Hat seine eigene Negativität und seine unbestimmten Ängste überwunden. Hat gelernt, Versuchungen zu widerstehen.
Negative Persönlichkeitsaspekte: Es bestehen große Schwierigkeiten, den eigenen Schatten wahrzunehmen sowie die Wahrheit herauszufinden – das gilt für alle Lebensbereiche. Ein Mensch, der von materiellen Dingen, von Sex und anderen Süchten besessen ist; der sehr leicht ablenkbar ist und seine Kraft gegen sich selbst gerichtet hat. Der keine Selbstliebe besitzt und immer

gelobt werden möchte. Meint, alles Schlechte komme von außen und nur ihm passiere Unangenehmes.
Spirituelle Ebene: Hilft, an Heilungskräfte zu gelangen (für sich selbst und andere). Bringt Verständnis für Spirituelles.
Mentale bzw. geistige Ebene: Läßt Egozentrik im sexuellen Bereich überwinden. Hilft, die Idee aufzugeben, daß ihm immer nur Unerwünschtes geschieht.
Emotionale Ebene: Bringt Distanz zu emotionalen Verstrickungen, hebt die Identifikation mit Gefühlen auf. Hilft, sich mit dem eigenen Schatten vertraut zu machen, und verhilft zur Aufgabe der Vorstellung, daß man sich an seinen negativen Gefühlen »hochziehen« muß. Erlöst von der Angst vor anderen Menschen (das gilt besonders für Kinder).
Körperliche Ebene: Vermindert Überaktivität, Kopfschmerzen und Halsschmerzen. Ist hilfreich bei bestimmten Formen von Epilepsie und bei Sprachschwierigkeiten wie Stottern. Dies alles gilt vor allem in bezug auf Kinder.
Wo die Substanz aufgetragen werden soll: Am Haaransatz um den gesamten Kopf herum.
Affirmation: Je mehr Licht ich in mich hineinlasse, um so heiler werde ich.
Besonderheiten: Gehört zum Kinder-Set. Bei der »Arbeit mit dem inneren Kind« bringt diese Substanz Ausgewogenheit in die männlichen und weiblichen Persönlichkeitsaspekte. Erleichtert einer werdenden Mutter die Entbindung, lindert den Wehenschmerz und bewirkt ein bewußtes Geburtserlebnis.

Nr. 16

Name der Flasche: »Das violette Gewand«
Farben: Violett über Violett
Zusammengeschüttelte Farbe: Violett
Körperlicher Bereich (Chakra): Kronenchakra
Tarotkarte: Der Turm
I-Ging-Zeichen: oben Donner, unten Erde, Nr. 16, »Die Begeisterung«
Grundthema: spirituelle Hingabe

Positive Persönlichkeitsaspekte: Steht mit dem göttlichen Plan im Einklang und lebt sein Leben auf dieser Basis. Hat häufig spontane »Erleuchtungen«. Steht in Verbindung zu seinem eigenen transformativen Prozeß und hilft anderen dabei, sich zu transformieren. – Begleitet häufig Sterbende. – Vorhandensein der Begabung, andere auf der psychologischen bzw. mentalen Ebene zu heilen (zum Beispiel als Psychiater). Weiß, daß sein eigenes Verhalten das Verhalten der anderen beeinflußt.
Negative Persönlichkeitsaspekte: Ein Unterdrücker, der von Freudlosigkeit und Selbstzerstörung geprägt ist, bis hin zu selbstmörderischen Tendenzen. Möchte nicht hier sein (das heißt: möchte nicht inkarniert sein). Kann sich selbst nicht vergeben. Hält an alten Mustern und Verhaltensweisen fest. Kann nicht zwischen real und irreal unterscheiden.
Spirituelle Ebene: Öffnet für die Idee, daß man alles geben muß, um das zu bekommen, was man wirklich will und braucht. Daß alles sinnlos und nutzlos ist, was nicht mit der eigenen Berufung im Einklang steht. Verschafft Zugang zum wahren Selbst und zum Erkennen der eigenen Lebensaufgabe.
Mentale bzw. geistige Ebene: Hilft, alte Muster und Verhaltensweisen sowie selbstzerstörerische Tendenzen loszulassen.
Emotionale Ebene: Schützt Kinder, bevor sie zur Schule gehen

(schützt vor Schulangst). Hilft, Trauer und den Wunsch, nicht hier sein zu wollen, zu überwinden. Läßt das Positive an einer Trennung erkennen.
Körperliche Ebene: Hilfreich in akuten Schmerzsituationen, bei Schlaflosigkeit, Migräne, Entzündungen, Nervenschmerzen und bei Schocks, die aus einer Nahtoderfahrung resultieren.
Wo die Substanz aufgetragen werden soll: Um den gesamten Haaransatz herum.
Affirmation: Je mehr ich mir meiner Aufgabe bewußt werde, um so heller wird mein Leben.
Besonderheiten: Keine.

Nr. 17

Name der Flasche: Troubadour-Flasche (I)/Hoffnung
Farben: Grün über Violett
Zusammengeschüttelte Farbe: Dunkelgrün
Körperlicher Bereich (Chakra): Herz- und Kehlkopfchakra
Tarotkarte: Der Stern
I-Ging-Zeichen: oben See, unten Donner, Nr. 17, »Die Nachfolge«
Grundthema: ein heilwerdendes Herz

Positive Persönlichkeitsaspekte: Großes Interesse an Spiritualität und an den versteckten Geheimnissen des Lebens. Erfährt Freude, indem er andere Menschen liebt und sie in Kontakt mit ihrer Spiritualität bringt. Jemand, der sehr viel gibt. Ein guter Zuhörer, der andere Menschen wirklich versteht, die deswegen seine Ratschläge annehmen können. Erstrebt Einheit, gleichzeitig aber auch Freiheit. Ein mutiger Mensch, der nach Wahrheit strebt und die Wahrheit immer wieder neu überprüft. Besitzt eine klare Perspektive. Kann in die Zukunft sehen.

Negative Persönlichkeitsaspekte: Neigt zu Selbstmitleid. Fühlt sich nicht verstanden. Hat kein Vertrauen und keine Hoffnung. Das geht so weit, daß er das Leben nicht lebenswert findet. Leidet unter Selbstzweifeln, egal, wie kompetent er ist.
Spirituelle Ebene: Verschafft Kontakt mit dem Höheren Selbst und mit den eigenen sensitiven Fähigkeiten. Erweitert den Horizont. Hilft dabei, über spirituelle Erfahrungen sprechen zu können.
Mentale bzw. geistige Ebene: Verbessert die Fähigkeit, mit Zeit umzugehen. Hilft, mit der Wahrheit in Kontakt zu treten, wenn Gefühle das Denken vernebeln. Erweitert den geistigen Horizont.
Emotionale Ebene: Läßt das Gefühl überwinden, nicht verstanden zu werden. Löst den Eindruck auf, allein dazustehen. Bringt Kraft zurück, wenn zu viel gegeben wurde. Heilt die Trauer nach enttäuschenden Beziehungen.
Körperliche Ebene: Empfehlenswert bei Schulterproblemen, Problemen mit der Schilddrüse und dem Kreislauf, und bei Strukturproblemen im Brustkasten.
Wo die Substanz aufgetragen werden soll: Um die gesamte Brust herum. Wenn die Problematik mit dem spirituellen oder mentalen Bereich zu tun hat, zusätzlich noch um den gesamten Haaransatz herum.
Affirmation: Ich suche und finde die Wahrheit.
Besonderheiten: In dieser Flasche sind viele andere »versteckt«, zum Beispiel Nr. 20 (Blau über Pink). Hilft in der Reinkarnationstherapie, Kontakt mit der Zeit zwischen dem 12. und 16. Jahrhundert aufzunehmen. Zu dieser Zeit gab es in Europa geheime Mysterientraditionen (zum Beispiel die der Katharer und Tempelritter). Diese Lehren verbreiteten die Troubadoure durch Theater, Tanz und Lieder. Die Troubadoure wurden häufig verfolgt.
Der Satz: »Hilft dabei, über spirituelle Erfahrungen sprechen zu

können« bedeutet nicht, daß es sich empfiehlt, sich in der Öffentlichkeit oder in Gruppen über solche Erfahrungen auszulassen; vielmehr, daß es sehr klärend und heilsam sein kann, mit einem verständnisvollen Freund oder Partner darüber zu sprechen und so zu mehr Sicherheit und Integrationsfähigkeit zu gelangen. Diese Substanz kann dabei behilflich sein, Unaussprechliches in Worte umzusetzen und in einer Atmosphäre des Vertrauens damit umzugehen.

Nr. 18

Name der Flasche: Ägyptische Flasche (I)
Farben: Gelb über Violett
Zusammengeschüttelte Farbe: Tiefgold
Körperlicher Bereich (Chakra): Solarplexus- und Kronenchakra
Tarotkarte: Der Mond
I-Ging-Zeichen: oben Berg, unten Wind, Nr. 18, »Die Arbeit am Verdorbenen«
Grundthema: Überwindung von Selbstbetrug

Positive Persönlichkeitsaspekte: Hat sein Leben so eingerichtet, wie er es sich immer erträumte. Besitzt den Mut zur Veränderung und hat Freude daran, seine Lebensaufgabe zu erfüllen. In allem, was er macht, kommen seine heilerischen Fähigkeiten zum Tragen. Eine charismatische Persönlichkeit, ein spiritueller Lehrer, ein sehr intuitiver Mensch. Will anderen ehrlich helfen.
Negative Persönlichkeitsaspekte: Kann Phantasie und Realität nicht unterscheiden. Ein Träumer im negativen Sinne des Wortes. Wagt nicht, vorwärts zu gehen oder etwas anderes zu versuchen, weil er meint, es könne alles nur noch schlimmer werden. Ist besessen von materiellen Dingen und von Ängsten aller Art.

Spirituelle Ebene: Hilft, zu erkennen, wie sehr wir programmiert sind, und erweckt die Seele aus ihrem Schlaf (Gurdjieff). Bringt Freude ins Leben.
Heiler lernen durch das Benutzen dieser Substanz, zu unterscheiden, in welchen Fällen sie aktiv werden sollten und in welchen besser nicht.
Mentale bzw. geistige Ebene: Bringt Kopf und Bauch zusammen, läßt Selbstbetrug überwinden und regt die Fähigkeit zur Unterscheidung an.
Emotionale Ebene: Läßt die Opferrolle überwinden. Bringt den Mut, seinen Ängsten Ausdruck zu verleihen. Löst das Gefühl auf, betrogen und ausspioniert worden zu sein.
Verschafft nach Schwierigkeiten im emotionalen Bereich Zugang zu einer klaren Zukunftsvision.
Körperliche Ebene: Empfehlenswert bei allen degenerativen Erkrankungen (zum Beispiel multipler Sklerose, Parkinson-Krankheit usw.), bei Ulcus und Blockaden im Solarplexusbereich.
Wo die Substanz aufgetragen werden soll: Um den Solarplexusbereich und um den gesamten Haaransatz herum.
Affirmation: Je mehr ich meine Angst loslasse, um so mehr Heilung finde ich.
Besonderheiten: Verschafft in der Reinkarnationstherapie Zugang zu Inkarnationen im alten Ägypten.

Nr. 19

Name der Flasche: »In der materiellen Welt leben«
Farben: Rot über Violett
Zusammengeschüttelte Farbe: Dunkelrot
Körperlicher Bereich (Chakra): Basis- und Kronenchakra
Tarotkarte: Die Sonne

I-Ging-Zeichen: oben Erde, unten See, Nr. 19, »Die Annäherung«
Grundthema: Aufbau neuer Energie

Positive Persönlichkeitsaspekte: Steht mit sich selbst im Einklang und vermittelt anderen ein Gefühl von Mit-sich-selbst-im-Einklang-Sein. Verfügt über eine Menge Energie, auch sensitive. Andere fühlen sich von diesem Menschen magnetisch angezogen. Talent für Berufe im sozialen, pflegerischen und Wohlfahrtsbereich. Wenn er in anderen Bereichen arbeitet, ist er ebenfalls sehr erfolgreich und läßt sein Geld wohltätigen oder spirituellen Zwecken zukommen. Ist in seinen bewußten und seinen unbewußten Absichten ausgewogen.
Negative Persönlichkeitsaspekte: Ein Mensch, dessen Spiritualität von materiellen Interessen überlagert ist, der immer im Zentrum des Interesses stehen möchte, der seine sensitiven Fähigkeiten mißbraucht und der von sexuellen Phantasien besessen ist. Klammert sich an die Vergangenheit und ist immer müde und energielos.
Spirituelle Ebene: Erweckt die Kundalini-Energie. Bringt tiefen Frieden und gleichzeitig frischen Wind ins Leben. Läßt tiefe Einblicke in die eigene innere Welt nehmen (auch ganz konkret. Zum Beispiel kann Visualisieren besser gelingen). Hilft, Liebe auszustrahlen und anzunehmen.
Mentale bzw. geistige Ebene: Führt dazu, daß Schattenbereiche der Persönlichkeit angeschaut und losgelassen werden können. Baut neue geistige Energie auf. Unterstützt den Prozeß, sich von sexuellen Obsessionen zu befreien.
Emotionale Ebene: Hilft, bewußten Ärger, Groll sowie Frustrationen zu überwinden. Bringt Engagement und Initiative. Ermöglicht eine neue Sichtweise und Akzeptanz des eigenen Körpers. Erhöht das Selbstwertgefühl.
Körperliche Ebene: Lindert alle sexuellen Probleme (Frigidität,

Impotenz usw.), alle körperlichen Schwierigkeiten, die mit Energiemangel zu tun haben (zum Beispiel niedrigen Blutdruck, Verstopfung), und verringert alle Probleme mit den Füßen, besonders Schmerzen.
Wo die Substanz aufgetragen werden soll: Um den gesamten Unterbauch, in mentalen oder spirituellen Zusammenhängen auch um den gesamten Haaransatz herum. Die Substanz nicht zu spät am Nachmittag oder Abend anwenden, weil sie stark energetisierend wirkt und Schlafstörungen verursachen kann.
Affirmation: Ich sage ja zum Leben und zu mir selbst.
Besonderheiten: In dieser Flasche ist Nr. 6 (Rot über Rot) »versteckt«. Hilft, mit sexuellem Mißbrauch, mit Poltergeistern und anderen unerwünschten vergangenen oder gegenwärtigen Übergriffen oder Wesenheiten fertig zu werden bzw. sie loszuwerden. Der Inhalt dieser Flasche ist besonders hilfreich, wenn zu viel Energie ausgegeben wurde, das heißt nach Überarbeitung und so weiter. Zum Thema »sexueller Mißbrauch« siehe auch »Besonderheiten« zu Flasche Nr. 5.

Nr. 20

Name der Flasche: Sternenkind/Kinder-»Erste Hilfe«
Farben: Blau über Pink
Zusammengeschüttelte Farbe: Blau
Körperlicher Bereich (Chakra): alle Chakren; das heißt, die Substanz kann am ganzen Körper angewendet werden
Tarotkarte: Gericht
I-Ging-Zeichen: oben Wind, unten Erde, Nr. 20, »Die Betrachtung«
Grundthema: hilft Kindern auf allen Gebieten, auch dem Kind, das wir selbst einmal waren (psychotherapeutische Arbeit mit dem »inneren Kind«)

Positive Persönlichkeitsaspekte: Ein Optimist, der seinen Optimismus konstruktiv umsetzt. Besitzt tiefen inneren Frieden und hat sich von Angst befreit. Steht in Kontakt mit seiner femininen, intuitiven Seite und kann sie zum Ausdruck bringen. Steht dem Leben mit kindlicher Offenheit gegenüber und hat viel Mitgefühl. Empfindet tief für andere Menschen, sorgt und bemüht sich um sie und steht mit seiner bedinungslosen Liebe in Kontakt.
Negative Persönlichkeitsaspekte: Fühlt sich von Inspiration und Liebe abgeschnitten. Stellt sich dauernd selbst in Frage und be- und verurteilt sich. Ist unbeständig und kann sich nicht durchsetzen. Besitzt eine »Friede, Freude, Eierkuchen«-Mentalität.
Spirituelle Ebene: Stellt eine Wiederverbindung zur Seelenebene her. Löst das Gefühl von Abgetrenntsein auf. Schafft eine Verbindung zu der Ebene in der Liebe, die alles transformiert. Bringt einen spirituellen Neubeginn und eine Auflösung von spiritueller Desillusionierung. Hilft bei der Integration noch nicht integrierter seelischer Anteile.
Mentale bzw. geistige Ebene: Unterstützt die »Heilung des inneren Kindes« und die Herstellung des Gleichgewichts zwischen den eigenen männlichen und weiblichen Energien. Ist hilfreich bei allen Problemen in der oder mit der Kindheit (das heißt bei Kindern und Erwachsenen). Fördert tiefes Verständnis für die innere Balance, zum Beispiel dafür, was man braucht. Befähigt auch dazu, sich dann tatsächlich das zu verschaffen, was man braucht.
Emotionale Ebene: Hebt das Gefühl von Liebesdefizit auf, was die gesamten Gefühlsmuster beeinflußt und verändert. Bringt emotionalen Schutz in schwierigen Situationen. Hilft, im Zusammenhang mit Liebe an die eigene Intuition gelangen.
Körperliche Ebene: Empfehlenswert in der Schwangerschaft, beim Zahnen von Babys, bei Verbrennungen, Schürfwunden, bei Quetschungen und bei Fieber. Besonders wirksam bei Kindern

bis zu 12 Jahren. (Bei älteren Kindern ist Flasche Nr. 1 effektiver).
Wo die Substanz aufgetragen werden soll: Kann am ganzen Körper benutzt werden. Bei zahnenden Babys auf den Kiefer und um den gesamten Nacken herum auftragen. Nur äußerlich anwenden!
Affirmation: Lieben heißt, die Angst loslassen.
Besonderheiten: Gehört zum Kinder-Set. Ist eine der wichtigsten Flaschen überhaupt. Besonders hilfreich in der Polarity-Arbeit und bei der Arbeit mit dem »inneren Kind«. Hilft, wenn Menschen Beschwerden auf nur einer Seite des Körpers haben. In bezug auf den »Geist in der Flasche« noch folgende Anmerkung. In diesem Behältnis ist die Liebe eines Kindes enthalten, mit all dem Potential von Verzeihenkönnen, das ein Kind hat. Diese Substanz ist außer in der 50-Milliliter-Glasflasche auch in einem 25-Milliliter-Plastikfläschchen erhältlich, das sich leicht überall mit hinnehmen läßt. Sie kann so auch von anderen Menschen als dem »Besitzer« verwendet werden.

Nr. 21

Name der Flasche: »Neubeginn für Liebe«
Farben: Grün über Pink
Zusammengeschüttelte Farbe: Grün
Körperlicher Bereich (Chakra): Basis- und Herzchakra
Tarotkarte: Die Welt
I-Ging-Zeichen: oben Feuer, unten Donner, Nr. 21, »Das Durchbeißen«
Grundthema: Neubeginn in der Liebe

Positive Persönlichkeitsaspekte: Eine wirklich erwachsene Persönlichkeit mit höchster Bewußtheit, die Gott und die Menschheit liebt. Die Liebe gibt und annimmt und damit in konstruktiver

Weise arbeitet (zum Beispiel durch Schreiben, Kunst, öffentliches Sprechen, aber auch im Rahmen der Familie). Kann die eigenen Träume praktisch umsetzen und wahr machen. Weiß, was sie will, und bekommt es dann auch. Ein Mensch, der gebraucht wird, der weiß, daß die Liebe die Basis allen Lebens ist, der fähig ist, der Welt ihren Lauf zu lassen.

Negative Persönlichkeitsaspekte: Besitzt keine Selbstliebe, fühlt sich auch von anderen nicht geliebt und hält immer nach Liebe Ausschau. Bekommt Liebe nie so, wie er will. Ein Träumer im negativen Sinne, der sich zerstückelt und von Gott abgetrennt fühlt. Hält sich für wichtiger, als er wirklich ist. Verweigert sich den Lektionen des Lebens. Ist unzufrieden mit seiner Situation und dabei nicht fähig, sie zu verändern.

Spirituelle Ebene: Hilft, zu erkennen, daß die Liebe Gottes in der Liebe zu und von anderen Menschen ihren Ausdruck findet. Läßt Widerstände überwinden, das Kämpfen aufgeben und neue Freude und neue Hingabe an die Liebe finden.

Mentale bzw. geistige Ebene: Bringt Verbindung mit dem Lebenssinn, schafft Platz für neue »Programme«, neue Verhaltensweisen, neue Selbstliebe. Läßt momentane Schwierigkeiten überwinden.

Emotionale Ebene: Läßt Liebe wahrnehmen, die im eigenen Leben vorhanden ist. Bringt Ausgewogenheit zwischen Geben und Nehmen in der Liebe. Läßt Träume leichter verstehen. Hilft, mit den Konsequenzen von (äußerer) Aggression fertig zu werden.

Körperliche Ebene: Lindert bestimmte Hautprobleme, zum Beispiel Ekzeme, alle Herzbeschwerden, besonders psychosomatisch bedingte, Schmerzen im oberen Rücken, Asthma und Bronchitis (besonders bei Kindern) und Entzündungen.

Wo die Substanz aufgetragen werden soll: Um den gesamten Herzbereich herum.

Affirmation: Ich halte die Welt in meinen Händen.

Besonderheiten: Dies ist eine Variation von Flasche Nr. 28.

Nr. 22

Name der Flasche: Flasche der Rebirther
Farben: Gelb über Pink
Zusammengeschüttelte Farbe: Hellgold
Körperlicher Bereich (Chakra): Solarplexuschakra
Tarotkarte: Der Narr (dies ist ein anderer Aspekt des »Narren«, der ja schon Thema für Nr. 0 war)
I-Ging-Zeichen: oben Berg, unten Feuer, Nr. 22, »Die Anmut«
Grundthema: Liebe ohne Abhängigkeit

Positive Persönlichkeitsaspekte: Ein Lehrer des neuen Zeitalters, der seine Spiritualität auf eine »geerdete« Weise lebt. Steht mit der göttlichen Intelligenz in Verbindung und fühlt sich dadurch frei. Ist mit seinem eigenen unsterblichen Aspekt in Kontakt. Bringt Wissen so an den Mann, daß es für jeden verständlich ist. Stellt seinen Willen hinter alles, was er tut.
Negative Persönlichkeitsaspekte: Eine manipulative Persönlichkeit, die großzügig erscheint, aber eigentlich nur daran interessiert ist, mehr für sich selbst zu erhalten. Erwartet im Hinblick auf das, was sie gibt, zu viel zurück. Kann mit anderen sehr unbarmherzig sein. Braucht ständig Bestätigung. Trägt große Angst vor den Enttäuschungen in der Liebe mit sich herum.
Spirituelle Ebene: Leitet eine spirituelle Wiedergeburt ein. Bringt tiefe Selbstvergebung. Läßt den göttlichen Funken in sich selbst wahrnehmen.
Mentale bzw. geistige Ebene: Löst die Identifikation mit dem Schatten auf. Bringt Impulse für eine optimistischere Sichtweise und für die Formulierung neuer Lebensziele. Hilft zu erkennen, was Liebe ist.
Emotionale Ebene: Reduziert übertriebenes Liebesbedürfnis. Läßt mit unerwiderter Liebe und den Problemen fertig werden, die aus

unerwiderter Liebe entstanden sind. Hilft, mit Angst, Schocks, Abhängigkeit und Co-Abhängigkeit fertig zu werden.
Körperliche Ebene: Balanciert Drüsen, Verdauungssystem und Haut aus.
Wo die Substanz aufgetragen werden soll: Um den gesamten Solarplexusbereich herum.
Affirmation: Ich atme Liebe ein, ich atme Liebe aus.
Besonderheiten: Hilft beim Rebirthing dem Klienten, aber auch dem Therapeuten, um sich in den Prozeß einzustimmen. Die Substanz hat zu tun mit dem Bibelzitat: »Wenn Ihr nicht werdet wie die Kinder, werdet Ihr nicht in das Himmelreich gelangen.«

Nr. 23

Name der Flasche: »Liebe und Licht«
Farben: Rosenpink über Pink (dies ist die einzige Flasche, die Rosenpink enthält)
Zusammengeschüttelte Farbe: Pink
Körperlicher Bereich (Chakra): Basis- und Kronenchakra
Tarotkarte: König der Stäbe
I-Ging-Zeichen: oben Berg, unten Erde, Nr. 23, »Die Zersplitterung«
Grundthema: Wiedergewinnen der Selbstliebe

Positive Persönlichkeitsaspekte: Besitzt ein starkes Bedürfnis danach, sich selbst kennenzulernen, und betreibt diese Selbsterkenntnis auch (zum Beispiel durch Therapie, Meditation und so weiter). Akzeptiert sein Schicksal in positiver und praktischer Weise. Verfügt über eine Menge Kraft, doch diese Kraft manifestiert sich in Zärtlichkeit, Wärme, Mitgefühl und der Fähigkeit, Liebe zu geben und anzunehmen.
Negative Persönlichkeitsaspekte: Ist sehr unsicher. Fühlt sich nicht

geliebt. Entwickelt ein Symptom nach dem anderen, weil er als Kind nur dann Zuwendung erhalten hat, wenn er krank war. Dieses Muster hat er beibehalten.
Spirituelle Ebene: Bringt spirituelle Kraft und Energie sowie Harmonie. Öffnet den Weg für bedingungslose Liebe.
Mentale bzw. geistige Ebene: Hilft, sich selbst zu verstehen, ein falsches Selbstimage und die Illusionen über sich selbst zu verlieren.
Emotionale Ebene: Läßt die Gefühle von Frustration und Vergeblichkeit überwinden, wenn Liebe unerfüllt bleibt. Bringt steckengebliebene Kommunikation wieder in Fluß. Hilft, Schuldgefühle und Unsicherheiten loszuwerden. Erneuert die Liebe zu sich selbst, wenn sie durch eine Trennung oder Scheidung auf der Strecke geblieben ist.
Körperliche Ebene: Wirkt lindernd bei Allergien. Balanciert die Drüsenfunktion aus, besonders in der Pubertät und in den Wechseljahren.
Wo die Substanz aufgetragen werden soll: Um den gesamten Unterbauch herum. In schwierigen emotionalen Situationen um den Herzbereich, bei spirituellen und mentalen Problemen um den gesamten Haaransatz herum.
Affirmation: Ich bin in Harmonie mit dem Leben, und das Leben ist in Harmonie mit mir.
Besonderheiten: Keine.

Nr. 24

Name der Flasche: »Neue Botschaft«
Farben: Violett über Türkis
Zusammengeschüttelte Farbe: Violett
Körperlicher Bereich (Chakra): Herz- und Kronenchakra
Tarotkarte: Königin der Stäbe

I-Ging-Zeichen: oben Erde, unten Donner, Nr. 24, »Die Wiederkehr«
Grundthema: neue Möglichkeiten

Positive Persönlichkeitsaspekte: Ein Visionär, der das Talent besitzt zu unterrichten und der die Menschen dabei dort abholt, wo sie stehen. Erweckt in anderen die Selbstliebe. Besitzt Charisma, Integrität und Reife und konzentriert sich auf seine Freude. Findet immer eine Herausforderung und nimmt sie an. Ist kreativ und in Frieden mit sich selbst. Schafft Harmonie in Beziehungen. (Das kann zum Beispiel ganz konkret heißen, daß jemand sehr erfolgreich in einer Ehevermittlung oder Eheberatung arbeitet).
Negative Persönlichkeitsaspekte: Richtet ein Vergrößerungsglas auf seine Sorgen. Hat vor allen Dingen das im Auge, was andere Menschen ihm entgegensetzen und an Schwierigkeiten präsentieren. Betrügt sich selbst und andere, verdächtigt andere aller möglichen Dinge.
Spirituelle Ebene: Unterstützt den Prozeß des Erwachens, besonders dann, wenn er im Zusammenhang mit Beziehungen stattfindet. Bringt spirituelle Integrität hervor. Läßt Selbstbetrug bewußt werden. Unterstützt die Entwicklung außersinnlicher Wahrnehmung. Hilft, auf den eigenen Weg zurückzukehren.
Mentale bzw. geistige Ebene: Bringt Frieden nach emotionalen Schwierigkeiten sowie Klarheit in bezug auf eigene Kindheitsprobleme. Herausforderungen werden angenommen. Der Umgang mit Autoritäten verändert sich. Hilft, Träume zu entschlüsseln.
Emotionale Ebene: Öffnet für neue Ebenen in persönlichen und Geschäftsbeziehungen. Unterstützt die Heilung von Verletzungen, die durch patriarchales, männlichkeitsorientiertes Verhalten entstanden sind.
Körperliche Ebene: Hilfreich bei Herzproblemen sowie bei

Sprachschwierigkeiten (Legasthenie, Stottern), vor allem bei Kindern. Balanciert die Funktion der Thymusdrüse aus.
Wo die Substanz aufgetragen werden soll: Um den Herzbereich, bei Sprachschwierigkeiten um den Hals herum.
Affirmation: Ich öffne mich für neue Möglichkeiten in meinem Leben.
Besonderheiten: Der Inhalt dieser Flasche hat sehr viel mit den Energien des Planeten Venus zu tun.

Nr. 25

Name der Flasche: Rekonvaleszenz-Flasche
Farben: Rotviolett über Magenta (dies ist die einzige Flasche, die Rotviolett enthält)
Zusammengeschüttelte Farbe: leuchtendes Rotviolett
Körperlicher Bereich (Chakra): Kronenchakra
Tarotkarte: Ritter der Stäbe
I-Ging-Zeichen: oben Himmel, unten Donner, Nr. 25, »Die Unschuld«
Grundthema: von Enttäuschungen frei werden

Positive Persönlichkeitsaspekte: Ein Heiler, der eine Menge Energie zu geben hat. Hat die Fähigkeit, tief in sich hineinzuschauen. Führt die Dinge zu Ende, die er sich vorgenommen hat. Liebt andere Menschen, hat viel Wärme für sie und arbeitet oft im fürsorgerischen Bereich. Kann ein spiritueller Kreuzfahrer bzw. ein spiritueller Pionier sein.
Negative Persönlichkeitsaspekte: Ist extrem enttäuscht. Weiß nicht, wie er gesund werden und sich erholen kann. Hat möglicherweise eine schwere Krankheit oder eine schwierige Operation hinter sich, ist damit aber innerlich noch nicht angemessen fertig geworden.

Spirituelle Ebene: Öffnet für Informationen von »oben«. Bringt spirituelles Bewußtsein und die Kraft, das Unerreichbare zu erreichen. Befreit von spirituellem Utopismus. Gibt eine Idee davon, was das »große Ganze« ist.
Mentale bzw. geistige Ebene: Stimuliert Kreativität. Läßt mit ernsthaften Enttäuschungen aus der Vergangenheit fertig werden. Hilft gegen extreme Nervosität und gegen Wunschdenken.
Emotionale Ebene: Schafft eine Perspektive und bringt Mut. Läßt extreme sexuelle Bedürfnisse überwinden. Hilft, übertriebenes Verlangen nach Liebe und Fürsorge aufzugeben.
Körperliche Ebene: Lindert die Folgen schwerer Krankheiten und schwieriger Operationen sowie aller Nervenprobleme, zum Beispiel Nervenschmerzen. Vermindert die Notwendigkeit, Potassium (= Kalium) durch Nahrung aufzunehmen.
Wo die Substanz aufgetragen werden soll: Um den Haaransatz herum.
Affirmation: Ich lasse meine Enttäuschungen gehen.
Besonderheiten: Diese Substanz wirkt sehr effektiv bei M.E. = myalgischer Encephalomyelitis, einer Krankheit, deren Symptome extreme Lethargie und Müdigkeit sowie Kopf- und Muskelschmerzen sind. Im Extremfall tauchen bei M.E. flüchtige Lähmungen auf. Die Substanz kann auch dann unterstützend wirken, wenn das akute Stadium bereits überschritten ist.

Nr. 26

Name der Flasche: Schock-Flasche/Ätherische »Erste Hilfe«
Farben: Orange über Orange
Zusammengeschüttelte Farbe: Orange
Körperlicher Bereich (Chakra): »zweites Chakra« (Sakralchakra)
Tarotkarte: Page der Stäbe

I-Ging-Zeichen: oben Berg, unten Himmel, Nr. 26, »Des Großen Zähmungskraft«
Grundthema: Schock und seine Folgen (auf allen Ebenen)

Positive Persönlichkeitsaspekte: Ein sehr unabhängiger Mensch, der kreativ ist und eine tiefe, instinktive Weisheit besitzt. Der selbst lernt, indem er andere unterrichtet. Er ist klug und vorsichtig und neigt in keiner Weise zu Exzessen. Handelt, statt zu re-agieren (Aktion statt Re-Aktion). Ist fähig, tiefe Freude zu empfinden. Liebt Tiere. Ist auf eine liebevolle und harmonische Weise sexuell erfüllt.
Negative Persönlichkeitsaspekte: Wurde möglicherweise mißbraucht (nicht nur sexuell, sondern auf verschiedenen Ebenen). Hat einen »emotionalen Sturm« hinter sich. Reagiert auf Personen und Situationen in extremer Weise. Ist rastlos und desorientiert. Trifft hastige und unvernünftige Entscheidungen.
Spirituelle Ebene: Hilft, sich von Enttäuschungen zu erholen, die durch spirituellen Betrug entstanden sind. (Ein solcher Betrug versetzt die Seele in einen Schockzustand). Bringt höhere Einsichten.
Mentale bzw. geistige Ebene: Hilfreich bei nervös bedingten Depressionen und unbewußten Ängsten, die zu tiefen depressiven Zuständen geführt haben. Stellt eine geistige Orientierung her. Bringt den Anwender ins Hier und Jetzt. Empfehlenswert bei allen Arten von Schock.
Emotionale Ebene: Befreit von nachtragenden Gedanken und von den Folgen möglichen körperlichen und sexuellen Mißbrauchs. Unterstützt die Psyche, wenn im Leben dramatische Veränderungen stattfinden.
Körperliche Ebene: Hilfreich bei Schilddrüsenproblemen, verhärteten Muskeln, Gallensteinen, nach Unfällen, Operationen und anderen Traumata. Kann auch vor Operationen angewendet werden, um einem Schock vorzubeugen.

Wo die Substanz aufgetragen werden soll: Dies ist die einzige Substanz, die nur auf eine Weise aufgetragen wird: Um den gesamten Unterbauch herum, und zusätzlich noch vom linken Ohrläppchen bis zur linken Schulter in einem schmalen Band nach unten. Unter dem linken Arm beginnend in einem breiten Band die gesamte linke Seite des Rumpfes herunter, bis zum Fußknöchel. Bei Schilddrüsenproblemen um den Hals herum auftragen. Bei verhärteten Muskeln auf den entsprechenden Stellen einmassieren.

Affirmation: Die einzige Sicherheit im Leben ist Veränderung.

Besonderheiten: Auf der linken Körperseite befindet sich die »ätherische Spalte«, wohin sich die »wahre Aura« in Schocksituationen bewegt. Der Inhalt dieser Flasche bewirkt, wenn er wie beschrieben aufgetragen wird, die Rückkehr der Aura in ihre ursprüngliche Position. Das hat eine durchgreifende Wirkung, es macht Menschen sehr schnell gesund. Wegen dieser phantastischen Effekte ist Flasche Nr. 26 die bei weitem meistverkaufte Flasche von Aura-Soma. Sie hilft auch, Tiere zu heilen, besonders nach Bewußtlosigkeit durch Schock oder Betäubung. Bei Tieren braucht die Substanz nur um den Bauch herum aufgetragen zu werden. Diese Substanz ist außer in der 50-Milliliter-Glasflasche auch in einem 25-Milliliter-Plastikfläschchen erhältlich, das sich leicht überall mit hinnehmen läßt. Sie kann so auch von anderen Menschen als dem »Besitzer« verwendet werden. Zum Thema »Mißbrauch« siehe auch »Besonderheiten« von Flasche Nr. 5.

Diese Flasche löst bei vielen Menschen großes Entzücken aus. Meistens weist dieses Entzücken darauf hin, daß hier ein Schock geheilt werden möchte. In einem solchen Fall als erstes die Schock-Flasche benutzen, eine Pause einlegen und dann noch einmal neu die bevorzugte(n) Flasche(n) wählen.

Nr. 27

Name der Flasche: Robin-Hood-Flasche
Farben: Rot über Grün
Zusammengeschüttelte Farbe: Rot
Körperlicher Bereich (Chakra): Basis- und Herzchakra
Tarotkarte: Zehn der Stäbe
I-Ging-Zeichen: oben Berg, unten Donner, Nr. 27, »Die Ernährung«
Grundthema: Durchsetzungsvermögen

Positive Persönlichkeitsaspekte: Ein erfolgreicher Mensch, der sehr viel arbeitet, der sich gut konzentrieren kann und über Ausdauer und Entschlußfähigkeit verfügt. Kann sich durchsetzen und auf sich selbst verlassen. Besitzt einen ansteckenden Enthusiasmus für das Leben. Jemand mit Mut und Herz, der es wagt, ins Unbekannte vorzudringen. Ist sehr zentriert und hat dabei ein Gefühl für Harmonie.
Negative Persönlichkeitsaspekte: Es bestehen Probleme mit dem eigenen Geschlecht, mit der eigenen Männlichkeit oder Weiblichkeit. In gewisser Weise ist die Persönlichkeit gespalten. Das Leben wird als sehr schwierig empfunden. Dieser Mensch ist nicht in Harmonie mit sich selbst. Er nimmt sich selbst als feststeckend und festgefahren wahr. Liebt Intrigen.
Spirituelle Ebene: Bewirkt Transformation. Bricht im spirituellen Bereich festgefahrene Situationen auf. Läßt den Anwender seinen Weg konsequenter verfolgen und seiner Seele Raum zur Entfaltung geben. Hilft, sich zu spiritueller Disziplin aufzuraffen und ihr mehr Platz in seinem Leben zu geben.
Mentale bzw. geistige Ebene: Hilfreich bei einer gespaltenen Persönlichkeit. Bringt mehr Selbstvertrauen und Durchsetzungsvermögen, besonders in Beziehungen, in denen man bisher zu passiv war.

Emotionale Ebene: Läßt die Verletzungen und die Wut nach einer Trennung oder Scheidung überwinden. Hilft, mit dem Gefühl fertig zu werden, ausspioniert und betrogen worden zu sein.
Körperliche Ebene: Kräftigt das Immunsystem.
Wo die Substanz aufgetragen werden soll: Um den gesamten Rumpf herum.
Affirmation: Ich sehe das Licht durch die Bäume.
Besonderheiten: Diese Kombination hat, wenn Frauen sie wählen, mit (einem Problem mit) Männern zu tun. Sie besagt häufig, daß jemand eine Trennung vor sich oder gerade hinter sich hat. (Dies gilt für Frauen und Männer). Die Substanz hilft einem Menschen, mit seiner Transsexualität umzugehen (also mit seinem Gefühl, als Frau in einem männlichen Körper oder als Mann in einem weiblichen Körper zu leben).

Nr. 28

Name der Flasche: Maid-Marion-Flasche (Maid Marion ist die Partnerin von Robin Hood)
Farben: Grün über Rot
Zusammengeschüttelte Farbe: Rot
Körperlicher Bereich (Chakra): Basis- und Herzchakra
Tarotkarte: Neun der Stäbe
I-Ging-Zeichen: oben See, unten Wind, Nr. 28, »Des Großen Übergewicht«
Grundthema: Neuanfang

Positive Persönlichkeitsaspekte: Ein Pionier, der jederzeit bereit ist, eine Situation aus einer neuen, frischen Perspektive zu betrachten. Ein zuverlässiger und glücklicher Mensch, der ehrlich mit sich selbst ist.
Er weiß viel und besitzt Klarheit im Denken. Er kann seiner

Intuition vertrauen, tut das auch und ist nur sehr schwer einzuschüchtern.

Negative Persönlichkeitsaspekte: Läßt sich dominieren und nimmt gern die Opferrolle ein. Läßt andere auf sich herumtrampeln. Kann nur schwer vertrauen und trifft Entscheidungen, die mit Vertrauen zu tun haben, häufig falsch. Meint, die anderen seien gegen ihn. Leidet an den Konsequenzen einer Scheidung oder einer Trennung.

Spirituelle Ebene: Hilft, alte Bindungen und Verstrickungen zu lösen sowie eine neue Kraftquelle zu finden, um Dinge zu verändern. Bringt Klarheit und läßt Selbstzweifel überwinden.

Mentale bzw. geistige Ebene: Ermöglicht eine neue Sichtweise von sich selbst. Bringt Durchsetzungsvermögen. Erleichtert schwierige Entscheidungen und die Schwierigkeiten, über die anstehenden Entscheidungen zu sprechen.

Emotionale Ebene: Löst einschränkende Muster auf, vor allem das Muster, sich dominieren zu lassen. Bringt die Kraft, für sich einzustehen und in Opposition zu gehen. Bringt das Gefühl von Glück. Öffnet nach einer Periode der Einschränkung für einen Raum von Freiheit.

Körperliche Ebene: Kräftigt das Immunsystem.

Wo die Substanz aufgetragen werden soll: Um den gesamten Rumpf herum.

Affirmation: Ich finde die Kraft, zu sein, wer ich bin.

Besonderheiten: Wenn ein Mann diese Flasche wählt, hat das mit (einem Problem mit) Frauen oder einer Frau zu tun. Wenn Frauen sie wählen, zeigt das häufig an, daß sie sich als »Fußabtreter« haben benutzen lassen. Die Substanz hilft, ebenso wie die von Flasche Nr. 27, mit dem Eindruck fertig zu werden, daß man sich als Frau in einem männlichen Körper oder als Mann in einem weiblichen Körper empfindet.

Nr. 29

Name der Flasche: »Steh auf und wandle«
Farben: Rot über Blau
Zusammengeschüttelte Farbe: Rot
Körperlicher Bereich (Chakra): Basis- und Kehlkopfchakra
Tarotkarte: Acht der Stäbe
I-Ging-Zeichen: oben Wasser, unten Wasser, Nr. 29, »Das Abgründige«
Grundthema: das Leben in Ordnung bringen

Positive Persönlichkeitsaspekte: Ein Reformer, der Konventionen verändern will und verändert. Setzt sich für den Frieden ein, schützt andere und hat das Wohl der gesamten Menschheit im Auge. Sein Lebensstil zeigt, daß sich »Spirit« und Materie bei ihm im Einklang befinden. Hat seine verschiedenen Persönlichkeitsaspekte integriert. Besitzt eine starke Konstitution und ist gesund. Fühlt sich körperlich (auch sexuell) und in seinem Seelenleben erfüllt.
Negative Persönlichkeitsaspekte: Stellt die materielle Seite des Lebens über seinen eigenen inneren Frieden. Schleppt eine Menge Ärger, Frustration und Groll mit sich herum und hat deshalb Schwierigkeiten, sich mit anderen Menschen auszutauschen.
Spirituelle Ebene: Hilft, über spirituelle Dinge zu sprechen. Bringt tiefe Harmonie und tiefen Frieden. Erweckt die Seele aus dem Schlaf (Gurdjieff). Läßt spirituelle Gefahren wahrnehmen und daraus die entsprechenden Konsequenzen ziehen.
Mentale bzw. geistige Ebene: Hilfreich in einer Testperiode des Lebens. Unterstützt die Integration höherer Aspekte in das Alltagsleben.
Emotionale Ebene: Holt die »Leichen aus dem Keller«, das heißt bringt Licht in dunkle, verdrängte Bereiche. Hilft, die männli-

che und die weibliche Seite der Persönlichkeit in Balance zu bringen.
Körperliche Ebene: Erhöht die hormonelle Sekretion. Bringt Energie, wenn jemand über lange Zeit müde war und auch, wenn jemand Schwierigkeiten hat, zu sprechen (zum Beispiel in Gruppensituationen).
Wo die Substanz aufgetragen werden soll: Um den gesamten Rumpf herum.
Affirmation: Ich öffne mich für inneren Frieden.
Besonderheiten: Hilfreich, wenn jemand das Gefühl hat, ihm wird Energie abgezapft (das gilt für alle Ebenen).

Nr. 30

Name der Flasche: »Den Himmel auf die Erde bringen«
Farben: Blau über Rot
Zusammengeschüttelte Farbe: Violett
Körperlicher Bereich (Chakra): Basis- und Kehlkopfchakra
Tarotkarte: Sieben der Stäbe
I-Ging-Zeichen: oben Feuer, unten Feuer, Nr. 30, »Das Haftende«
Grundthema: über Kommunikation Energie bekommen

Positive Persönlichkeitsaspekte: Überträgt seine Ideen in Handlung. Sieht die Dinge klar, auch im Sinne von Hellsichtigkeit. Häufig ein Lehrer für spirituelle bzw. körperliche Disziplinen (Yoga, Kampfkünste und so weiter). Bei ihm befinden sich die männlichen und weiblichen Energien im Einklang. Er versteht etwas von der »Qualität des Lebens«, das heißt, daß nicht nur das Resultat einer Handlung wichtig ist, sondern auch die Art, wie sie ausgeführt wird.
Negative Persönlichkeitsaspekte: Hat sehr rigide, feststehende Ide-

en. Ist extrem konkurrenzbewußt, nachtragend und hält an alten Geschichten fest. Fühlt sich unterlegen, besonders bezüglich seiner intellektuellen Kapazitäten. Glorifiziert seine eigenen Resultate. Kann seine Leidenschaft nicht ausdrücken. Findet es schwierig, mit sich selbst Frieden zu haben.

Spirituelle Ebene: Eröffnet neue Dimensionen für sensitive Fähigkeiten. Erdet nach der Meditation. Bringt Kopf und Bauch zusammen. Läßt mit dem eigenen Lebenssinn in Kontakt treten. Hilft, spirituelle Erfahrungen mitzuteilen (im kleineren Rahmen, aber auch öffentlich).

Mentale bzw. geistige Ebene: Beruhigt bei geistiger Überaktivität. Befreit von festgefahrenen Vorstellungen. Bringt Mut und verhilft zum Ausdruck leidenschaftlicher Gefühle und der eigenen Kreativität.

Emotionale Ebene: Bringt Frieden. Hilft, heruntergeschluckte Wut zum Ausdruck zu bringen sowie das »innere Kind« zu heilen. Läßt Frustrationsgefühle überwinden.

Körperliche Ebene: Lindert Schilddrüsenprobleme, Kopfschmerzen, die mit Verstopfung im Zusammenhang stehen, sowie alle Probleme im Bereich der Geschlechtsorgane.

Wo die Substanz aufgetragen werden soll: Um den gesamten Rumpf, im Zusammenhang mit spirituellen Problemen und Kopfschmerzen um den gesamten Haaransatz herum.

Affirmation: Kopf im Himmel, Füße auf dem Boden, und der Bauch fließt frei.

Besonderheiten: In dieser Flasche ist Nr. 20 (Blau über Pink) versteckt.

Nr. 31

Name der Flasche: Die Fontäne
Farben: Grün über Gold
Zusammengeschüttelte Farbe: Olivgrün
Körperlicher Bereich (Chakra): Herz- und Solarplexuschakra
Tarotkarte: Sechs der Stäbe
I-Ging-Zeichen: oben See, unten Berg, Nr. 31, »Die Einwirkung«
Grundthema: Überwindung von tiefer Angst

Positive Persönlichkeitsaspekte: Ist diplomatisch, unterhält Herzensbeziehungen zu anderen Menschen und schafft einen guten Teamgeist. Ist verantwortungsbewußt und sieht die Verantwortung, die er tragen muß, nicht als Last, sondern als Freude.
Besitzt Talent zum Lehren, liebt aber auch Kunst und Wissenschaft.
Baut zwischen beidem eine Brücke.
Weiß, wie er sich innerlich und äußerlich Platz verschafft. Hat viele Ängste überwunden. Besitzt einen tiefen Glauben an das Göttliche und an sich selbst. Liebt die Natur sehr und steht in Verbindung mit Devas und Erdgeistern.
Negative Persönlichkeitsaspekte: Kennt kein Vertrauen und kein Gefühl von Glück. Fühlt sich von der Welt abgeschnitten. Will sich immer und für alles belohnen. Ist von versteckten Ängsten und von Emotionen geleitet. Verspätet sich immer und liefert Dinge zu spät ab.
Spirituelle Ebene: Hilft, Verbindung mit dem »Sonnenschein des Herzens« aufzunehmen, das heißt, inneres Glück zu finden. Öffnet die Tür unseres inneren Gefängnisses (der Konditionierungen, der selbstgesteckten Begrenzungen). Hilft, aufmerksamer zu sein und auch, in Kontakt mit Devas und Erdgeistern zu kommen.
Mentale bzw. geistige Ebene: Stellt geistige Stabilität nach einem

Trauma wieder her. Löst Verwirrtheit auf. Bringt Hoffnung. Verschafft Zugang zur eigenen inneren Wahrheit.
Emotionale Ebene: Hilft bei Herzensentscheidungen. Bringt Glück in ein freudloses Leben. Hilft, Ängste und traumatische Erfahrungen zu überwinden. Läßt auch die Angst zu sprechen überwinden (allgemeine Angst zu sprechen).
Körperliche Ebene: Bei Problemen mit dem Herzen, mit der Leber, der Bauchspeicheldrüse, den Nieren, nach körperlichem Trauma, bei Stottern und bei chronischen Hautkrankheiten wie Allergien und Ekzemen.
Wo die Substanz aufgetragen werden soll: Zwischen Herzbereich und dem Bereich knapp unter dem Bauchnabel.
Affirmation: Ich lasse meine Angst los und finde Sonnenschein in meinem Herzen.
Besonderheiten: Kann dabei helfen, einen persönlichen Kraftort zu finden; einen Ort in freier Natur, an dem man sich besonders gut und »angeschlossen« fühlt. Wirkt unterstützend und beruhigend in Examenssituationen.

Nr. 32

Name der Flasche: Sophia
Farben: Königsblau über Gold
Zusammengeschüttelte Farbe: Tiefmagenta
Körperlicher Bereich (Chakra): Solarplexuschakra und Drittes Auge
Tarotkarte: Fünf der Stäbe
I-Ging-Zeichen: oben Donner, unten Wind, Nr. 32, »Die Dauer«
Grundthema: Vermittlung von innerer Wahrheit

Positive Persönlichkeitsaspekte: Besitzt viel Charisma und dabei Disziplin. Schenkt anderen Menschen Wärme, Unterstützung

und Aufmerksamkeit. Ist in Frieden mit sich selbst. Weiß um die Kräfte der Natur. Befindet sich im Hier und Jetzt. Bringt seine Gedanken klar rüber. Materielles ist ihm nicht wichtig, er lebt ein einfaches Leben. Auf der anderen Seite kann er sich jederzeit beschaffen, was er braucht. Und noch einmal auf der anderen Seite kann er erreichen, was für viele andere unerreichbar ist. (Dies gilt für sämtliche Lebensbereiche).
Negative Persönlichkeitsaspekte: Weiß nicht, wer er ist. Befindet sich nicht im Frieden mit sich selbst. Fühlt sich immer gestreßt. Findet es schwierig, im Hier und Jetzt zu sein. Gefahr von Drogenmißbrauch. Ist von allen Arten von Angst besetzt, besonders von Erwartungsängsten und von allgemeiner Lebensangst.
Spirituelle Ebene: Hilft, Illusionen zu überwinden und sich von abgehobenen Ideen zu trennen, um sich realistischeren spirituellen Zielen zuzuwenden. Führt an die Idee heran, daß wir Menschen auch über große Schöpferkräfte verfügen (über die Fähigkeit zur »Co-Creation«, zur »Mit-Schöpfung«). Läßt den Anwender seine wahre Identität finden.
Mentale bzw. geistige Ebene: Bringt eine klare geistige Ausrichtung. Reduziert »Streß im Kopf«. Stärkt den Geist. Verringert Erwartungsängste, eröffnet die Möglichkeit zu geistigem Frieden.
Emotionale Ebene: Bringt nach Stagnation einen Durchbruch. Hilft, Probleme mit der Mutter zu klären sowie allgemein Klarheit in Herzensangelegenheiten zu finden. Bringt dazu, zu handeln statt zu reagieren (Aktion anstelle von Re-Aktion).
Körperliche Ebene: Bei Problemen mit dem Magen, mit der Leber, den Nieren, der Bauchspeicheldrüse, dem Darm (besonders mit Blick auf die Assimilation von Nährstoffen), bei Nervosität im Bauch und bei Hautproblemen, besonders bei Altersflecken.
Wo die Substanz aufgetragen werden soll: Überall zwischen Kopf und Nabel.
Affirmation: Ich lasse meine Ängste los und öffne mich für die Weisheit in mir.

Besonderheiten: Hilft, an alte Erinnerungen zu gelangen. In der Reinkarnationstherapie verschafft diese Substanz Zugang zu aztekischen, Maya- und toltekischen Inkarnationen. Es ist möglich, daß jemand, der diese Flasche als erste wählt, mit der Nabelschnur um den Hals geboren wurde.

Nr. 33

Name der Flasche: Delphin
Farben: Königsblau über Türkis
Zusammengeschüttelte Farbe: Königsblau
Körperlicher Bereich (Chakra): Herzchakra und Drittes Auge
Tarotkarte: Vier der Stäbe
I-Ging-Zeichen: oben Himmel, unten Berg, Nr. 33, »Der Rückzug«
Grundthema: friedliche Kommunikation

Positive Persönlichkeitsaspekte: Ein Künstler, der für den Frieden arbeitet. Der mit seiner Intuition, seiner inneren Führung, in Verbindung steht. Widmet sich absolut seiner Lebensaufgabe. Ein Reformer, der es nicht zuläßt, daß eine Autorität(-sperson) sich seiner Aufgabe entgegenstellt, gleichzeitig ist es ein liebenswerter, sanfter Mensch, der den Himmel auf die Erde bringen will. Hat Zugang zu anderen Dimensionen. Liebt die Natur. Kann über die Rätsel des Lebens lachen.
Negative Persönlichkeitsaspekte: Ein Märtyrer im negativen Sinne des Wortes. Findet es schwierig, sich selbst zu verstehen. Besitzt kein Engagement. Möchte, daß andere sich um ihn kümmern. Leidet noch immer an der schwierigen Beziehung zu seinem Vater. Seine Liebe ist tief, aber er kann diese Liebe nicht ausdrücken. Fühlt sich nicht wohl unter anderen Menschen.
Spirituelle Ebene: Hilft, durch Meditation zur eigenen inneren

Schönheit zu gelangen. Verschafft Zugang zu anderen Dimensionen. Unterstützt den Prozeß der eigenen Selbsterkenntnis. Hilft, das Dritte Auge zu öffnen (und als Konsequenz davon beispielsweise Symbole besser deuten zu können und allgemein hellsichtiger zu werden.)
Mentale bzw. geistige Ebene: Läßt Träume besser verstehen und aus den so gewonnenen Erkenntnissen Kraft beziehen. Verschafft Zugang zu originellen kreativen Ideen.
Emotionale Ebene: Hilft, das Gefühl von Isolation sowie übertriebene Unsicherheit und Befangenheit zu überwinden. Macht einen bereit, sich selbst die nährende, mütterliche Zuwendung zu geben, die man braucht.
Körperliche Ebene: Hilfreich bei Augenproblemen.
Wo die Substanz aufgetragen werden soll: Im Nacken- und Kieferbereich um den Haaransatz, dann knapp über den Augenbrauen um die Stirn und um den Hals herum sowie um den gesamten Brustbereich. Bei Augenbeschwerden rund um die Augenhöhle (nur im Bereich der Knochen).
Affirmation: Friede ist mein ganzes Bestreben.
Besonderheiten: Stellt in der Reinkarnationstherapie Verbindung mit Inkarnationen in Lemuria und Atlantis her. Hilfreich bei Polarity-Arbeit.

Nr. 34

Name der Flasche: Die Geburt der Venus
Farben: Pink über Türkis
Zusammengeschüttelte Farbe: Hellviolett, mit Pink gefleckt
Körperlicher Bereich (Chakra): Herz- und Basischakra
Tarotkarte: Drei der Stäbe
I-Ging-Zeichen: oben Donner, unten Himmel, Nr. 34, »Des Großen Macht«

Grundthema: Integration vieler unterschiedlicher Schichten innerhalb der Persönlichkeit

Positive Persönlichkeitsaspekte: Ein Selbstversorger in allen Lebensbereichen. Braucht keine äußere Hilfe, sondern kann sich auf sich selbst verlassen, weil er so viel in sich trägt. Kann tiefe Liebe geben und empfangen. Kommt nicht von seinem Weg ab, egal, was geschieht. Hat schon einen langen Weg hinter sich und steht kurz vor der Vollendung. Liebt das Meer und hat möglicherweise mit Seefahrt zu tun.
Negative Persönlichkeitsaspekte: Erlebt ständig Enttäuschungen und Schwierigkeiten und lernt nicht daraus. Traut seiner inneren Führung nicht. Verkauft sich zu billig. Verliert sich in Phantasien. Sieht die Dinge nicht, wie sie sind. Hat große Schwierigkeiten mit der Realität des Lebens und entzieht sich dieser Realität. Läßt sich von seiner Leidenschaft davontragen.
Spirituelle Ebene: Verschafft Zugang zu den versteckten Geheimnissen des Lebens und der Liebe. Holt verlorengegangene Geheimnisse aus der Tiefe der Seele hervor. Bietet sich als Begleiter für »innere Reisen« an (zum Beispiel im Isolationstank, bei Hypnose usw.).
Mentale bzw. geistige Ebene: Führt zu einer Balance zwischen der männlichen und der weiblichen Seite der Persönlichkeit und zu Liebe zwischen diesen beiden Aspekten.
Emotionale Ebene: Öffnet das Herz. Ist besonders empfehlenswert, wenn eine neue Liebe beginnt. Bringt Freude, weil die Schmerzen der Vergangenheit sich auflösen. Hilft, auf die eigenen Füße zu kommen.
Körperliche Ebene: Bei allen Herzproblemen, bei juveniler Akne, bei Wachstumsschmerzen Jugendlicher und Menstruationsproblemen.
Wo die Substanz aufgetragen werden soll: Hauptsächlich um den

0

1

2

3

4

5

6

7

8

9

10

11

12

13

14

15

16

17

18

19

20

21

22

23

24

25

26

27

28

29

30

31

32

33

34

35

36

37

38

39

40

41

42

43

44

45

46

47

48

49

50

51

52

53

54

55

56

57

58

59

60

61

62

63

64

65

66

67

68

69

70

71

72

73

74

75

76

77

78

79

80

81

82

83

84

85

86

87

88

89

90

91

Die Farbrose

Das Chakra-Chart

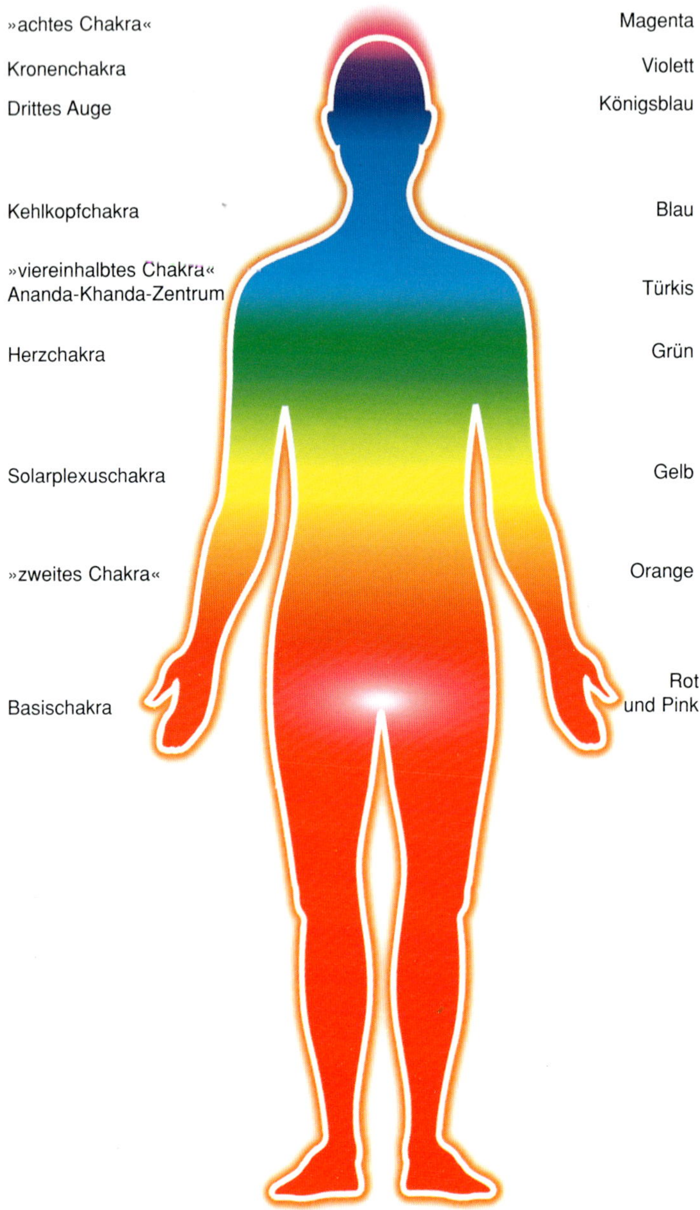

Herzbereich, bei Menstruationsproblemen um den Unterbauch, für Traumarbeit um den gesamten Haaransatz herum.
Affirmation: Ich bin, der ich bin. Oder: Ich bin, die ich bin.
Besonderheiten: Hilfreich bei Traumarbeit und für Kinder, die sich bedroht fühlen. Die Wahl dieser Flasche kann die Warnung beinhalten, daß der Betreffende sich nicht zu leicht schmeicheln und verführen lassen soll.

Nr. 35

Name der Flasche: Freundlichkeit
Farben: Pink über Violett
Zusammengeschüttelte Farbe: Violett
Körperlicher Bereich (Chakra): Basis- und Kronenchakra
Tarotkarte: Zwei der Stäbe
I-Ging-Zeichen: oben Feuer, unten Erde, Nr. 35, »Der Fortschritt«
Grundthema: dem Geistigen durch Liebe näherkommen

Positive Persönlichkeitsaspekte: Zieht eine tiefe Befriedigung daraus, anderen zu helfen; hilft dadurch auch sich selbst. Besitzt ein Talent zu heilen, auch über Entfernungen hinweg. Seine Gedanken sind von Liebe bestimmt. Eine sanfte, spirituelle Seele, der es um das Wohl der gesamten Menschheit geht. Steht mit der Liebe von »oben« in Verbindung. Besitzt viel Selbstvertrauen und dadurch Kraft.
Negative Persönlichkeitsaspekte: Schleppt unerlöste Wut und Frustrationen aus seiner Kindheit mit sich herum. Sein Wunsch zu helfen ist egoistisch. Läßt sich leicht dominieren. Ist überempfindlich und kann in langwierige Depressionen verfallen.
Spirituelle Ebene: Bringt Helfern Energie zurück (bei »Burn-out-Syndrom«). Schützt vor aggressiver Energie. Erneuert Geist und

Seele. Verschafft Zugang zu Mitgefühl für sich selbst und andere. Hilft, mit der eigenen Lebensaufgabe in Verbindung zu treten.
Mentale bzw. geistige Ebene: Verhilft zu mehr Selbstakzeptanz und Intuition. Öffnet für Liebe. Macht »alte Tonbänder« überflüssig, das heißt Dinge, die man sich lange eingeredet hat oder hat einreden lassen. Läßt übertriebene Zimperlichkeit und Selbstverliebtheit aufgeben.
Emotionale Ebene: Bricht alte Muster von Verzweiflung auf. Hilft, mit Enttäuschungen in der Liebe und mit extremen Depressionen fertig zu werden.
Körperliche Ebene: Hilft bei Wechseljahrsbeschwerden, Schmerzen in der Brust, bei Kopfschmerzen und bei Schlaflosigkeit, besonders, wenn sie durch emotionale Probleme verursacht werden. Bringt Zärtlichkeit in die Sexualität.
Wo die Substanz aufgetragen werden soll: Überall um den Körper herum.
Affirmation: Indem ich andere heile, heile ich mich selbst.
Besonderheiten: Hilfreich in Situationen, in denen jemand körperlich leidet, zum Beispiel Schmerzen empfindet, aber kein realer Grund dafür zu finden ist.

Nr. 36

Name der Flasche: Nächstenliebe
Farben: Violett über Pink
Zusammengeschüttelte Farbe: Violett
Körperlicher Bereich (Chakra): Basis- und Kronenchakra
Tarotkarte: As der Stäbe
I-Ging-Zeichen: oben Erde, unten Feuer, Nr. 36, »Die Verfinsterung des Lichts«
Grundthema: spirituelle Liebe

Positive Persönlichkeitsaspekte: Steht mit seiner Lebensaufgabe in Kontakt und hat bei allem, was er tut, seine inneren Ziele vor Augen. Auch dann, wenn der Weg nicht gerade verläuft. Fühlt sich mit Gott und einer großen, abstrakten Liebe verbunden. Ist ein Kind der Liebe (das ist auch konkret gemeint; seine Eltern haben sich wirklich geliebt). Ist mit starken Heilkräften begabt und engagiert sich selbstlos. Hat häufig mit Alternativmedizin oder alternativen Projekten zu tun.
Negative Persönlichkeitsaspekte: Schleppt versteckte Frustrationen mit sich herum. Besonders frustriert ist er, weil er das Gefühl hat, von seiner Mutter nicht geliebt worden zu sein. Klammert sich an die Zuneigung und Zuwendung anderer. Möchte möglicherweise gar nicht hier sein (das heißt nicht geboren sein). Fühlt sich in seinem Körper nicht wohl. Befindet sich in einer Opferrolle. Ist nicht im Hier und Jetzt. Hält an falschen Hoffnungen fest.
Spirituelle Ebene: Verschafft Zugang zu den inneren Zielen, zu den eigenen Heilungskräften und läßt den Anwender mehr ins Hier und Jetzt kommen. Bringt in Kontakt mit dem Schöpfer, mit allem Lebendigen und mit der eigenen Lebensaufgabe. Hilft gegen spirituelles Durcheinander, als Folge von zu vielen Workshops o. ä.
Mentale bzw. geistige Ebene: Läßt falsche Hoffnungen überwinden. Hilft, das Leben neu zu sehen und von neuem wertzuschätzen. Macht, daß der Kopf das Herz nicht zu sehr kontrolliert.
Emotionale Ebene: Erhöht die Liebe zu sich selbst. Löst Frustrationen sowie schwere Depressionen auf. Läßt dazu »ja« sagen, daß man hier ist. Erleichtert den Zugang zu neuen Identitätsmustern. Bringt allgemein positive Veränderungen.
Körperliche Ebene: Bei Schmerzen überall im Körper, bei Energieblockaden, bei Kopfverletzungen, bei Knie- und Hüftproblemen.
Wo die Substanz aufgetragen werden soll: Überall rund um den

Körper (beispielsweise wenn nötig nur rund um ein schmerzendes Knie).
Affirmation: Ich liebe die Herausforderungen des Lebens.
Besonderheiten: Hilfreich bei der Arbeit mit dem »inneren Kind«.

Nr. 37

Name der Flasche: »Der Schutzengel kommt auf die Erde«
Farben: Violett über Blau
Zusammengeschüttelte Farbe: Tiefviolett
Körperlicher Bereich (Chakra): Kronen- und Kehlkopfchakra
Tarotkarte: König der Kelche
I-Ging-Zeichen: oben Wind, unten Feuer, Nr. 37, »Die Sippe«
Grundthema: Effektivität

Positive Persönlichkeitsaspekte: Folgt seinen Idealen. Ist diszipliniert, sehr inspiriert und besitzt viel Intuition. Sein Auftreten zeigt, wie effektiv und erfolgreich er im Leben ist. Engagiert sich für verschiedene spirituelle Aktivitäten. Muß viel Verantwortung tragen, was ihm aber keinerlei Schwierigkeiten bereitet. Er hat den Überblick. Seine Absichten sind nobel. Sein Bestreben ist, Schönes zu schaffen, den Menschen einen Sinn für Schönheit und Ästhetik zu vermitteln. Er folgt seinen eigenen Idealen.
Negative Persönlichkeitsaspekte: Verantwortung liegt schwer auf seinen Schultern. Er will dem Leben nicht ins Gesicht sehen. Er will »nach Hause«, das heißt, er ist selbstmordgefährdet. Andererseits ist er aber sehr von sich selbst eingenommen. Hat seine Lebensaufgabe noch nicht gefunden. Er manipuliert andere, neigt aber auch dazu, andere zu idealisieren.
Spirituelle Ebene: Bringt meditative Energie. Transformiert. Wirkt nährend und schützend.

Öffnet die höheren Chakren (außerhalb des Körpers).
Hilft, mit tiefem innerem Frieden und mit der wirklichen spirituellen Aufgabe und Ausrichtung in Kontakt zu treten.
Mentale bzw. geistige Ebene: Bringt Klarheit ins Denken und Sprechen. Läßt den Anwender sich mit seinem männlichen Rollenmodell (und daher mit Autoritätsfragen) auseinandersetzen. Verschafft Kontakt zu unbewußten Rhythmen.
Emotionale Ebene: Wirkt aufbauend und unterstützend bei tiefer Depression und dann, wenn der Anwender alte Gefühlsmuster aufgeben möchte. Hilft, sich an die gegebenen äußeren und inneren Bedingungen besser anzupassen, was auch dazu führt, daß sich das Verlangen nach Selbstmord auflöst.
Körperliche Ebene: Bei Kopfschmerzen, die durch eine leichte Vergiftung des Körpers entstehen. Bei Schilddrüsen-, Kiefer-, Nacken- und Halsproblemen.
Wo die Substanz aufgetragen werden soll: Um den gesamten Haaransatz und um den Hals herum.
Affirmation: Ich fülle meinen Kelch, damit er in die Welt überfließt.
Besonderheiten: Kann das Dritte Auge ausbalancieren und stimulieren sowie helfen, sensitive Fähigkeiten zu entwickeln.

Nr. 38

Name der Flasche: Troubadour-Flasche (II)/Scharfsinn
Farben: Violett über Grün
Zusammengeschüttelte Farbe: Tiefgrün
Körperlicher Bereich (Chakra): Herz- und Kronenchakra
Tarotkarte: Königin der Kelche
I-Ging-Zeichen: oben Feuer, unten See, Nr. 38, »Der Gegensatz«
Grundthema: vom Denken zum Fühlen gelangen

Positive Persönlichkeitsaspekte: Dieser Mensch besitzt natürliche Autorität und Individualität im besten Sinne des Wortes. Er steht im Kontakt mit seinem Herzen. Gleichzeitig hat er ein starkes Empfinden für Gemeinschaftlichkeit, mit seiner ganzen Gefühlsseite, die er sehr gut umsetzen kann. Darin liegt auch seine Lebensaufgabe. Kann beide Seiten einer Situation sehen und die richtige Entscheidung treffen.
Versteht die Gesetze des Karma. Ein Entdecker mit emotionaler und intuitiver Reife, der freundlich, sensibel und trostspendend ist. Der gern teilt bzw. sich mitteilt, der frei und unabhängig ist. Steht mit der Kraft der Göttin in Verbindung. Ein guter Mensch, der sich dieser Qualität aber nicht bewußt ist.
Negative Persönlichkeitsaspekte: Traut nicht seiner weiblichen Seite. Ist neidisch, eifersüchtig, mißtrauisch und besitzt eine scharfe Zunge. Hat ein starkes Bedürfnis nach Frieden, Unabhängigkeit, Alleinsein und der Akzeptanz und Wertschätzung anderer.
Sehnt sich nach der Natur, kann sich aber nie aufraffen, in die Natur zu gehen. Ein Desillusionierter, der keine spirituelle Ausrichtung besitzt. Sucht nach einer Balance zwischen Bewußtsein und Unterbewußtsein.
Spirituelle Ebene: Hilft im Prozeß der Wahrheitsfindung und dabei, in der Spiritualität zu einer neuen Ausrichtung zu gelangen. Hilft, innere Geheimnisse und intuitive Fähigkeiten zu entdecken und stimulieren. Löst Desillusionierung auf. Bringt spirituelle Erfahrungen vom Kopf ins Herz.
Mentale bzw. geistige Ebene: Läßt einen überaktiven Geist zur Ruhe kommen. Hilft, mit der eigenen und mit äußerer Autorität klarzukommen und die weibliche Seite zu integrieren. Bringt mehr Selbstvertrauen und Unabhängigkeit von der Akzeptanz anderer.
Emotionale Ebene: Heilt Herzensprobleme auf allen Ebenen, besonders, wenn der Kopf das Herz regiert hat. Läßt Verständnis

für das eigene Leiden aufkommen. Hilft, mit Mißtrauensgefühlen, Neid und Eifersucht besser fertig zu werden.
Körperliche Ebene: Lindert alle Arten von Herzproblemen, psychosomatische Krankheiten, Nervenschmerzen in der Schulter, Arthritis, Rheumatismus, Blasen- und Nierenbeschwerden.
Wo die Substanz aufgetragen werden soll: Um den gesamten Haaransatz herum, um den Herzbereich, bei Blasen- und Nierenproblemen um den Unterbauch, bei Rheumatismus und Arthritis überall, wo es schmerzt.
Affirmation: Ich gebe meinen Gefühlen einen Namen.
Besonderheiten: In dieser Flasche sind viele andere »versteckt«, das heißt, sie ist sehr komplex.
Ihr Inhalt bringt Sensitivität und Spiritualität zusammen (diese beiden Bereiche klaffen manchmal stark auseinander). Die Substanz verschafft in der Reinkarnationstherapie Zugang zu Inkarnationen aus dem Mittelalter (siehe »Besonderheiten« von Flasche Nr. 17).

Nr. 39

Name der Flasche: Ägyptische Flasche (II)/Der Puppenspieler
Farben: Violett über Gold
Zusammengeschüttelte Farbe: Orange
Körperlicher Bereich (Chakra). Solarplexus- und Kronenchakra
Tarotkarte: Ritter der Kelche
I-Ging-Zeichen: oben Wasser, unten Berg, Nr. 39, »Das Hemmnis«
Grundthema: Heilung tiefster Ängste

Positive Persönlichkeitsaspekte: Besitzt die Kraft, die Welt zu verändern, und versteht dabei, daß diese Veränderung bei ihm selbst beginnen muß. Findet seine Freiheit darin, daß er handelt. Hat

Freude daran, Wissen zu erwerben und es weiterzugeben. Ein demütiger und deshalb würdevoller Mensch, der mit seinem hervorragenden Unterscheidungsvermögen weise umgeht. Besitzt ein universelles Verständnis, das heißt, er versteht viele Dinge des Lebens. Ein idealistischer »Kreuzritter«, der eine wichtige Lebensaufgabe hat und einen großen Reichtum in sich trägt.
Negative Persönlichkeitsaspekte: Trägt tiefe, unerlöste Ängste mit sich herum und hält daran fest. Ist verwirrt und sehr mit seinen eigenen Ängsten beschäftigt. Strebt nach Dingen, die wirklich unerreichbar sind (in englisch: »papermoon-mentality«). Findet es schwierig, Freundschaften zu schließen. Verurteilt sich selbst und andere. Gibt sich Phantasien und Illusionen hin, um sich der Realität zu entziehen.
Spirituelle Ebene: Hilft, die eigenen Ideale zu verändern. Löst Ängste auf. Unterstützt den Prozeß, sich selbst kennenzulernen und zu transformieren.
Mentale bzw. geistige Ebene: Vermindert das Verlangen, andere Menschen zu verurteilen, indem man sanfter zu sich selbst wird. Hilft, mit Verwirrung, Phantasien und Illusionen besser klarzukommen und die Welt realistischer zu sehen.
Emotionale Ebene: Läßt tiefe gegenwärtige oder vergangene Ängste überwinden. Bringt Freude in ein freudloses Leben. Hilft, Sympathie und Mitgefühl sowie Sensibilität anderen gegenüber zu entwickeln.
Körperliche Ebene: Hilfreich bei mental bedingten Hautproblemen, bei Verdauungsschwierigkeiten, Hiatus, Brüchen und Schuppenflechte.
Wo die Substanz aufgetragen werden soll: Um den gesamten Haaransatz, um den gesamten Bauch herum.
Affirmation: Ich habe viel zu lernen und viel zu geben.
Besonderheiten: Verschafft in der Reinkarnationstherapie Zugang zu Inkarnationen im alten Ägypten.

Nr. 40

Name der Flasche: »Ich bin«
Farben: Rot über Gold
Zusammengeschüttelte Farbe: Rot
Körperlicher Bereich (Chakra): Basis- und Solarplexuschakra
Tarotkarte: Page der Kelche
I-Ging-Zeichen: oben Donner, unten Wasser, Nr. 40, »Die Befreiung«
Grundthema: Selbsterkenntnis

Positive Persönlichkeitsaspekte: Trägt tiefe Weisheit in sich und kann diese Weisheit auch zum Ausdruck bringen. Ist nahe daran, zu erwachen, das heißt befindet sich im Prozeß der Selbstentdeckung und ist dabei schon ziemlich weit gekommen. Ein Mensch, der bei Plänen die bestehenden Chancen abwägt und sich dann für die wahrscheinlichste engagiert. Steht mit sich selbst im Einklang und ist gesund an Körper und Geist. Hat großen Erfolg im Geschäftsleben und arbeitet gern in diesem Bereich. Kann sich vor anderen gut selbst darstellen. Hat auch ökologische Interessen. Ist kreativ und überprüft sein Denken ständig.
Negative Persönlichkeitsaspekte: Ein sehr dominierender Mensch, der anderen angst macht. Trägt einen Haufen Schuldgefühle mit sich herum. Steht im Konflikt mit sich selbst und sieht sich selbst unrealistisch. Dabei be- und verurteilt er andere. Fühlt sich immer mißverstanden. Eine naive Persönlichkeit, im negativen Sinne des Wortes. Hat sexuelle Probleme. Findet es besonders schwierig, sich im sexuellen Bereich auszudrücken.
Spirituelle Ebene: Hilft, mit Erdenergien in Kontakt zu kommen. (Philosophisch, aber auch ganz konkret im Sinne von Rutengehen usw.) Unterstützt den Prozeß, sexuelle Energie für Spirituelles einsetzen zu wollen (zum Beispiel durch Tantra). Hilft, den

Reichtum der Seele bei sich und bei anderen wahrzunehmen. Übersetzt Meditation in Aktion. Erweckt die Christusenergie.
Mentale bzw. geistige Ebene: Löst geistige Konflikte, besonders im Zusammenhang mit Erwartungsängsten. Hilft dabei, sich von Abhängigkeit, Co-Abhängigkeit und bestimmten Süchten zu befreien sowie herauszufinden, was die eigene wirkliche Verantwortung ist.
Emotionale Ebene: Löst Ärger, Frustration, Schocks und das Gefühl, immer mißverstanden zu werden, auf und verschafft Zugang zur Freude. Hilft, emotionale Naivität sowie Ängste zu überwinden, besonders materielle Ängste. Löst eigene Schuldgefühle auf sowie die Tendenz, anderen die Schuld zu geben. Befreit von alten, einschränkenden Mustern.
Körperliche Ebene: Lindert Schulterprobleme, Hautentzündungen, streßbedingte Magenprobleme. Bringt Energie in Fluß.
Wo die Substanz aufgetragen werden soll: Überall zwischen Basis- und Solarplexuschakra.
Affirmation: Ich sage »ja!« zum Leben.
Besonderheiten: Keine.

Nr. 41

Name der Flasche: Weisheitsflasche
Farben: Gold über Gold
Zusammengeschüttelte Farbe: Gold
Körperlicher Bereich (Chakra): Solarplexuschakra
Tarotkarte: Zehn der Kelche
I-Ging-Zeichen: oben Berg, unten See, Nr. 41, »Die Minderung«
Grundthema: Assimilation

Positive Persönlichkeitsaspekte: Ein Bauer im besten Sinne des Wortes und im Hinblick auf alle Lebensbereiche (das heißt jemand, der sät und erntet, der im Einklang mit den Rhythmen der Natur lebt, die Dinge von einer »natürlichen« Warte aus betrachtet und so weiter. All das kann ganz konkret, aber auch im übertragenen Sinne gemeint sein). Liebt das Abenteuer. Empfindet viel Glück. Entdeckt in allen Schwierigkeiten Wachstumsmöglichkeiten. Findet Freude in der Einfachheit. Hilft anderen, ein neues Leben zu beginnen. Steht mit seiner inneren Weisheit in Verbindung. Hat hohe Erwartungen an sich selbst und an andere, es macht ihm aber auch nicht viel aus, wenn diese Erwartungen nicht erfüllt werden.

Negative Persönlichkeitsaspekte: Ist von Selbstzweifeln und den Mustern der Vergangenheit besetzt. Hat mit der materiellen Seite des Lebens Schwierigkeiten, besonders in bezug auf sein Verlangen nach Luxus. Empfindet keine Freude und hat eine Menge innerer Konflikte. Tendiert zu Abhängigkeit in Beziehungen. Ist nur auf das konzentriert, was ihm vermeintlich zusteht, statt selbst etwas zu geben. Trägt Schuldgefühle mit sich herum und beschuldigt andere.

Spirituelle Ebene: Hilft, mehr Licht in alle Persönlichkeitsbereiche hineinzubringen. Läßt Prana (Lebensenergie) aufnehmen. Zeigt die eigene Wahrheit auf. Führt zu »rechtem Sprechen, rechtem Handeln, rechtem Leben«. Verschafft Zugang zu Weisheit aus der Vergangenheit.

Mentale bzw. geistige Ebene: Bringt Balance in Logik und Intuition. Verbessert die Fähigkeit, für sich selbst und für andere zu sorgen. Hilft, zu bekommen, was man möchte und braucht, und auch, die Verantwortung für die aus dem gestillten Verlangen resultierenden Konsequenzen zu übernehmen.

Emotionale Ebene: Bringt Glücksgefühle, sogar dem Glücklichen. Hilft, Bitterkeit zu überwinden und mit Verwirrung konstruktiv umzugehen. Bringt frischen Wind in lähmende Situationen. Öffnet für Freude und Heiterkeit durch Bearbeitung der Angst.

Körperliche Ebene: Lindert Nierenprobleme, besonders dann,

wenn der Körper Wasser zurückhält, sowie Haut- und Wirbelsäulenbeschwerden. Diese Substanz ist sehr zu empfehlen, wenn der Körper leicht vergiftet ist.
Wo die Substanz aufgetragen werden soll: Um den gesamten Solarplexusbereich herum.
Affirmation: Ich suche und finde den Topf Gold am Ende des Regenbogens.
Besonderheiten: Kann Blockaden in der Körpermitte auflösen.

Nr. 42

Name der Flasche: Die Ernte
Farben: Gelb über Gelb
Zusammengeschüttelte Farbe: Gelb
Körperlicher Bereich (Chakra): Solarplexuschakra
Tarotkarte: Neun der Kelche
I-Ging-Zeichen: oben Wind, unten Donner, Nr. 42, »Die Mehrung«
Grundthema: Spontaneität gepaart mit Freude

Positive Persönlichkeitsaspekte: Ein freundlicher, ausgeglichener, sonniger Mensch. Das zeigt auch die Art, wie er sich bewegt (hat beispielsweise eine Begabung fürs Tanzen). Befindet sich im natürlichen Fluß, geht mit dem Leben mit. Kennt im positiven Sinne des Ausdrucks keine Hemmungen. Findet sich in den unterschiedlichsten Lebenssituationen zurecht. Nimmt Informationen sehr leicht auf, was er häufig beruflich auswertet.
Negative Persönlichkeitsaspekte: Sucht immer nach einer neuen Identität, verändert sich aber nie. Versucht vergeblich, sich auf seinen Kopf zu verlassen. Hat keine Süße in seinem Leben und stopft sich daher mit süßen Dingen voll. Ist unglücklich und ständig auf Künftiges konzentriert, statt im Hier und Jetzt zu sein.

Spirituelle Ebene: Verhilft zu Freude und mehr Selbsterkenntnis. Unterstützt den Prozeß des Erwachens. Wirft ein Licht in Schattenbereiche. Zeigt auf, was sich der Anwender wirklich wünscht.
Mentale bzw. geistige Ebene: Hilft, Gefühle von Begrenzung und nervöse Depressionen aufzulösen. Stimuliert den Intellekt und die Aufnahme von Informationen, ist aber auch hilfreich, um Überintellektualität und intellektuelle Dominanz auszugleichen. Unterstützt Entscheidungsprozesse.
Emotionale Ebene: Stimuliert »höhere Gefühle« (Liebe, Wärme, Mitgefühl usw.). Klärt emotionale Verwirrung. Befreit von Angst und bringt Freude.
Körperliche Ebene: Balanciert den Solarplexus und das zentrale Nervensystem aus. Hilft, Wunden zu schließen. Hilft bei Leberproblemen, Diabetes, bei der Assimilation von Nährstoffen sowie bei Haut- und Verdauungsproblemen, die durch Übersäuerung entstanden sind.
Wo die Substanz aufgetragen werden soll: Um den gesamten Solarplexusbereich, bei Winterdepression zusätzlich um den gesamten Haaransatz herum.
Affirmation: Ich lasse aus meinem von außen aufgenommenen Wissen inneres Wissen entstehen.
Besonderheiten: Hilfreich bei Winterdepression und in der Examensvorbereitung (bei Kindern, Jugendlichen und Erwachsenen). Diese Substanz hat Auswirkungen auf den Astralkörper (siehe Kapitel 4). Sie hilft, entstandene Illusionen aufzulösen.

Nr. 43

Name der Flasche: Kreativität
Farben: Türkis über Türkis
Zusammengeschüttelte Farbe: Türkis
Körperlicher Bereich (Chakra): Herzchakra

Tarotkarte: Acht der Kelche
I-Ging-Zeichen: oben See, unten Himmel, Nr. 43, »Der Durchbruch«
Grundthema: Kommunikation durch Kunst und Massenmedien

Positive Persönlichkeitsaspekte: Ein Wahrheitssucher, der auch sich selbst ständig überprüft. Fühlt sich aber mit sich selbst im Einklang. Besitzt eine »Elastizität des Geistes«, das heißt, er ist sehr flexibel und offen für Neues. Hat eine Affinität zu den Sternen, direkt und abstrakt, also zu Astrologie, Astronomie und für das Erleben des nächtlichen Himmels. Ist für Kommunikation begabt, die über das Verbale hinausgeht (Tanz, Malerei, Musik usw.). Wenn er nicht künstlerisch begabt ist, gibt er allem, was er tut, einen künstlerischen Anstrich. Hat einen guten Kontakt zu seinem Seelenleben. Steht mit Engeln und Devas in Kontakt.
Negative Persönlichkeitsaspekte: Ein trauriger Mensch, der von den Mustern seines Unbewußten bestimmt wird. Der mit seinen Gefühlen nicht in Kontakt steht, sich selbst nicht kennt, auf der anderen Seite aber narzißtisch und selbstverliebt ist. Fühlt sich zurückgestoßen, weil er sich selbst zurückstößt. Jemand, der nicht erwacht ist.
Spirituelle Ebene: Verbessert das Selbstbild. Hilft, die Geheimnisse des Lebens zu entschlüsseln. Bringt den Mut, vor größeren Gruppen oder in Massenmedien aufzutreten, aber nicht so sehr als der »große Vorbeter«, sondern in einer Art, welche die Zuhörer einbezieht.
Mentale bzw. geistige Ebene: Hilft, Ideen zu formulieren und in Worte zu fassen sowie Unterbewußtes »auszugraben« und darüber zu sprechen. Unterstützt Lehrer, die Inhalte jenseits von Sprache vermitteln (zum Beispiel Massage-, Tanz-, Musiklehrer).
Emotionale Ebene: Hilft dabei, sich nicht mehr zurückgestoßen

und generell gut zu fühlen. Löst kreative Blockaden auf. Läßt Vernarrtheit überwinden.
Körperliche Ebene: Balanciert die Thymusdrüse aus, besonders bei Kindern. Hilfreich bei Bronchitis und allen Problemen in der Brust, bei Herzrhythmusstörungen und Sprachproblemen, besonders, wenn sie durch Übernervosität entstanden sind. Erweckt den Körper für Sexualität.
Wo die Substanz aufgetragen werden soll: Um den gesamten Herzbereich herum.
Affirmation: Alles fließt. Ich gehe mit dem Fluß.
Besonderheiten: Diese Flasche betrifft besonders das Ananda-Khanda-Zentrum, das Chakra auf der rechten Körperseite auf der Höhe des Herzens (siehe Kapitel 4).

Nr. 44

Name der Flasche: Der Schutzengel
Farben: Lila über Blaßblau (siehe »Besonderheiten«)
Zusammengeschüttelte Farbe: Blaßviolett
Körperlicher Bereich (Chakra): Kehlkopf- und Kronenchakra
Tarotkarte: Sieben der Kelche
I-Ging-Zeichen: oben Himmel, unten Wind, Nr. 44, »Das Entgegenkommen«
Grundthema: Verwandlung von Negativität in Frieden

Positive Persönlichkeitsaspekte: Ein Veränderer, der sich selbst und andere befreit. Ein Mensch mit einer Friedensmission, der mit Gott in Verbindung steht und diese Bereiche sehr praktisch umsetzt (»Co-Creation«, »Mit-Schöpfung«). Ist sich seines eigenen göttlichen Funkens bewußt. Ein Heiler, der sehr inspiriert ist und mit seinem Höheren Selbst in Kontakt steht. Kommuniziert auf eine freundliche, leichte, gleichzeitig aber tiefe Art.

Kann sich gut konzentrieren und mit anderen zusammenarbeiten. Muß hart arbeiten, um seine Lebensaufgabe zu erfüllen, aber er tut das gern. Steht in Kontakt mit dem Reich der Engel, also mit den feinstofflichen Sphären, und kann darüber sprechen.
Negative Persönlichkeitsaspekte: Besitzt keinen inneren Frieden. Hat seine Füße nicht auf dem Boden. Ist verzweifelt über seine Lebensumstände, über die Existenz als solche, und zweifelt an Gott. Hatte eine schwierige Kindheit, die noch immer unverarbeitet ist. Betrügt sich selbst und verfolgt Wunschdenken. Hegt Erwartungen, daß sich alles zum Guten wenden wird, selbst in Situationen, die eine solche Wendung zum Guten völlig unmöglich machen.
Spirituelle Ebene: Bringt göttliche Inspiration und die Unterstützung von »oben«. Verbindet mit dem inneren Fluß und dem Vertrauen in diesen Fluß. Hilft, die eigene Lebensphilosophie außerhalb fester Strukturen (zum Beispiel Religionen) zu finden. Verschafft Kontakt zur »Oase der Seele«, das heißt zu dem Wissen, daß tief in mir ein Platz ist, an dem ich auftanken kann.
Mentale bzw. geistige Ebene: Hilft, Verbindungen zwischen verschiedenen Lebensaspekten herzustellen. Öffnet den Geist für »höhere Intelligenz«, zum Beispiel für außersinnliche Wahrnehmung. Bringt Abgehobensein zurück auf den Boden. Löscht alte Muster.
Emotionale Ebene: Bringt Freude und eine reine, vom Ego unabhängige Motivation. Löst Leiden auf, das aus Egozentrismus resultiert. Befreit von Kindheitstraumata und den Folgen von eventuellem körperlichem, mentalem und sexuellem Mißbrauch.
Körperliche Ebene: Balanciert Schilddrüse und Hirnanhangdrüse aus. Hilft bei psychosomatischen Krankheiten, Kiefer- und Nakkenproblemen, besonders rechts.
Wo die Substanz aufgetragen werden soll: Um den Hals und rund um den Haaransatz herum.

Affirmation: Ich lasse los und erwarte nichts.
Besonderheiten: Stärkt Menschen, die Begegnungen mit Ufos, Außerirdischen und Engeln haben und sich dadurch bedroht und verunsichert fühlen. Die Farbe Lila, wie sie in der oberen Schicht dieser Flasche verwendet wird, taucht nur noch in zwei weiteren Flaschen auf. »Lila« (in englisch lilac) bedeutet bei Aura-Soma: Blaßviolett. Zum Thema »Mißbrauch« siehe auch »Besonderheiten« von Flasche Nr. 5.

Nr. 45

Name der Flasche: Atem der Liebe
Farben: Türkis über Magenta
Zusammengeschüttelte Farbe: Violett
Körperlicher Bereich (Chakra): Basis-, Herz- und Kronenchakra
Tarotkarte: Sechs der Kelche
I-Ging-Zeichen: oben See, unten Erde, Nr. 45, »Die Sammlung«
Grundthema: Geben und Nehmen in der Liebe

Positive Persönlichkeitsaspekte: Hat Zugang zu altem Wissen und versteht dieses Wissen sehr gut. Ein sensibler Mensch mit starker Intuition. Liebt Ästhetik in allen Lebensbereichen. Kreativ, dennoch entschlossen, ist er in Kontakt mit seiner femininen Seite. Bemüht sich um sein inneres Gleichgewicht und stellt es immer wieder von neuem her. Seine Liebe hat mit seiner Lebensaufgabe zu tun, das heißt, daß er zum Beispiel fürsorgerisch tätig ist und seinen Beruf gern ausübt. Hat das Talent, Dinge sorgfältig zu planen und so, daß sie schön und angenehm sind. Dabei hat er im Auge, daß sich die Menschen wohl fühlen, für die er plant.
Negative Persönlichkeitsaspekte: Hängt noch an einer vergangenen Liebe, was seine gegenwärtige Situation sehr negativ beeinflußt. Seine Gefühlsblockaden hemmen auch seine Sexualität.

Hat Probleme, sich auszudrücken. Weil er mit seinen eigenen Gefühlen Schwierigkeiten hat, erfährt er Emotionen hauptsächlich durch andere. Nimmt auch die Probleme anderer Menschen auf und versucht, sie für sie zu lösen. Ist extrem ehrgeizig, überschätzt sich selbst und entzieht sich.
Spirituelle Ebene: Hilft, Mitgefühl zu entwickeln und bedingungslose Liebe zu empfinden. Bringt das Gefühl von Wachstum und Ausweitung. Läßt hellseherische Fähigkeiten erkennen. Verhilft zu neuer innerer Stärke.
Mentale bzw. geistige Ebene: Läßt mit den Konsequenzen früherer Unterdrückung sexueller Gefühle fertig werden. Hilft, kreative Ideen zu entwickeln. Schafft Distanz von allen Arten von Problemen oder Verstrickungen.
Emotionale Ebene: Verhilft der Seele und dem Ausdruck der Gefühle zu mehr Authentizität, gibt den Gefühlen eine neue Ausrichtung. Bringt in Kontakt mit den eigenen Emotionen, damit man nicht mehr die der anderen anzapfen muß. Hilft, sich um sich selbst zu kümmern.
Körperliche Ebene: Wirkt bei Ernährungsumstellung unterstützend. Läßt auch deutlicher erkennen, was der eigene Körper braucht. Empfehlenswert bei Magersucht und Eßsucht, bei Herzproblemen, Streß und Überarbeitung.
Wo die Substanz aufgetragen werden soll: Überall am Körper. Bei Streß besonders im Herzbereich.
Affirmation: Alles ist auf seine eigene Art schön.
Besonderheiten: Hilfreich bei der Überwindung von Enttäuschungen in der Liebe.

Nr. 46

Name der Flasche: Der Wanderer
Farben: Grün über Magenta
Zusammengeschüttelte Farbe: Tiefjadegrün
Körperlicher Bereich (Chakra): Herz- und Kronenchakra
Tarotkarte: Fünf der Kelche
I-Ging-Zeichen: oben Erde, unten Wind, Nr. 46, »Das Empordringen«
Grundthema: Neubeginn für Liebe

Positive Persönlichkeitsaspekte: Ein treuer Mensch, der sein Leben sehr zentriert und im Vertrauen auf den Prozeß des »großen Ganzen« lebt, auch dann, wenn es auf und ab geht. »Arbeitet hart und spielt hart«, das heißt, was er gerade tut, tut er gründlich und konzentriert. Liebt den Garten (den Garten draußen, aber auch in seinem Innern. Mit »Garten« ist abstrakt und konkret der Platz gemeint, wo etwas wächst und blüht und wo geerntet und Erholung gefunden werden kann). Trägt eine Liebe in sich, die die Herzen anderer Menschen öffnet. Steht mit seinem »inneren Kind« in Verbindung. Kann beruflich mit Geburt zu tun haben, ebenfalls im konkreten und im abstrakten Sinne.
Negative Persönlichkeitsaspekte: Ist extrem besitzergreifend, auch in der Liebe. Kann liebes- oder sexsüchtig sein. Will sich immer wieder neu verlieben, kommt aber nie dazu, wirklich zu lieben. Sein Leben wird von seinen Mustern bestimmt, und er möchte sich diese Muster nicht anschauen. Ist gelähmt von Eifersucht und Neid. Kennt nicht das Gefühl von Vertrauen. Braucht immer die Erlaubnis anderer, wenn er etwas für sich selbst tun will.
Spirituelle Ebene: Läßt spirituelle Disziplin (zum Beispiel für regelmäßige Meditation) und spirituelle Stärke wachsen. Unterstützt den Prozeß, ein höheres Ziel zu erreichen. Hilft, Mitgefühl

zu entwickeln. Bringt den Anwender dazu, daß er sich selbst erlaubt, was er für sich tun möchte.
Mentale bzw. geistige Ebene: Bringt Kreativität und eine optimistischere Sichtweise des Lebens. Hilft, von Süchten und Abhängigkeit loszukommen. Heilt einschränkende Muster aus der Kindheit, besonders solche von kindlicher Eifersucht.
Emotionale Ebene: Löst Neid, Eifersucht und besitzergreifendes Verhalten auf. Bringt eine neue, positive Ausrichtung in die Gefühlswelt. Hilft, sich selbst und anderen zu vergeben. Bringt Freiheit. Lindert den Schmerz nach einer zerbrochenen Liebe.
Körperliche Ebene: Hilft bei Candida, bei Gewächsen im Unterleib und bei allen menstruellen Problemen (zu starke, zu schwache, unregelmäßige Menstruation usw.) sowie bei bronchialen Infekten.
Wo die Substanz aufgetragen werden soll: Um das Herz, bei menstruellen Problemen auch um den Unterleib herum.
Affirmation: Ich sehe den Springbrunnen im Garten meines Herzens.
Besonderheiten: Keine.

Nr. 47

Name der Flasche: »Alte Seele« (siehe »Besonderheiten«)
Farben: Königsblau über Zitronengelb (dies ist die einzige Flasche, in der sich Zitronengelb befindet)
Zusammengeschüttelte Farbe: Grün
Körperlicher Bereich (Chakra): Solarplexus- und Herzchakra sowie Drittes Auge
Tarotkarte: Vier der Kelche
I-Ging-Zeichen: oben See, unten Wasser, Nr. 47, »Die Bedrängnis«
Grundthema: Kopf und Bauch zusammenbekommen

Positive Persönlichkeitsaspekte: Ist begabt für außersinnliche Wahrnehmung. Steht mit seinem Höheren Selbst in Verbindung. Trägt mystisches Wissen in sich. Hat eine klare Ausrichtung in seinem Leben und lehrt durch das Beispiel, das er gibt. Steht mit seinem Herzen in Verbindung und kann das zum Ausdruck bringen. Handelt, statt zu reagieren (Aktion anstelle von Re-Aktion).

Negative Persönlichkeitsaspekte: Tut so, als sei er zentriert und im Gleichgewicht, aber es steht nichts als innere Anspannung dahinter. Ein Amateur im schlimmsten Sinne des Wortes. Manipuliert andere. Das Leben gibt ihm viel, er weiß damit aber nichts anzufangen. Er mag inspiriert sein, aber diese Inspiration ist emotional kontrolliert.

Spirituelle Ebene: Hilft, außersinnliche Wahrnehmung zu entwikkeln und durch Meditation und Besinnung an Inspiration zu gelangen. Verbindet mit dem Höheren Selbst. Verhilft im spirituellen Feld zu Unterscheidungsfähigkeit. Löst Selbstbetrug auf. Lenkt die Aufmerksamkeit auf den »Weg«.

Mentale bzw. geistige Ebene: Bringt Ausgeglichenheit in die rechte und linke Gehirnhälfte, das heißt stellt einen Ausgleich zwischen dem analytischen und dem kreativen Verstand her. Erleichtert logisches Denken, die Fähigkeit, sich zu erinnern sowie Ziele zu formulieren und neuen Zugang zu bereits vorhandenem Wissen zu bekommen.

Emotionale Ebene: Hilft, Emotionen klarer wahrzunehmen und zu definieren. Läßt mit Angst besser fertig werden, besonders mit mental bedingter.

Hilft in neurotischen Zuständen.

Körperliche Ebene: Hilfreich bei degenerativen Erkrankungen (Alzheimer-Krankheit u.ä.), bei Erschöpfungszuständen und beim Fehlen von Ausdauer. Lindert Schmerzen im mittleren Rücken und Herzbeschwerden, besonders, wenn sie mental bedingt sind.

Wo die Substanz aufgetragen werden soll: Um den Solarplexus- und Herzbereich sowie den gesamten Haaransatz herum.
Affirmation: Ich mache das Beste aus meinen Möglichkeiten.
Besonderheiten: Als eine »alte Seele« wird in manchen Kreisen eine Seele bezeichnet, die schon sehr viele Inkarnationen hinter sich hat. Andere vertreten die Ansicht, daß alle Menschen »alte Seelen« sind. Aura-Soma steht der Bezeichnung dieser Flasche heute etwas zwiespältig gegenüber, weil sie die spirituelle Eitelkeit mancher Menschen stimuliert.

Nr. 48

Name der Flasche: Flügel der Heilung
Farben: Violett über Klar
Zusammengeschüttelte Farbe: Blaßviolett
Körperlicher Bereich (Chakra): Kronenchakra
Tarotkarte: Drei der Kelche
I-Ging-Zeichen: oben Wasser, unten Wind, Nr. 48, »Der Brunnen«
Grundthema: die persönliche Lebensaufgabe deutlich machen

Positive Persönlichkeitsaspekte: Hat beruflich oft mit Heilen, Fürsorge, Psychologie oder Psychotherapie zu tun. Besitzt einen großen Enthusiasmus für das Leben und viel Energie in der Kommunikation mit anderen Menschen. Trägt einen tiefen Glauben in sich, ist wahrscheinlich ein religiöser Mensch. Fühlt sich eins mit Gott und der Existenz. Kennt seinen persönlichen Lebenssinn.
Negative Persönlichkeitsaspekte: Wird oft mißverstanden, fühlt sich innerlich getrieben und findet nur schwer Frieden. Trägt eine Menge Frustration und Groll mit sich herum. Sagt immer: »Hätte ich bloß ...« und macht andere Menschen und die Um-

stände für seinen möglichen schlechten Zustand verantwortlich. Kann selbstmörderische Tendenzen in sich tragen. Weiß seine Talente nicht zu nutzen, stellt sein Licht unter den Scheffel (im negativen Sinne des Ausdrucks).

Spirituelle Ebene: Hilft, in einen Reinigungsprozeß einzutreten, besonders bei »spiritueller Verstopfung« (zu viel Informationen, zu viele Workshops, zu viele Lehrer usw.). Unterstützt transformative Arbeit an sich selbst. Stellt eine Verbindung zu göttlicher Inspiration her. Hilft, selbstmörderische Tendenzen zu überwinden.

Mentale bzw. geistige Ebene: Löst Armutsbewußtsein auf. Bringt ein Gefühl dafür, daß jeder Moment Anlaß zum Feiern bietet, daß der Alltag voller Wunder steckt. Hilft, sich auf bestimmte Dinge besser zu konzentrieren und sie zu verfolgen.

Emotionale Ebene: Löst ein Gefühl von innerer Leere auf. Bringt angestaute Tränen zum Fließen, besonders nach dem Verlust eines Menschen.

Körperliche Ebene: Wirkt entgiftend. Hilft, Pilzbefall loszuwerden (überall am oder im Körper). Lindert Schmerzen im Bereich des unteren Rückens sowie Probleme im Hormonhaushalt.

Wo die Substanz aufgetragen werden soll: Um den Haaransatz, bei hormonellen Problemen und Rückenbeschwerden auch um den Unterbauch herum.

Affirmation: Ich finde Freude, weil das Licht mich nährt.

Besonderheiten: Diese Substanz ist besonders dafür geeignet, nach kranio-sakraler Arbeit, einer Körpertherapie, die mit den Hirnplatten und der Hirnflüssigkeit zu tun hat, den Körper zu stabilisieren.

Nr. 49

Name der Flasche: Neuer Bote
Farben: Türkis über Violett
Zusammengeschüttelte Farbe: Tiefviolett, mit türkisen Flecken
Körperlicher Bereich (Chakra): Herz- und Kronenchakra
Tarotkarte: Zwei der Kelche
I-Ging-Zeichen: oben See, unten Feuer, Nr. 49, »Die Umwälzung«
Grundthema: Ausdruck von Gefühlen

Positive Persönlichkeitsaspekte: Ein flexibler, kreativer Mensch mit vielen neuen Ideen und großem Interesse für Weiterentwicklung. Besitzt ein gutes Gefühl für Rhythmen, Zeitabläufe und Zeitplanung, ebenso wie ein Talent zu sprechen. Arbeitet häufig in den Massenmedien. Bringt seine Spiritualität und sein Menschsein zusammen, vor allem im Hinblick auf die Liebe. Läßt andere an seinen Gefühlen teilhaben. Sieht, daß die positiven und negativen Seiten, die er an anderen wahrnimmt, mit ihm selbst zu tun haben.
Negative Persönlichkeitsaspekte: Befindet sich auf der Suche nach der idealen Beziehung. Dadurch verfehlt er die Möglichkeiten, die sich ihm bieten. Ein entmutigter Mensch, den seine Schuldgefühle zurückhalten. Hat Schwierigkeiten, zu teilen (Geld, Gefühle, die unterschiedlichsten Dinge). Findet es schwierig, sich selbst und die Situation, in der er sich befindet, zu verändern. Läßt es zu, daß andere auf ihm herumtrampeln.
Spirituelle Ebene: Hilft, den eigenen Weg klarer zu erkennen und mit anderen über spirituelle Dinge sprechen zu können. Läßt Utopismus und übertriebenen Idealismus überwinden. Bringt ein tiefes Verständnis für Veränderungen und löst daher die Verzweiflung auf, die manche Veränderungen mit sich bringen.

Mentale bzw. geistige Ebene: Hilft, sich mit Autoritätsfragen auseinanderzusetzen. Bringt eine neue Balance, wenn der analytische Verstand überwiegt. Verschafft Zugang zu Ernsthaftigkeit, Vertrauen, Unterscheidungsfähigkeit und zu einem Gefühl für Zeitabfolge und Zeitplanung.
Emotionale Ebene: Löst alte Schuldgefühle und Gefühle des Entmutigtseins in Beziehungen auf, ebenso wie alte, gefühlsbelastete Erinnerungen aus der Kindheit. Hilfreich am Anfang einer neuen Beziehung; bringt hier Flexibilität. (Das gilt übrigens auch für berufliche Beziehungen.)
Körperliche Ebene: Hilfreich bei Schulterproblemen, besonders in der rechten Schulter, bei »Tennisarm«, Nasenpolypen, Stirnhöhlenvereiterung. Balanciert Thymus- und Schilddrüse aus.
Wo die Substanz aufgetragen werden soll: Um den Brustraum und den Haaransatz, bei Sprachproblemen um den Hals herum.
Affirmation: Ich öffne mich für die Liebe.
Besonderheiten: Hilfreich bei Sprachproblemen, die ihren Ursprung in einem Trauma haben.

Nr. 50

Name der Flasche: El Morya (siehe »Besonderheiten«)
Farben: Blaßblau über Blaßblau
Zusammengeschüttelte Farbe: Blaßblau
Körperlicher Bereich (Chakra): Kehlkopfchakra
Tarotkarte: As der Kelche
I-Ging-Zeichen: oben Feuer, unten Wind, Nr. 50, »Der Tiegel«
Grundthema: Bereitschaft, sein Leben von nun an ganz und gar in Übereinstimmung mit dem großen Ganzen zu leben

Positive Persönlichkeitsaspekte: Ein Pionier, der sich selbstlos engagiert. Befindet sich mit seinem Lebenssinn, seinem Schicksal und seiner Seele im Einklang. Vertraut Gott und dem Leben. Ist spirituell hoch entwickelt, und seine Liebe fließt über in die Welt. Besitzt ein großes Talent für Kommunikation der verschiedensten Weise. Kennt sich in Numerologie und Astrologie sehr gut aus. Besitzt einen klaren Verstand. Kann leicht vergeben (anderen und sich selbst) und ist zu großer Freude fähig. Kann sich weit von sich selbst lösen, um direkten Zugang zum Bewußtsein zu erhalten.

Negative Persönlichkeitsaspekte: Hat die extremen Schwierigkeiten mit seinem Vater noch nicht überwunden. Ist möglicherweise mental mißbraucht worden (Gehirnwäsche in stärkerer oder schwächerer Form, allerdings muß sie nicht unbedingt vom Vater ausgeübt worden sein). Möchte immer, daß sich jemand um ihn kümmert. Ist allen Dingen des Lebens gegenüber negativ eingestellt. Fühlt sich nicht im Frieden mit sich selbst und glaubt, von seinen (kulturellen) Wurzeln abgeschnitten zu sein. Ein auf allen Ebenen blockierter Mensch.

Spirituelle Ebene: Macht den Glauben realer, das heißt zeigt auf, woran man wirklich glaubt. Bringt spirituelle Inspiration und eine Verbindung mit dem eigenen Lebenssinn. Schafft Übereinstimmung zwischen dem eigenen und dem göttlichen Willen. Hilft, sich für das Licht zu öffnen und für neue Wahrheiten, die in die jetzige Zeit passen.

Mentale bzw. geistige Ebene: Unterstützt die Integration des männlichen Aspektes der Persönlichkeit und gleicht zu viel analytische Betrachtungsweise aus. Bringt Klarheit bei Autoritätsproblemen.

Emotionale Ebene: Bringt tiefen Frieden und Selbstvergebung. Balanciert emotionale Extreme aus. Löst Blockaden auf, besonders solche, die mit Sprache und Sprechen zu tun haben.

Körperliche Ebene: Balanciert die Schilddrüse aus, hilft besonders Kindern bei Halsentzündungen. Kühlt und beruhigt in den unterschiedlichsten Zusammenhängen.

Wo die Substanz aufgetragen werden soll: Um den gesamten Hals herum.
Affirmation: Dein Wille geschehe durch mich.
Besonderheiten: Gehört zum Meister-Set (siehe Kapitel 10).

Nr. 51

Name der Flasche: Kuthumi
Farben: Blaßgelb über Blaßgelb
Zusammengeschüttelte Farbe: Blaßgelb
Körperlicher Bereich (Chakra): Solarplexuschakra
Tarotkarte: König der Schwerter
I-Ging-Zeichen: oben Donner, unten Donner, Nr. 51 »Das Erregende«
Grundthema: der Intellekt auf der Suche nach Weisheit

Positive Persönlichkeitsaspekte: Ein spiritueller Krieger, ein Mensch, der bereit ist, die Initiative zu ergreifen oder auch etwas zu verteidigen. Besitzt eine hohe geistige Flexibilität, denkt und handelt unabhängig. Lehrt und führt unterstützend, ohne zu sehr einzugreifen. Er inspiriert andere dazu, so zu werden, wie sie wirklich sind. Meistert sein eigenes Schicksal, hat sein Leben in der Hand. Sein Intellekt ist klar und stark, im positivsten Sinne. Hat ein sehr gutes Verständnis für Zahlen (in allen Zusammenhängen, von Mathematik bis Numerologie).
Negative Persönlichkeitsaspekte: Ein freudloser Mensch, der sehr dogmatisch sein kann und deshalb mit Scheuklappen durchs Leben geht. Erwartet und befürchtet alles mögliche, statt im Hier und Jetzt zu sein. Ist unflexibel. Hat zu viel in seinen Intellekt investiert und sieht, daß er so nicht weiterkommt.
Spirituelle Ebene: Bringt spirituelles Unterscheidungsvermögen, Einfühlsamkeit und Mitgefühl. Hilft, anderen Menschen zu zei-

gen, wohin zu gehen ihnen bestimmt ist. Läßt die Weisheit aus der Vergangenheit in einem helleren Licht erscheinen.
Mentale bzw. geistige Ebene: Unterstützt den Prozeß, intellektuelle Probleme zu lösen und (daraus gewonnenes) Wissen und (daraus gewonnene) Weisheit zu integrieren. Stimuliert mentale Flexibilität. Bringt Verständnis dafür, wie der Mikrokosmos funktioniert.
Emotionale Ebene: Läßt Ängste überwinden, besonders Erwartungsängste. Bringt Freude in ein freudloses Leben.
Körperliche Ebene: Bei Magersucht und Eßsucht. Bei chronischen Hautleiden, Ekelgefühlen, Verdauungsproblemen und Problemen mit der Aufnahme von Nährstoffen.
Wo die Substanz aufgetragen werden soll: Rund um den Solarplexusbereich herum.
Affirmation: Ich stehe am Tor und weiß, daß dahinter die Freude wartet.
Besonderheiten: Gehört zum Meister-Set, öffnet für die Wahrnehmung von Devas, Naturgeistern und Engeln wie Kommunikation mit ihnen; ebenso für die Wahrnehmung des gesamten Mineral- und Pflanzenreichs und der Kommunikation, ob global oder teilweise, mit beidem.

Nr. 52

Name der Flasche: Lady Nada
Farben: Blaßpink über Blaßpink
Zusammengeschüttelte Farbe: Blaßpink
Körperlicher Bereich (Chakra): Basis- und Kronenchakra
Tarotkarte: Königin der Schwerter
I-Ging-Zeichen: oben Berg, unten Berg, Nr. 52, »Der Berg«
Grundthema: bedingungslose Liebe erfahren

Positive Persönlichkeitsaspekte: Ein Reformer, der es sich und anderen erlaubt, idealistisch zu sein. Ist mit Fragen der Umwelt und der Menschheit beschäftigt, fühlt mit anderen intensiv mit. Hängt nicht an materiellen Dingen. Besitzt ein Höchstmaß an Konzentrationsfähigkeit, was für jeden spürbar ist, der mit ihm zusammen ist. Kümmert sich in sehr praktischer Weise um andere, oft auch beruflich. Erkennt, wenn andere Menschen Liebe brauchen, und gibt sie ihnen.
Negative Persönlichkeitsaspekte: Gibt auch dann noch, wenn er mißbraucht und ausgenutzt wird, und schadet damit sich selbst. Hat einen rastlosen Geist, kann sich kaum entspannen. Fühlt sich zerstückelt und leer. Glaubt, daß er nicht geliebt wird. Alles ist ihm zu viel. Gibt sich spirituellen Illusionen hin. (Identifiziert sich beispielsweise damit, wenn er in der Meditation mit einem sehr schönen Aspekt von sich selbst in Berührung gekommen ist. Sieht nicht, daß er, wie jeder andere, noch sehr an sich arbeiten muß, um mehr von diesem Aspekt in sich zu verwirklichen.)
Spirituelle Ebene: Unterstützt und beschleunigt den Prozeß des Erwachens. Hilft, in der Meditation konzentriert zu sein. Bringt spirituelle Illusionen auf den Boden. Erleichtert das Verständnis der Christus-Energie, des Christus-Bewußtseins. (Diese Energie hat nichts mit dem historischen Jesus zu tun, und sie ist für jeden Menschen erfahrbar, egal ob er Christ oder Moslem, areligiös und sogar atheistisch ist. Siehe hierzu auch den entsprechenden Abschnitt in Kapitel 10).
Mentale bzw. geistige Ebene: Beruhigt einen rastlosen Geist. Bringt Intuition sowie Konzentration beispielweise vor und in Examenssituationen.
Emotionale Ebene: Hilft bei der Integration der positiven Seiten der Mutter oder, abstrakter gesehen, des weiblichen Rollenmodells. Unterstützt den Prozeß der Auseinandersetzung mit möglichem Mißbrauch (nicht nur auf sexueller, sondern auch auf körperlicher [Prügel], mentaler und spiritueller Ebene). In den

meisten Fällen sind die Opfer überzeugt, sie seien unwürdig und verdienten keine Liebe. Diese Substanz hilft auch in dem Prozeß, diese Schwierigkeiten aufzulösen und Selbstliebe zu entwickeln.
Körperliche Ebene: Bringt das gesamte Hormonsystem in Balance. Hilft bei Problemen mit dem Uterus, der Menstruation und den Wechseljahren.
Wo die Substanz aufgetragen werden soll: Rund um den Bauch. Bei mentalen Problemen gibt man jeweils einen Tropfen auf den Wirbel oben am Kopf, einen Tropfen auf die Schläfen und einen Tropfen auf den Nacken und reibt ihn ein.
Affirmation: Ich liebe mich so, wie ich bin.
Besonderheiten: Gehört zum Meister-Set. Kann in der Reinkarnationstherapie Kontakt mit Inkarnationen bei den Essenern herstellen. Diese Substanz hat mit dem Dritten Auge zu tun, und zwar im Hinblick auf Musik. Zum Thema »Mißbrauch« siehe auch »Besonderheiten« von Flasche Nr. 5.

Nr. 53

Name der Flasche: Hilarion
Farben: Blaßgrün über Blaßgrün
Zusammengeschüttelte Farbe: Blaßgrün
Körperlicher Bereich (Chakra): Herzchakra
Tarotkarte: Ritter der Schwerter
I-Ging-Zeichen: oben Wind, unten Berg, Nr. 53, »Die Entwicklung«
Grundthema: der Weg, die Wahrheit und das Leben (dies ist wörtlich gemeint, nicht als christliches Zitat)

Positive Persönlichkeitsaspekte: Ein praktischer Wissenschaftler, der die kosmischen Gesetze verstanden hat. Weiß, wohin er geht.

Besitzt ein sehr gutes Erinnerungs- sowie Unterscheidungsvermögen, weiß genau, wann er auf dem Holzweg ist oder wann ein Prozeß in eine betrügerische Richtung geht. Hat sich von seinen tiefen Verspannungen befreit und kann daher leicht in veränderte Bewußtseinszustände gelangen.

Negative Persönlichkeitsaspekte: Trägt alle möglichen Arten von Schuldgefühlen mit sich herum. Kann extrem neidisch und eifersüchtig sein. Fühlt sich abgetrennt von anderen. Glaubt, daß die anderen ihn betrügen. Findet, daß im spirituellen Bereich Materialismus vorherrscht. Seine Glaubenssätze verändern sich nicht. Er erkennt nicht das System, in dem er steckt – was zu Rigidität führt.

Spirituelle Ebene: Hilft, sich in einer spirituellen Art mit der Natur zu verbinden und zu mehr Ausdauer zu gelangen. Inspiriert den Glauben. Läßt die verschiedenen Aspekte einer Situation wahrnehmen und dann eine wirkliche Richtung finden. Bringt Spiritualität durch Bewußtmachen der richtigen Körperhaltung, des richtigen Atmens und so weiter.

Mentale bzw. geistige Ebene: Erfrischt den Geist, wenn man das Gefühl hat, festgefahren zu sein. Löst Phobien und verborgene Ängste auf. Bringt Klarheit, wenn man betrogen wurde und bei Neigung zu Selbstbetrug.

Emotionale Ebene: Löst Schuldgefühle auf. Hilft, mit Eifersucht und Neid fertig zu werden sowie mit Ängsten, die mit dem Thema Raum zu tun haben (Klaustrophobie und Agoraphobie). Erleichtert, die eigene Wahrheit zu leben. Hilft, sich mit sich selbst wohl zu fühlen.

Körperliche Ebene: Lindert alle Beschwerden in der Brust, besonders Asthma und Bronchitis. Bringt ein neues Körperbewußtsein (dem, der einfach nur unkoordiniert ist, aber auch demjenigen, der einen Unfall, einen Schock, eine Vergewaltigung hinter sich hat).

Wo die Substanz aufgetragen werden soll: Um den gesamten Herz-

bereich herum. Bei der Arbeit mit den unten genannten Körpertherapien am gesamten Körper.
Affirmation: Ich finde, wo für mich die Wahrheit liegt.
Besonderheiten: Gehört zum Meister-Set. Kann in der Reinkarnationstherapie Kontakt mit Inkarnationen in Lemuria herstellen. Diese Flasche wird sehr oft von Menschen gewählt, die mit Körpertherapien wie Rolfing, Trager, Alexander-Technik oder Feldenkrais arbeiten.

Nr. 54

Name der Flasche: Serapis Bey
Farben: Klar über Klar
Zusammengeschüttelte Farbe: Klar
Körperlicher Bereich (Chakra): alle Chakren
Tarotkarte: Page der Schwerter
I-Ging-Zeichen: oben Donner, unten See, Nr. 54, »Das heiratende Mädchen«
Grundthema: Reinigung und Entgiftung auf allen Ebenen

Positive Persönlichkeitsaspekte: Ein Philosoph mit starken persönlichen Idealen. Hat eine Menge erkannt und eine Menge verwirklicht. Versteht Konflikt, Schmerz und Leiden. Besitzt einen klaren Blick für die unterschiedlichsten Dinge und für die unterschiedlichen Niveaus von Problemen. Hat Zugang zu universellem Wissen. Ein »Regenbogen-Krieger« (ein Ausdruck von Vikky Wall), d. h., dieser Mensch besitzt das Potential und die Kraft, den Regenbogen in sich zu erwecken. Und »den Regenbogen erwecken« wiederum meint, die Chakren im eigenen Körper in Balance zu bringen und zur vollen Verfügung zu haben.
Negative Persönlichkeitsaspekte: Hängt an den Institutionen der Vergangenheit. Fühlt sich immer unvorbereitet, wird von uner-

warteten Ereignissen völlig aus dem Konzept gebracht. Ist besessen und gequält, widmet Details übertrieben viel Aufmerksamkeit. Leidet extrem. Seine Tränen haben die Farbe aus seinem Leben gewaschen.

Spirituelle Ebene: Hilft, die Energie zu verändern. Beseitigt die »Spinnweben der Vergangenheit«. Holt alte sexuelle Geschichten ins Bewußtsein, damit sie abgeschlossen werden können. Läßt den Lichtkörper bewußt werden (Das Thema »Lichtkörper« wird in Kapitel 4 behandelt). Reinigt, und ist besonders während des Fastens und nach dem Fasten empfehlenswert.

Mentale bzw. geistige Ebene: Bringt Entscheidungsfähigkeit sowie Verständnis in Konflikt- und Schmerzsituationen. Hilft, übertriebene Erwartungen loszulassen und das zu akzeptieren, was ist.

Emotionale Ebene: Läßt angestaute Tränen fließen, was zu Erfrischung führt. Hilft, tiefe Niveaus von Leiden und innerem Konflikt zu klären. Bringt den Mut, sich mit seinen Gefühlen auseinanderzusetzen.

Körperliche Ebene: Unterstützt den Reinigungsprozeß beim Fasten, wirkt sehr entgiftend. Hilft dem Körper, Wasser und Schleim auszuscheiden.

Wo die Substanz aufgetragen werden soll: Am ganzen Körper.

Affirmation: Ob ich lache oder weine, ich sehe den Regenbogen in meinen Tränen.

Besonderheiten: Gehört zum Meister-Set. Jeder inkarniert auf einem farbigen Strahl. Diese Flasche in erster Position zeigt, daß das Unterbewußtsein des Besitzers noch nicht bereit ist, Informationen über seinen Seelenstrahl herauszugeben. Serapis Bey kann aber bewirken, daß der Anwender die Farben herausfindet, mit denen er am meisten zu tun hat.

Allerdings sollte sich niemand dazu zwingen, diese Substanz zu benutzen, so wie Sie auch niemandem zureden sollten, das zu tun; denn sie wirkt sehr tiefgehend und kann innere Prozesse auslösen – zum Beispiel in bezug auf problematische sexuelle Erlebnisse aus der Vergangenheit – mit denen der Anwender nur dann konstruktiv umgehen kann, wenn er wirklich dazu bereit ist, sich diese Dinge anzuschauen.

Nr. 55

Name der Flasche: Der Christus (damit ist nicht der historische Jesus gemeint, der Name bezieht sich auf das Christus-Bewußtsein; mehr dazu in Kapitel 10)
Farben: Klar über Rot
Zusammengeschüttelte Farbe: intensives Hellrot
Körperlicher Bereich (Chakra): Basischakra
Tarotkarte: Zehn der Schwerter
I-Ging-Zeichen: oben Donner, unten Feuer, Nr. 55, »Die Fülle«
Grundthema: opferbereite Liebe entwickeln

Positive Persönlichkeitsaspekte: Ein spiritueller Pionier und ein Pionier in der ganz konkreten, materiellen Welt. Ist der Wahrheit sehr verbunden. Besitzt sehr viel Weisheit, aber gibt damit nicht an. Ist bereit, sich für einen höheren Zweck zu opfern. Arbeitet oft, ohne Geld zu verlangen. (Dies ist im allerbesten Sinne gemeint – er gibt, ohne eine Gegenleistung zu erwarten.) Ist objektiv und kann, wenn er etwas anfängt, genau absehen, wie es endet. Ein Idealist, der seine Ideen praktisch manifestieren kann. Die Gleichberechtigung der Frau ist ihm ein Anliegen. Hat keinerlei Probleme mit seiner Sexualität. Versteht die materielle Seite des Lebens sehr gut.
Negative Persönlichkeitsaspekte: Trägt eine Menge Frustration, Groll und Wut aus der Vergangenheit mit sich herum. Wurde möglicherweise durch einen materiellen Verlust sehr verletzt und getroffen. Leidet einerseits unter den weltlichen Dingen, ist aber andererseits auf Materielles und auf seine Sinnlichkeit

fixiert. Hat in seinem Leben viel Gegensätzliches erlebt und ist damit nicht fertig geworden. Verlangt nach einer persönlichen Enthüllung (vom Universum, der Existenz ...) und wartet zu verkrampft darauf, als daß sie geschehen könnte.

Spirituelle Ebene: Unterstützt den Prozeß der Initiation und der Transformation des Selbst. Schafft einen klaren Kanal, um Energie durchzulassen. Führungspersönlichkeiten erfahren durch diese Substanz Demut. Das Gefühl, von der Existenz abgetrennt zu sein, wird gelindert.

Mentale bzw. geistige Ebene: Bringt Klarheit ins Denken. Hilft, sich nicht mehr mit allem möglichen zu identifizieren sowie Groll loszulassen.

Emotionale Ebene: Befreit von dem Eindruck, nicht gehört zu werden. Löst Wut und Frustrationsgefühle auf und hilft, sie positiv zu verwandeln. Läßt Kindheitstraumata sowie das Gefühl, ein Märtyrer zu sein, leichter überwinden.

Körperliche Ebene: Bei sexuellen Problemen aller Art und bei Energiemangel. Wirkt sehr entgiftend.

Wo die Substanz aufgetragen werden soll: Um den gesamten Unterbauch herum. (Nicht zu spät am Nachmittag oder Abend benutzen, weil diese Substanz sehr energetisierend wirkt und zu Schlafstörungen führen kann.)

Affirmation: Ich habe die Energie, meinen Idealen zu folgen.

Besonderheiten: Gehört zum Meister-Set. Hilft, die Kundalini-Kraft zu erwecken. Unterstützt den Prozeß der Auseinandersetzung mit möglicherweise erfolgtem sexuellem Mißbrauch. Die Tarotkarte »Zehn der Schwerter« und diese Substanz haben mit dem Test zu tun, der erkennen läßt, ob jemand fähig ist, spirituelle Verantwortung zu tragen.

Nr. 56

Name der Flasche: Saint Germain
Farben: Blaßviolett über Blaßviolett
Zusammengeschüttelte Farbe: Blaßviolett
Körperlicher Bereich (Chakra): Kronenchakra
Tarotkarte: Neun der Schwerter
I-Ging-Zeichen: oben Feuer, unten Berg, Nr. 56, »Der Wanderer«
Grundthema: Negativität auf allen Ebenen loslassen

Positive Persönlichkeitsaspekte: Ein Reformer und inspirierter Lehrer, der humorvoll ist, sein Denken meistert und einen kreativen Intellekt hat. Kann sich zurückstellen und weiß, wann das angebracht ist. Durch seine Anwesenheit können Situationen positiv beeinflußt werden; er wirkt als Katalysator. Hält sich fit, weil er weiß, daß Fitneß für sein gesamtes Wohlbefinden gut ist. Verfügt über eine starke Intuition und starke sensitive Fähigkeiten. Ist gern allein, fühlt sich in seiner eigenen Welt zu Hause, reist aber auch gern und lernt gern Neues kennen.
Negative Persönlichkeitsaspekte: Ein Märtyrer im negativen Sinne des Wortes. Ist in seinen Gedankenmustern und Verhaltensmustern gefangen, weshalb sich seine Lebensumstände nicht ändern. Er fühlt sich innerlich gestreßt und findet die materielle Welt bedrohlich. Ein Einzelgänger, der sich als heimatlos empfindet, im konkreten und übertragenen Sinne. Sehnt sich danach, irgendwo anders zu sein, bloß nicht hier. Ist in seiner eigenen Welt und in der Vergangenheit gefangen. Betreibt körperliche Kasteiung und körperliches Training bis zum Exzeß.
Spirituelle Ebene: Unterstützt die Suche nach höherer Wahrheit. Befreit von den Schwierigkeiten, die entstehen können, wenn sich jemand zu sehr mit dem Leiden in der Welt beschäftigt. Stellt eine Verbindung zu Selbstliebe und innerem Frieden her.

Hilft dabei, weniger selbstquälerisch zu leben, einen Sinn in der eigenen Meditationspraxis zu finden und sensitive Fähigkeiten zu erwecken.
Mentale bzw. geistige Ebene: Unterbricht Gedanken, die sich im Kreis drehen. Stimuliert die Intuition. Hilft, sich von Selbstverleugnung und von vergangenen Mustern zu verabschieden.
Emotionale Ebene: Klärt negative Gefühlsmuster, besonders dann, wenn es um den Umgang mit Kritik geht. Bringt Klarheit bei Gefühlskonflikten.
Körperliche Ebene: Wirkt beruhigend, zum Beispiel bei Fieber, Übererregung, Schlaflosigkeit. Hilfreich bei Migräne und nervösen Kopfschmerzen. Eignet sich besonders für Kinder.
Wo die Substanz aufgetragen werden soll: Um den Haaransatz herum.
Affirmation: Ich vertraue darauf, daß meine Intuition auf Vernunft basiert.
Besonderheiten: Gehört zum Meister-Set. Bringt den männlichen und den weiblichen Persönlichkeitsaspekt zusammen. Hilft Menschen, die glauben, eine religiöse Erfahrung gemacht zu haben, sie in einen größeren Rahmen zu stellen. Sie nicht so sehr in einem religiösen, sondern in einem spirituellen Kontext zu sehen. Diese Substanz hat sehr viel mit der Energie von Jupiter zu tun.

Nr. 57

Name der Flasche: Pallas Athene und Aeolus
Farben: Blaßpink über Blaßblau
Zusammengeschüttelte Farbe: Blaßviolett
Körperlicher Bereich (Chakra): Basis-, Kehlkopf- und Kronenchakra
Tarotkarte: Acht der Schwerter

I-Ging-Zeichen: oben Wind, unten Wind, Nr. 57, »Das Sanfte«
Grundthema: die Muster der Vergangenheit aufgeben

Positive Persönlichkeitsaspekte: Ein künstlerisch begabter Mensch, der sich sehr gut durch Schreiben, Malen, Musik, Tanz usw. ausdrücken kann. Ist dynamisch und befindet sich »im Fluß«; tut die richtigen Dinge zur richtigen Zeit. Hat es leicht damit, auf »innere Reisen« zu gehen (Visualisationen, Meditationen, Träume usw.). Verfügt über eine große Stärke, weil sich seine männlichen und weiblichen Anteile in Balance befinden. Hat viele Schwierigkeiten überwunden und ist sich seiner eigenen Begrenzungen bewußt. Arbeitet für das Weiterkommen der Menschheit, und zwar in den unterschiedlichsten Bereichen (Kunst, Gesellschaft, Ökologie und so weiter). Hat Zugang zu Wissen, manchmal sogar zu materiellen Dingen aus der Vergangenheit (beispielsweise durch Erbschaften).
Negative Persönlichkeitsaspekte: Bei ihm geraten Vernunft und Gefühl häufig in Konflikt. Seine Ziele hat er zu hoch gesteckt. Es fällt ihm schwer, die Vergangenheit loszulassen. Seine männlichen und weiblichen Persönlichkeitsanteile befinden sich nicht in Balance, was dazu führt, daß er Schwierigkeiten hat, weitere Persönlichkeitsanteile zu integrieren.
Spirituelle Ebene: Verschafft Zugang zu altem Wissen, zu kreativer Inspiration von einer tiefen (Seelen-)Ebene her und zu einer Balance der männlichen und weiblichen Persönlichkeitsanteile. Zeigt, wo sich der Anwender im Moment auf seinem spirituellen Weg befindet. Befähigt dazu, dogmatisches Verhalten abzubauen und spirituelle Inhalte auf eine menschliche, verständliche Weise »rüberzubringen«.
Mentale bzw. geistige Ebene: Stimuliert die Liebe zum Leben und bringt dadurch inneren Frieden. Ermöglicht es, »in den Fluß« zu kommen. Bringt eine positive Sicht der materiellen Seite des Lebens und des Lebens allgemein.

Emotionale Ebene: Schafft Einklang zwischen der Gefühlsebene und der Ebene des Denkens. Bringt Frische in Beziehungen.
Körperliche Ebene: Hilfreich bei allen Problemen mit der Menstruation, besonders bei zu starken Blutungen. Bei Sprachproblemen, bei Legasthenie.
Wo die Substanz aufgetragen werden soll: Um den unteren Bereich des Unterleibs, um den Hals und um den Haaransatz herum.
Affirmation: Ich lasse los und vertraue.
Besonderheiten: Gehört zum Meister-Set. Stellt in der Reinkarnationstherapie Kontakt zum alten Ägypten und zum alten Griechenland her. Hilft, Träume besser in Erinnerung zu behalten.

Nr. 58

Name der Flasche: Orion und Angelika
Farben: Blaßblau über Blaßpink
Zusammengeschüttelte Farbe: Blaßviolett
Körperlicher Bereich (Chakra): Basis-, Kehlkopf- und Kronenchakra
Tarotkarte: Sieben der Schwerter
I-Ging-Zeichen: oben See, unten See, Nr. 58, »Der See«
Grundthema: innere und äußere Reisen

Positive Persönlichkeitsaspekte: Ein sensibler Mensch, der zwischen Materie und Geist eine Brücke bauen kann. Erlebt die Wunder des Lebens wie ein Kind und setzt diese Fähigkeit sehr konstruktiv ein. Kann sich sehr gewandt und präzise ausdrücken, ist ausgeglichen und geduldig und befindet sich im Hier und Jetzt. Es geht ihm um Transformation. Dabei ist er sich seines eigenen göttlichen Funkens bewußt, und er sieht auch den göttlichen

Funken in anderen Menschen. Liebt die Erde, arbeitet häufig im ökologischen Bereich. Reist gern.
Negative Persönlichkeitsaspekte: Manipuliert sich selbst und andere durch seine Gefühle. Redet sich ein, daß er das um der Wahrheit willen tut. Sein »inneres Kind« braucht Heilung, das heißt, er ist emotional unreif. Hat Schwierigkeiten, seine Gefühle zum Ausdruck zu bringen sowie mit Körperkontakt.
Spirituelle Ebene: Öffnet für Informationen aus anderen Dimensionen und dafür, den göttlichen Funken in sich selbst und in anderen wahrzunehmen. Unterstützt Veränderungen im spirituellen Leben. Wirkt reinigend, so zum Beispiel nach dem Aufenthalt in einer Umgebung mit negativer Atmosphäre.
Mentale bzw. geistige Ebene: Hilft Jugendlichen mit Pubertätsproblemen. Lindert emotionale Krisen, besonders, wenn sie mit dem männlichen bzw. weiblichen Rollenmodell (Vater und Mutter) zu tun haben. Das gilt für Jugendliche, aber auch für Erwachsene.
Emotionale Ebene: Läßt irrationale Ängste sowie die Frustration des »inneren Kindes« überwinden. Hilft, Zimperlichkeit abzubauen, stärkere Widerstandskräfte zu entwickeln und negative Gefühle zu verändern.
Körperliche Ebene: Läßt Freude am Berühren und Berührtwerden wachsen. Hilfreich nach Eingriffen an der Wirbelsäule und bei allen schweren Krankheiten von Kindern. Balanciert die beiden Körperhälften aus.
Wo die Substanz aufgetragen werden soll: Um den Unterleib herum, um den Hals und um den Haaransatz herum.
Affirmation: Ich gelange ins Hier und Jetzt, und Veränderung geschieht.
Besonderheiten: Gehört zum Meister-Set. Diese Flasche stellt eine intensivere Version von Flasche Nr. 20 (Blau über Pink) dar. Alles dort Gesagte trifft auch auf diese Flasche zu.

Nr. 59

Name der Flasche: Lady Portia
Farben: Blaßgelb über Blaßpink
Zusammengeschüttelte Farbe: Blaßgold
Körperlicher Bereich (Chakra): Basischakra, »zweites Chakra« und Solarplexuschakra
Tarotkarte: Sechs der Schwerter
I-Ging-Zeichen: oben Wind, unten Wasser, Nr. 59, »Die Auflösung«
Grundthema: Gerechtigkeit und Unterscheidungsvermögen

Positive Persönlichkeitsaspekte: Ein hervorragender Rhetoriker mit sehr gutem Unterscheidungsvermögen, Gerechtigkeitssinn und Empfinden für Ausgewogenheit. Kennt sich mit den Strukturen aus der Vergangenheit aus, besonders im Hinblick auf Religion, besitzt dabei aber eine Orientierung in die Zukunft. Handelt selbstlos. Ist freundlich und besitzt gleichzeitig Führungsqualitäten. Sein Humor und seine Freude übertragen sich auf die Menschen, mit denen er zusammen ist. Befindet sich im Prozeß des Erwachens, und seine Suche macht ihm Freude. Ist dankbar für das, was das Leben ihm anbietet. Sagt anderen, was sie hören müssen.
Negative Persönlichkeitsaspekte: Sieht nicht, was er schon geschafft hat, sondern ist immer nur auf das konzentriert, was noch getan werden muß. Be- und verurteilt sich ständig. Redet zu viel. Auch wenn er sehr fähig ist und viele Talente besitzt, fällt es ihm schwer, zu sehen, was er erreichen kann. Hat keine Freude in seinem Leben. Schleppt Schuldgefühle mit sich herum. Häufig ein Mensch mit Übergewicht.
Spirituelle Ebene: Stellt die Verbindung zur eigenen Wahrheit her.
Bringt spirituelle Unterscheidungsfähigkeit, Großzügigkeit und

Dankbarkeit. Hilft dabei, sich und andere nicht ständig zu be- und verurteilen.
Mentale bzw. geistige Ebene: Bricht alte Muster auf und führt zu neuem Verständnis, auch zu neuem Selbstverständnis. Hilft, übertriebenes analytisches Denken aufzugeben.
Emotionale Ebene: Läßt verstehen, daß manche Dinge im Leben nicht erreicht werden können. Wirkt auf eine sehr sanfte Art im emotionalen Bereich reinigend. Bringt Freude und hilft, Ängste zu überwinden; besonders die Angst, nicht gut genug zu sein.
Körperliche Ebene: Fördert die Ausscheidung über Darm und Blase. Lindert Hautprobleme, besonders in der Pubertät.
Wo die Substanz aufgetragen werden soll: Um den gesamten Unterleib herum.
Affirmation: Ich verstehe die Gesetze des Lebens, und ich wachse.
Besonderheiten: Gehört zum Meister-Set. Hilft Therapeuten und Klienten beim Rebirthing, besonders, wenn der Klient schon über Erfahrungen damit verfügt.

Nr. 60

Name der Flasche: Lao-Tse und Kwan-Yin
Farben: Blau über Klar
Zusammengeschüttelte Farbe: Blaßblau
Körperlicher Bereich (Chakra): Kehlkopfchakra
Tarotkarte: Fünf der Schwerter
I-Ging-Zeichen: oben Wasser, unten See, Nr. 60, »Die Beschränkung«
Grundthema: so tiefen Frieden finden, daß man alles gelassen akzeptiert, womit das Leben einen konfrontiert

Positive Persönlichkeitsaspekte: Hat Weisheit erlangt, weil er sich selbst und das Leben immer neu befragt. (Das ist im positivsten

Sinne gemeint.) Steht in Verbindung mit seinen tiefsten Tiefen. Erkennt die Lektionen, die in schwierigen Situationen stekken. Hat einerseits eine charismatische Stille um sich und ein charismatisches Schweigen an sich, das heißt, er kann durch diese Eigenschaften Situationen sehr positiv beeinflussen, andererseits aber ist es ein Vergnügen, mit ihm zu sprechen und zu kommunizieren. Besitzt eine realistische Einschätzung seiner eigenen Fähigkeiten. Kann sehr gut annehmen, wodurch er geben kann (beispielsweise, indem er zuhört und anderen Menschen so Unterstützung gibt). Hat eine starke Präsenz entwickelt.

Negative Persönlichkeitsaspekte: Gibt zu viel und achtet nicht darauf, daß er sich verausgabt. Hört zu sehr auf die Meinung anderer und fühlt sich deswegen zerstückelt und abgetrennt. Versteckt seine eigenen Qualitäten. Findet es schwierig, mitzuteilen, was ihm auf der Seele liegt. Das sind vor allen Dingen ungeweinte Tränen. Besitzt kein Empfinden für Proportionen, das heißt, er mißt Details viel zuviel Bedeutung bei.

Spirituelle Ebene: Bringt Frieden. Befreit von Begrenzungen. Hilft, das innere Licht am Brennen zu halten, das heißt, hält das Bewußtseins davon aufrecht, daß innen drin etwas lebendig ist, das nicht mehr zerstört werden kann.

Mentale bzw. geistige Ebene: Bringt die Wurzeln unbewußten Leidens ins Bewußtsein und verhilft so zur Befreiung von diesem Leiden. Sich selbst in Frage zu stellen wird erleichtert, und der Prozeß, positive, wachstumsfördernde Resultate zu erzielen, wird unterstützt.

Emotionale Ebene: Wirkt beruhigend bei übertriebener Impulsivität. Hilft, emotionale Probleme zum Ausdruck zu bringen.

Körperliche Ebene: Beruhigt und kühlt bei Infekten, bei Hitze in bestimmten Körperteilen und so weiter. Lindert Sprachprobleme, die körperliche Ursachen haben (zum Beispiel Wolfsrachen), indem die Substanz auf der psychologischen Ebene wirkt.

Das heißt, daß nicht der Wolfsrachen kuriert wird, sondern Probleme wie Scham und Schüchternheit sich verringern.
Wo die Substanz aufgetragen werden soll: Um den Hals herum.
Affirmation: Ich befreie mich von allen Begrenzungen.
Besonderheiten: Gehört zum Meister-Set. Wirkt als »Zwischenmittel« und Wegbereiter für andere Aura-Soma-Substanzen (siehe Erklärungen zu Flasche Nr. 11).

Nr. 61

Name der Flasche: Sanat Kumara
Farben: Blaßpink über Blaßgelb
Zusammengeschüttelte Farbe: Blaßkoralle
Körperlicher Bereich (Chakra): Basischakra, »zweites Chakra« und Solarplexuschakra
Tarotkarte: Vier der Schwerter
I-Ging-Zeichen: oben Wind, unten See, Nr. 61, »Innere Wahrheit«
Grundthema: persönlicher Verlust, transpersonaler Gewinn

Positive Persönlichkeitsaspekte: Ist in allem, was er tut, freundlich, positiv und überlegen. Weiß, was gut für ihn ist. Sieht seine eigenen Stärken, bringt sie zum Ausdruck, aber auf eine natürliche und uneitle Weise. Hat Ängste und Probleme in seinem Sexualleben überwunden und ist in seiner Sexualität ausgewogen und glücklich. Besitzt das Talent, zu schreiben, zu unterrichten, Vorträge zu halten und Verwaltungstätigkeiten auszuüben. Kennt die Geheimnisse des Erfolges. Ein ehrlicher Mensch mit viel Liebe und Gefühl für sich selbst und für andere. Nutzt Meditation und Besinnung auf sehr konstruktive Weise.
Negative Persönlichkeitsaspekte: Braucht übertrieben viel Liebe und sorgt sich darum. Diese Sorgen und Ängste stellen sich ihm

in den Weg und verhindern, daß er sich für mögliche Liebe öffnet. Tendiert zu Beziehungen, die ihn in Abhängigkeit bringen, was Menschen, aber auch Substanzen wie Alkohol oder Drogen betrifft. Ist sexuell unerfahren, worunter er leidet. Hat einen persönlichen Verlust erlitten. Kämpft sich durch, hat aber nicht wirklich Erfolg. Glaubt, die Masken, die Menschen tragen, seien ihre wirkliche Persönlichkeit.

Spirituelle Ebene: Läßt Leiden (eigenes und das von anderen Menschen) besser verstehen. Hilfreich bei allen Beziehungsproblemen. Bringt eine tiefere Wahrnehmungsebene und auch eine tiefere Ebene in der Meditation.

Mentale bzw. geistige Ebene: Hilft, mit den Folgen von möglichem mentalem Mißbrauch fertig zu werden. (»Mentaler Mißbrauch« heißt zum Beispiel, daß Eltern oder Lehrer einem Kind ständig sagen, es sei ungeschickt oder dumm o. ä.)

Emotionale Ebene: Klärt tiefe Ängste und andere bedrohliche Gefühle. Hilft, Verletzungen und Trauer aus der Vergangenheit loszulassen, auch aus der tiefen Vergangenheit.

Körperliche Ebene: Bei (chronischen) Hautkrankheiten sowie Problemen mit den Nerven, zum Beispiel bei Parkinson- und Alzheimer-Krankheit. Hilft, die Krankheit besser zu akzeptieren.

Wo die Substanz aufgetragen werden soll: Um den gesamten Bauch herum.

Affirmation: Ich lerne und wachse durch die Schwierigkeiten des Lebens.

Besonderheiten: Gehört zum Meister-Set. In der Reinkarnationstherapie kann diese Substanz Zugang zu den Mysterien-Traditionen im alten Ägypten, im alten Griechenland und aus der Zeit davor verschaffen. Diese Substanz hat sehr viel mit der Energie von Venus zu tun. Zum Thema »Mißbrauch« siehe »Besonderheiten« von Flasche Nr. 5.

Nr. 62

Name der Flasche: Maha Chohan
Farben: Blaßtürkis über Blaßtürkis
Körperlicher Bereich (Chakra): Herzchakra, Ananda-Khanda-Zentrum und Kehlkopfchakra
Tarotkarte: Drei der Schwerter
I-Ging-Zeichen: oben Donner, unten Berg, Nr. 62, »Des Kleinen Übergewicht«
Grundthema: Verbindung zwischen Intellekt und Spiritualität

Positive Persönlichkeitsaspekte: Ein sehr inspirierter und intuitiv begabter Mensch, der kreativ zum Ausdruck bringen kann, was sein Herz bewegt (durch Tanz, Singen, Schreiben usw.). Ist bescheiden und demütig, liebt die Menschen und kennt sich selbst. Folgt seinem Weg, seiner inneren Führung, die »von oben« kommt. Hilft anderen dadurch, daß er selbst versteht. Hat eine starke Beziehung zu Kristallen und Mineralien, besonders zu Quarz. Steht sehr mit seinem Unbewußten in Kontakt. Ist sprachbegabt und besitzt viel Talent für die Arbeit mit Computern sowie für Tätigkeiten in den Massenmedien.
Negative Persönlichkeitsaspekte: Tendiert dazu, sich selbst für alles mögliche zu bestrafen und anzuklagen. Hat Angst, seine Gefühle auszudrücken. Das führt zu körperlichen Beschwerden. Liebt die falschen Menschen. Möglicherweise ist sein Herz gebrochen, und es konnte nie heilen. Hat Schwierigkeiten mit allen modernen Apparaten, zum Beispiel mit Computern (Technophobie).
Spirituelle Ebene: Hilft, sich auf die »Meta-Ebene« zu begeben, die »Ebene drüber«, von der aus man klarer sehen kann. Bringt Freiheit von Angst und die Möglichkeit, sich von alten Mustern zu verabschieden.

Ermöglicht Kommunikation mit inneren und äußeren Räumen. Schenkt Demut und Vertrauen »in den Fluß«. Hilft, unbewußten Druck loszulassen.
Mentale bzw. geistige Ebene: Löst kreative Blockaden auf. Stärkt Menschen, die zu Schocks tendieren, den Rücken und macht sie weniger empfindlich. Hilft, von Selbstbestrafungstendenzen loszulassen.
Emotionale Ebene: Läßt ein gebrochenes Herz heilen und die Vergangenheit verarbeiten. Wenn ein Mensch jemanden geliebt hat, der ihm nicht gutgetan hat, hilft diese Substanz ihm, mit den entstandenen Schmerzen fertig zu werden. Reduziert Gefühle von Isolation.
Körperliche Ebene: Balanciert die Thymusdrüse aus. Beruhigt das Herz. Hilft bei Asthma, Bronchitis, bei Sprach- und Sprechproblemen.
Wo die Substanz aufgetragen werden soll: Um den gesamten Brustraum und um den Hals herum.
Affirmation: Ich überlasse mich dem Fluß des Lebens.
Besonderheiten: Gehört zum Meister-Set. Hat mit dem Uranusprinzip (dem Wassermannprinzip) zu tun.

Nr. 63

Name der Flasche: Djwal Khul und Hilarion
Farben: Grün über Blaßgrün
Zusammengeschüttelte Farbe: Grün
Körperlicher Bereich (Chakra): Herzchakra
Tarotkarte: Zwei der Schwerter
I-Ging-Zeichen: oben Wasser, unten Feuer, Nr. 63, »Nach der Vollendung«
Grundthema: den Lebenssinn verstehen lernen

Positive Persönlichkeitsaspekte: Ein sehr aufgeschlossener Mensch, der den Mut besitzt, die Wahrheit zu sagen. Ist immer zur rechten Zeit am rechten Ort. Weiß, daß er Erfolg haben wird, auch wenn es ein später Erfolg sein wird. Ist für jede Situation gerüstet. Ein guter Schiedsrichter, der auf die Bedürfnisse anderer Menschen eingestellt ist. Ein praktischer Idealist, der an morgen glaubt und der seinen Lebenssinn verstanden hat. Ist selbstlos und versteht die Sorgen derer, mit denen er zu tun hat. Besitzt eine Menge Ausdauer. Ein guter Samariter im besten Sinne des Wortes. Arbeitet möglicherweise im Bereich der Wohlfahrt, besitzt aber auch die Fähigkeit, neue (natur-)wissenschaftliche Entdeckungen zu machen.
Negative Persönlichkeitsaspekte: Schwelgt in negativen Gefühlen und hat große Schwierigkeiten, das Positive zu sehen. Seine Überheblichkeit stört seinen Erfolg. Hält sich selbst in seiner Angst und seinen engen Glaubenssystemen gefangen. Diese Verhaltensweise stellt sich ihm in den Weg, besonders, wenn er die Wahrheit sehen möchte. Hat seine Jugend nicht genutzt. Kann nicht mit Zeit umgehen.
Spirituelle Ebene: Bringt Frieden und ein Gefühl der Erneuerung. Stellt eine Verbindung mit der wirklichen Richtung im Leben her, sowie mit den wahren eigenen Idealen.
Mentale bzw. geistige Ebene: Hilft beim Auflösen von Phobien, besonders von Agoraphobie und Klaustrophobie. Dem, der dazu tendiert, zu viel zu geben, bringt die Substanz Balance.
Emotionale Ebene: Öffnet für tiefe Freude. Läßt Ängste und Abgrenzungsschwierigkeiten überwinden.
Körperliche Ebene: Bei Problemen in der Brust und Schmerzen im oberen Rückenbereich.
Wo die Substanz aufgetragen werden soll: Um den gesamten Brustraum herum.
Affirmation: Ich bin im richtigen Moment am richtigen Ort und tue das Richtige.

Besonderheiten: Gehört zum erweiterten Meister-Set. In der Reinkarnationstherapie stellt diese Substanz eine Verbindung her zu Inkarnationen in Zeiten, in denen Menschenverfolgungen stattgefunden haben (z. B. Hexenverfolgung), und läßt die daraus entstandenen Traumata verarbeiten.

Nr. 64

Name der Flasche: Djwal Khul
Farben: Grün über Klar
Zusammengeschüttelte Farbe: Grün
Körperlicher Bereich (Chakra): Herzchakra
Tarotkarte: As der Schwerter
I-Ging-Zeichen: oben Feuer, unten Wasser, Nr. 64, »Vor der Vollendung«
Grundthema: die einzige Konstante im Leben ist Veränderung

Positive Persönlichkeitsaspekte: Ein Wahrheitssucher, der die Wahrheit mit Hilfe seiner Gefühle erforscht. Hat verstanden, daß es im Leben darum geht zu lernen. Liebt es, die Muster zu erforschen, die in der Natur wirken. Ist immer um Balance bemüht. Nutzt seinen Geist (in englisch: »mind«) als Werkzeug. Ein sehr entschlossener Mensch, der sich von den höheren Gefühlen (Liebe, Mitgefühl usw.) angezogen fühlt. Ein Kreuzfahrer, ein Kämpfer, der die richtigen Dinge zur richtigen Zeit tut. Hat sein Denken und sein Schicksal unter Kontrolle (das ist absolut positiv gemeint).
Negative Persönlichkeitsaspekte: Ist sehr leicht enttäuscht und von Angst besetzt. Hält an materiellen Dingen fest. Geht häufig aus emotionalen Gründen Kompromisse ein, die seine Integrität verletzen. Hält an Trauergefühlen fest, statt tiefer zu gehen, sie zu erforschen und dann zu verarbeiten, obwohl er das Potential

und die Möglichkeiten dazu hätte. Ergeht sich in falscher Bescheidenheit. Mag sich die Schwierigkeiten des Lebens nicht vor Augen führen, denn er weiß nicht, wohin sein Weg geht. Wenn er sich nach dem Licht richten würde, könnte er aber sehr leicht sehen, wohin dieser Weg führt.

Spirituelle Ebene: Bringt Verständnis für die Zyklen von Leben und Tod. Läßt aus den eigenen Lebenserfahrungen Weisheit gewinnen. Bringt Frieden. Eine Flasche für einen Neubeginn, die dabei hilft, das eigene Schicksal in eine neue Form zu bringen.

Mentale bzw. geistige Ebene: Unterstützt die Suche nach Wahrheit, die im Geist stattfindet. Bringt Klarheit ins Unterbewußtsein, um herauszufinden, welche Tendenzen das eigene Verhalten bestimmen.

Emotionale Ebene: Hilft, ungelebte Gefühle loszulassen sowie Balance und Klarheit in das Gefühlsleben zu bringen. Stimmt auf Veränderungen im Gefühlsleben ein. Bringt eine gefühlsbetonte Beziehung zur Natur.

Körperliche Ebene: Bei allen Problemen in der Brust und am Herzen. Wirkt entgiftend, besonders, wenn der Körper Gefühle wie Angst oder Wut angestaut hat und in diesem Zusammenhang Gifte gespeichert sind.

Wo die Substanz aufgetragen werden soll: Um den gesamten Brustbereich herum.

Affirmation: Möge der Geist der Wahrheit auf die Erde kommen, damit ich das innere Licht finde.

Besonderheiten: Gehört zum Meister-Set. Hilfreich für Menschen, die nach versteckten Mustern im Leben suchen, zum Beispiel für Astrologen.

Nr. 65

Name der Flasche: »Den Kopf im Himmel und die Füße auf der Erde haben«
Farben: Violett über Rot
Zusammengeschüttelte Farbe: Tiefrot
Körperlicher Bereich (Chakra): Basis- und Kronenchakra
Tarotkarte: König der Münzen
I-Ging-Zeichen: ohne
Grundthema: identisch mit dem Namen

Positive Persönlichkeitsaspekte: Ist sehr an Transformation auf einer psychologischen, emotionalen und körperlichen Ebene interessiert. Steht in Kontakt mit seinem »inneren Kind«. Hat seinen Kopf im Himmel und seine Füße auf der Erde. Weiß, wo er steht und wohin er geht. Seine Träume werden wahr, weil er weiß, was er tun muß, damit sie Wirklichkeit werden. Er hat fortschrittliche Ideen und eine sehr positive, leidenschaftliche Seite. Liebt Freiheit, Moral (im positiven Sinne) und Stärke. Trägt viel Kraft in sich, um sich selbst und andere zu erwecken. Ist hellsichtig. Hat keine Probleme mit materiellen Dingen.
Negative Persönlichkeitsaspekte: Hält sich selbst in Gefühlen wie Ärger, Wut, Groll usw. gefangen. Grübelt zu viel, was vor allen Dingen zu Schwierigkeiten mit materiellen Dingen führt. Hält an seinen Frustrationen fest, woraus alle möglichen geistigen und körperlichen Probleme entstehen. Fühlt sich wichtiger, als er ist.
Spirituelle Ebene: Bringt die Spiritualität auf den Boden. »Erdet« generell, führt aber gleichzeitig in sehr »hohe« Dimensionen. Stellt die Energie zur Verfügung, die gebraucht wird, um der Welt den Dienst zu erweisen, zu dem man aufgerufen ist. Baut Menschen auf, die sich durch ihre Führungsaufgabe erschöpft fühlen.

Mentale bzw. geistige Ebene: Bringt Erfüllung, Produktivität und erneuert Kraftreserven. Verbessert das Selbstbild. Bringt Klarheit in die Gedanken, hilft, die mentalen Energien besser zu verteilen, wenn der Kopf »voll« ist.
Emotionale Ebene: Hilft, sich mit seiner Wut auseinanderzusetzen und sie in etwas Konstruktives umzuwandeln, zum Beispiel in Disziplin. Bringt Distanz, so daß aus Re-Aktion Aktion werden kann.
Körperliche Ebene: Befreit den Energiefluß im Körper, besonders, wenn das Denken ihn behindert hat. Eignet sich auch besonders, um Energie in den Beinen und Füßen in Fluß zu bringen. Hilfreich bei Problemen im unteren Rückenbereich.
Wo die Substanz aufgetragen werden soll: Um den Unterbauch und um den Haaransatz herum.
Affirmation: Ich weiß, wo ich stehe, und ich weiß, wohin ich gehe.
Besonderheiten: Zeigt auf, wenn jemand seine Energien in Situationen oder Menschen steckt, wo sie mißbraucht werden oder verpuffen. Hilft, übertrieben häufige sexuelle Phantasien in eine Richtung zu leiten, wo die sie tragende Leidenschaft sich anders und konstruktiv ausdrücken kann.

Nr. 66

Name der Flasche: Die Schauspielerin
Farben: Blaßviolett über Blaßpink
Zusammengeschüttelte Farbe: Blaßviolett
Körperlicher Bereich (Chakra): Basis- und Kronenchakra
Tarotkarte: Königin der Münzen
I-Ging-Zeichen: ohne
Grundthema: sich mit Schönheit umgeben

Positive Persönlichkeitsaspekte: Ein mutiger, friedliebender und heiterer Mensch. Stellt sich selbst zurück, um andere zum Zuge kommen zu lassen. Ist intelligent, überlegen und besitzt ein hohes Maß an Verantwortungsgefühl. Unterstützt andere, ist loyal und zärtlich. Arbeitet intensiv daran, sein wahres Selbst zu finden. Besitzt viel mütterliche Energie (im positiven Sinne). Nutzt seine feminine Intuition, um anderen zu helfen. Weiß, daß das Leben es erfordert, daß man verschiedene Rollen spielen muß, und er spielt diese Rollen souverän, ohne sich zu sehr zu identifizieren.

Negative Persönlichkeitsaspekte: Ist extrem verletzlich und sensibel. Stellt sich zu sehr in den Hintergrund. Findet es schwierig, zu entscheiden, was für ihn wichtig ist. Hatte in seiner Kindheit die verschiedensten Schwierigkeiten, besonders aber Schwierigkeiten mit seinen Eltern. Möglicherweise möchte er nicht hier sein (das heißt nicht inkarniert sein). Ist utopisch und übertrieben idealistisch eingestellt.

Spirituelle Ebene: Hilft Menschen, die sich sehr um äußere Schönheit bemühen, auch die innere Schönheit zu finden. Stellt eine Verbindung zur wahren Aufgabe des Dienens her, die in diesem Leben erfüllt werden muß, und verleiht dann die Kraft, an diesem Thema auch dranzubleiben.

Mentale bzw. geistige Ebene: Hilft, sich von Besetzungen und Obsessionen zu trennen und die dorthin geflossene Energie generell und konstruktiv zu nutzen.

Emotionale Ebene: Erleichtert es, Liebe anzunehmen. Diese Substanz bringt eine realistische Sichtweise von Menschen, vor allem von den Eltern, führt zur Befreiung von ihnen und somit zur Möglichkeit der Integration.

Körperliche Ebene: Bei gynäkologischen Problemen, Schlaflosigkeit und nervösen Kopfschmerzen.

Wo die Substanz aufgetragen werden soll: Um den gesamten Unterleib und um den Haaransatz herum.

Affirmation: Ich achte darauf, wer auf der Bühne meines Lebens steht.
Besonderheiten: Bringt Schauspieler in Kontakt mit der Essenz der Rolle, die sie zu spielen haben.

Nr. 67

Name der Flasche: Göttliche Liebe/»Liebe in den kleinen Dingen«
Farben: Magenta über Magenta
Zusammengeschüttelte Farbe: Magenta
Körperlicher Bereich (Chakra): alle Chakren, auch das »achte«
Tarotkarte: Ritter der Münzen
I-Ging-Zeichen: ohne
Grundthema: praktizierte Spiritualität

Positive Persönlichkeitsaspekte: Ein sehr kreativer Mensch, der den anderen dient. Handelt um der Sache willen, nicht, um anerkannt zu werden. Hat verstanden, daß auch die kleinen Dinge des Lebens wichtig und wertvoll sind. Er lebt seine Spiritualität im Alltäglichen. Besitzt ein tiefes Verständnis und eine tiefe Affinität zur Erde. Seine Liebe ist groß und geht über Persönliches hinaus. Weiß um die Unsterblichkeit der Seele und daß die einzige Sicherheit im Leben Veränderung ist.
Negative Persönlichkeitsaspekte: Neigt dazu, sich zu überanstrengen und zu überarbeiten. Ist leicht enttäuscht. Empfindet das Leben als sehr schwierig. Sucht verzweifelt nach göttlicher Liebe, denn die Liebe, die er durch andere Menschen erhält, reicht ihm nicht aus. Möchte, daß das Leben ihm die Antworten präsentiert, die er in sich selbst finden müßte.
Spirituelle Ebene: Hilft, Liebe in die kleinen, alltäglichen Dinge und Handlungen zu bringen. Stellt eine Verbindung mit dem

inneren Lehrer her. Stimuliert die Aufmerksamkeit. Bringt Praxisbezogenheit in die Spiritualität. Löst spirituelle Desillusionierung auf.

Mentale bzw. geistige Ebene: Bringt Konzentrationsfähigkeit sowie die Fähigkeit zu Stille und Geduld. Hilfreich bei Depressionen, besonders, wenn sie mit einem Mangel an Liebe zu tun haben.

Emotionale Ebene: Befreit von dem übertriebenen Bedürfnis, sich mit anderen zu vergleichen. Läßt den Anwender sich selbst so sehen, wie er ist. Bringt Zärtlichkeit in leidenschaftliche Gefühle.

Körperliche Ebene: Bei allen Herzproblemen. Stimuliert die Adrenalinproduktion. Wirkt leicht wassertreibend.

Wo die Substanz aufgetragen werden soll: Überall um den Körper herum. (Kann auch sehr gut wie ein Körperpflegeöl benutzt werden.)

Affirmation: Ich warte geduldig, daß das Göttliche sich in meinem Leben enthüllt.

Besonderheiten: Verhilft allen Chakren zur besseren Funktion. Hilfreich bei Rebirthing und auch, wenn in einer anderen Therapie ein neuer Abschnitt erreicht wurde und etwas Neues beginnen soll. Allgemein unterstützend, wenn ein neuer Lebensabschnitt beginnt.

Nr. 68

Name der Flasche: Gabriel

Farben: Blau über Violett

Zusammengeschüttelte Farbe: Königsblau

Körperlicher Bereich (Chakra): Kehlkopfchakra, Drittes Auge und Kronenchakra

Tarotkarte: Page der Münzen

I-Ging-Zeichen: ohne
Grundthema: Friede und spiritueller Durchblick

Positive Persönlichkeitsaspekte: Ein Künstler, der seine Ideale in die materielle Welt bringt. Arbeitet vielleicht auch als Heiler, Therapeut, Sozialarbeiter oder spiritueller Lehrer. Ein guter Planer und Organisator, der hervorragend mit anderen Menschen umgehen kann. Kann sich gut konzentrieren und abwarten. Ein sehr warmherziger Mensch, der anderen bei ihrer Transformation hilft. Kann sich gut ausdrücken. Lebt eine neue spirituelle Philosophie, in der Sensitivität und Spiritualität zusammenkommen. Die Beziehungen, die er hat, sind sehr dynamisch und unkonventionell, was auch für Freundschaften und für den Geschäftsbereich gilt.
Ein Friedensbringer.
Negative Persönlichkeitsaspekte: Redet, ohne darüber nachzudenken, was er sagt. Zeigt nicht, was er fühlt. Ein Einzelgänger, der nicht mit anderen Menschen umzugehen weiß. Benimmt sich auch als Erwachsener noch wie ein Pubertierender. Hat Autoritätskonflikte und Schwierigkeiten mit dem Vaterprinzip. Kann seine Spiritualität nicht ausdrücken. Hat das Gefühl, schuldig zu sein, Schulden zurückzahlen zu müssen – möglicherweise karmische Schulden. Spielt den Mutigen, auch wenn er große Angst hat.
Spirituelle Ebene: Unterstützt Transformationsprozesse. Bringt Konzentration und Frieden bei spirituellen Problemen. Hilft, Klarheit über die eigenen Ideale zu gewinnen, und befähigt, sie dann besser auszudrücken.
Mentale bzw. geistige Ebene: Strukturiert das Denken, bevor es verbal ausgedrückt wird. Hilft, Konventionen zu durchbrechen und die eigene Philosophie zu formulieren. Bringt die Fähigkeit zu Planung, Organisation und Durchsetzung in Gruppen.
Emotionale Ebene: Verschafft Zugang zu einer realistischeren

Sichtweise im emotionalen Bereich. Läßt das männliche Rollenmodell (den Vater) leichter integrieren.
Körperliche Ebene: Wirkt in allen Zusammenhängen beruhigend, besonders bei Halsbeschwerden.
Wo die Substanz aufgetragen werden soll: Um den Hals und um den Haaransatz herum.
Affirmation: Ich beende, was beendet werden muß. Damit mache ich einen Neuanfang möglich.
Besonderheiten: Wenn diese Flasche in der dritten Position auftritt, kann das heißen, daß Neues, Unerwartetes bevorsteht. Die Substanz stimuliert die Fähigkeit, in Beziehungen zu wachsen und sie als Herausforderung zu sehen.

Nr. 69

Name der Flasche: Klingende Glocke
Farben: Magenta über Klar
Zusammengeschüttelte Farbe: Magenta
Körperlicher Bereich (Chakra): alle Chakren, auch das »achte«
Tarotkarte: Zehn der Münzen
I-Ging-Zeichen: ohne
Grundthema: die Kraft der Liebe

Positive Persönlichkeitsaspekte: Ein erfolgreicher Mensch, der glücklich ist, wenn er kreativ arbeiten kann. Hat seinen Lebenssinn gefunden und versteht das Leben. Lebt seine Leidenschaften auf eine konstruktive und gesunde Weise. Hat materiellen Erfolg und emotionale Zufriedenheit erreicht, häufig innerhalb seiner Familie. Kann gut weitergeben, was er gelernt hat. Ist darum bemüht, daß es den Menschen, mit denen er zu tun, gutgeht. Das Thema Frieden liegt ihm am Herzen. Häufig investiert er sein Geld in Projekte wie Amnesty International.

Negative Persönlichkeitsaspekte: Findet, er müsse nichts mehr hinzulernen. Hat viele extreme Züge in seiner Persönlichkeit. Glaubt nicht, daß er die Liebe bekommt, die er braucht, und trägt daher eine Menge Frustration mit sich herum. Strebt extrem nach Erfolg. Ist nicht fähig, zurückzutreten und seine eigene Situation neutral zu betrachten.
Spirituelle Ebene: Hilft, einer Disziplin zu folgen, besonders, wenn die Ideale dahinter als sinnvoll angesehen werden. Unterstützt Durchbrüche. Verhilft zu einem Kontakt mit dem universellen Bewußtsein. Öffnet dafür, die Schönheit in den materiellen Dingen wahrzunehmen.
Mentale bzw. geistige Ebene: Läßt den Anschluß behalten, wenn zu viele Dinge im Leben passieren. Formt das Selbstbild nach einem Zusammenbruch neu.
Emotionale Ebene: Füllt die Leere aus, wenn zu viel Leidenschaft herausgegeben wurde. Bringt unterdrückte Tränen zum Fließen. Man fühlt sich aber nach diesen Tränen nicht erschöpft, sondern erfrischt.
Körperliche Ebene: Bei Impotenz und Frigidität sowie bei bestimmten Augenbeschwerden, zum Beispiel bei extremer Kurzsichtigkeit oder Weitsichtigkeit. (In diesem Fall wird die Substanz auf die Schläfen und auf den Nacken gegeben.)
Wo die Substanz aufgetragen werden soll: Überall auf dem Körper. (Kann auch sehr gut wie ein Körperpflegeöl angewandt werden.)
Affirmation: Zwischen den Extremen finde ich eine Balance in meinem Leben.
Besonderheiten: Keine.

Nr. 70

Name der Flasche: Vision von Herrlichkeit
Farben: Gelb über Klar
Zusammengeschüttelte Farbe: Gelb
Körperlicher Bereich (Chakra): Solarplexuschakra
Tarotkarte: Neun der Münzen
I-Ging-Zeichen: ohne
Grundthema: größere Klarheit gewinnen

Positive Persönlichkeitsaspekte: Ein aufrichtiger Mensch, der einen starken Intellekt besitzt, gepaart mit Einfühlungsvermögen. Besitzt Wissen aus der Vergangenheit und beschäftigt sich mit Philosophie. Findet Freude in der Meditation. Kennt sich selbst sehr gut. Ist geduldig, aktiv und liebt es, in der frischen Luft zu sein. Lebt sein Leben gern. Kann über seine inneren Erfahrungen gut sprechen.
Negative Persönlichkeitsaspekte: Möchte sich aus dem Leben heraushalten, besonders, weil er Angst hat, sich als der zu zeigen, der er ist. Ein inaktiver Einzelgänger. Versteckt seine Talente, weil er sich überintellektuell verhält. Das heißt, er übertreibt seine Selbstdarstellung so, daß er abstoßend oder verdächtig wirkt.
Spirituelle Ebene: Verschafft Zugang zur Astralwelt und kann Verwirrung beseitigen, die im Zusammenhang mit der Astralwelt entstanden ist. Verleiht Schutz. Läßt Lethargie überwinden. Hilft, Einsichten zu gewinnen, besonders in die Natur des Bewußtseins.
Mentale bzw. geistige Ebene: Beseitigt geistige Verwirrung und intellektuelle Selbstbefriedigung. Bringt Freude, besonders in und an den eigenen Denkprozessen. Verschafft Zugang zu innerem Wissen. Unterstützt die Integration neuen Wissens (gilt nicht für Kinder, sondern nur für Erwachsene).

Emotionale Ebene: Erweckt Ehrgeiz (im positiven Sinne). Hilft, mit Einsamkeit fertig zu werden und Zufriedenheit zu erlangen.
Körperliche Ebene: Wirkt beruhigend, wenn jemand das Gefühl hat, in seinem Körper eingesperrt zu sein. Lindert bestimmte Hautprobleme. Hilfreich bei Eßsucht und Magersucht und bei Schwierigkeiten, Nährstoffe zu assimilieren.
Wo die Substanz aufgetragen werden soll: Um den gesamten Solarplexusbereich herum.
Affirmation: Ich gewinne Klarheit, weil ich mich für die Freude öffne.
Besonderheiten: Kann dabei unterstützend wirken, wenn jemand gern »automatisches Schreiben« praktizieren möchte.

Nr. 71

Name der Flasche: Essener Flasche (II)/»Das Juwel im Lotus«
Farben: Pink über Klar
Zusammengeschüttelte Farbe: Pink
Körperlicher Bereich (Chakra): Basischakra
Tarotkarte: Acht der Münzen
I-Ging-Zeichen: ohne
Grundthema: Selbstakzeptanz

Positive Persönlichkeitsaspekte: Besitzt viel Liebe, Mitgefühl, Intuition und Kreativität. Ist talentiert im Umgang mit Kranken, verhält sich sehr zärtlich, fürsorglich und selbstlos. Versteht, daß wir die Dinge um uns herum selbst schaffen, die »positiven« und die »negativen«. Besitzt die Fähigkeit, aus der Entfernung zu lieben und dafür nichts zurückzuverlangen. Das gleiche gilt fürs Heilen, er heilt aus der Entfernung, häufig ohne daß der andere weiß, woher die Heilungsenergie kommt. Merkwürdigerweise besitzt er auch ein großes Talent für den Bereich von Werbung

und Public Relations. Hat viele Ängste überwunden, weil er gelernt hat, sich um sich selbst zu kümmern und sich selbst zu lieben.
Negative Persönlichkeitsaspekte: Fühlt sich ungeliebt. Möchte nicht nach innen schauen. Fühlt sich immer auf dem Prüfstand. Wiederholt die gleichen Fehler, ohne daraus zu lernen. Besitzt kein Unterscheidungsvermögen, besonders nicht dafür, wo seine Fürsorge angebracht ist und wertgeschätzt wird und wo sie verpufft. Findet es besonders schwierig, sich um sich selbst zu kümmern.
Spirituelle Ebene: Erweitert die sinnlichen Empfindungen. Bringt Unterscheidungsvermögen und die Fähigkeit, sich selbst Liebe und Fürsorge zu geben. Unterstützt die Entwicklung von Heilkräften. Läßt erkennen, daß man seine eigenen Lebensumstände selbst schafft.
Mentale bzw. geistige Ebene: Läßt irrationale Ängste überwinden. Bringt weibliche Eigenschaften in den Geist (»Mind«) wie Intuition, Mitgefühl und Aufnahmebereitschaft.
Emotionale Ebene: Hilft, nach innen zu schauen und sich mit dem auseinanderzusetzen, was man dort vorfindet, und zwar auf eine liebevolle, nicht verurteilende Weise. Löst Ängste auf, besonders solche, die mit dem Gefühl zu tun haben, daß man nicht geliebt wird.
Körperliche Ebene: Bei allen Frauenbeschwerden, besonders bei unregelmäßiger und verminderter Blutung. Bringt Zärtlichkeit in die Sexualität.
Wo die Substanz aufgetragen werden soll: Um den unteren Bereich des Unterleibes herum. Möglich ist auch, zusätzlich noch einen Tropfen auf den Wirbel oben am Kopf zu geben.
Affirmation: »Sei still und wisse: Ich bin Gott.«
Besonderheiten: Diese Substanz kann in der Reinkarnationstherapie Zugang zu Inkarnationen bei den Essenern verschaffen (siehe hierzu auch die Beschreibung von Flasche Nr. 11). Außer-

dem kann man durch sie Zugang zum Christus-Bewußtsein erlangen (siehe hierzu auch Kapitel 10).

Nr. 72

Name der Flasche: Der Clown
Farben: Blau über Orange
Zusammengeschüttelte Farbe: Violett mit goldenen Flecken
Körperlicher Bereich (Chakra): »zweites Chakra« und Kehlkopfchakra
Tarotkarte: Sieben der Münzen
I-Ging-Zeichen: ohne
Grundthema: das Vermitteln tiefer Einsichten

Positive Persönlichkeitsaspekte: Eine Persönlichkeit mit viel Selbstrespekt, die aber nicht arrogant ist. Kennt ihre emotionalen Bedürfnisse, wodurch sie zu Unabhängigkeit gelangt ist. Spricht aus der Tiefe ihrer Erfahrungen und berührt andere dadurch. Ihre Einsichten und Instinkte kommen wirklich aus der Tiefe und können sich im übrigen auch materialisieren, zum Beispiel in Kunstwerken. Ein Mensch, der sich sehr für seine Arbeit einsetzt. Häufig arbeitet er als Künstler, als Gärtner oder auch als Sexualberater. Kann gut geben und gut annehmen. Ist fähig, sein kleines Ego für etwas Größeres aufzugeben. Besitzt viel Humor, strahlt Harmonie und Demut aus. Besitzt die Fähigkeit, immer wieder zur Seite zu treten und die Dinge so ständig neu zu überprüfen.
Negative Persönlichkeitsaspekte: Hat einen tiefen Schock hinter sich, über den er nur schwer sprechen kann. Tendiert zu Beziehungen, in denen er sich abhängig macht. Tendiert allgemein zu Abhängigkeits- und Suchtverhalten. Hat Schwierigkeiten, etwas anzunehmen und seine Gefühle auszudrücken. Ein kin-

discher, trotziger Mensch, der extrem viel Anerkennung braucht.
Spirituelle Ebene: Stimuliert Einsicht und tiefe Glücksgefühle. Hilft, die eigene innere Wahrheit auszudrücken. Bringt Frieden, wenn ein tiefer spiritueller Schock stattgefunden hat. Verschafft Kontakt zu wirklicher Demut.
Mentale bzw. geistige Ebene: Macht mentale Prozesse verständlich. Hilft, zu unterscheiden, ob das »kleine Ego« oder ein übergeordneter Teil spricht.
Emotionale Ebene: Läßt erkennen, welcher Persönlichkeitsanteil gerade das Sagen hat. Bringt die Fähigkeit, für die eigenen emotionalen Bedürfnisse zu sorgen.
Körperliche Ebene: Bei sexuellen Problemen, besonders bei Frigidität und Impotenz. Hilfreich nach sexuellem oder körperlichem Mißbrauch (Prügel usw.). (Zum Thema »Mißbrauch« siehe auch »Besonderheiten« von Flasche Nr. 5).
Wo die Substanz aufgetragen werden soll: Um den gesamten Rumpf herum.
Affirmation: Wenn Ihr nicht werdet wie die Kinder, werdet Ihr nicht in das Himmelreich eingehen.
Besonderheiten: Diese Substanz soll die Fähigkeit besitzen, die zelluläre Struktur zu verändern und daher eventuelle Erbkrankheiten und erblich bedingte Krankheiten am Ausbrechen zu hindern. Hilft, mit den eigenen Instinkten in Einklang zu gelangen.

Nr. 73

Name der Flasche: Chang-Tsu
Farben: Gold über Klar
Zusammengeschüttelte Farbe: Gold
Körperlicher Bereich (Chakra): Solarplexuschakra

Tarotkarte: Sechs der Münzen
I-Ging-Zeichen: ohne
Grundthema: den »traurigen Clown« befreien

Positive Persönlichkeitsaspekte: Ein unabhängiger Denker, der sein Bewußtsein zu großer Klarheit entwickelt hat. Kann sehr gut ausdrücken, was er weiß, besitzt Talent zum Lehrer. Konnte viele seiner Ängste überwinden. Will sich selbst wirklich kennenlernen, weil er eingesehen hat, daß das notwendig ist. Konnte in allen Lebensbereichen ein exzellentes Unterscheidungsvermögen entwickeln. Besitzt die Fähigkeit, Gemeinsamkeiten zu sehen und dadurch eine gute Energie zu schaffen. Hat verstanden, daß er um so reicher ist, je mehr er gibt.
Negative Persönlichkeitsaspekte: Erwartet, daß die Dinge »einfach so« geschehen, ohne daß er sich darum bemühen müßte. Wahrscheinlich wurde ihm als Kind zu viel Verantwortung aufgebürdet. Hat Probleme, zu teilen und zu geben. Ein Mensch, der unter seinen Ängsten leidet, sein Leiden aber versteckt. Verfolgt seine Suche nach Vollkommenheit verkrampft und ohne Liebe. Strebt nach Gold im Außen und verliert so den Kontakt mit dem Licht im Innen.
Spirituelle Ebene: Hilft, zu erkennen, was man wirklich weiß. Verbindet mit dem inneren Licht. Macht bewußt, daß man das anzieht und in sein Leben hineinholt, was mit einem selbst zu tun hat. Bringt Unterscheidungsvermögen in spirituellen Fragen.
Mentale bzw. geistige Ebene: Zeigt auf, wie das eigene Denken funktioniert und in welchen Mustern man immer wieder festhängt. So führt der Inhalt dieser Flasche zu unabhängigem Denken. Bringt Unterscheidungsvermögen, besonders im Hinblick auf die Frage, ob das eigene Ego bei bestimmten Prozessen seinen Willen durchsetzen möchte oder nicht.
Emotionale Ebene: Hilft, mit tiefen Ängsten fertig zu werden.

Befreit vom Gefühl, immer ein freundliches Gesicht machen zu müssen. Läßt die eigene Kraft und Autorität akzeptieren.
Körperliche Ebene: Unterstützt die Verdauungs- und Ausscheidungsprozesse sowie die Aufnahme von Nahrung. Hilft dabei, den eigenen Körper bzw. die eigene Körperlichkeit zu akzeptieren und zu lieben.
Wo die Substanz aufgetragen werden soll: Um den gesamten Bauch herum.
Affirmation: Glücklich, wer über sich selbst lachen kann.
Besonderheiten: Der Inhalt dieser Flasche stellt eine tiefere Version von Flasche Nr. 70 dar.

Nr. 74

Name der Flasche: Der Triumph
Farben: Blaßgelb über Blaßgrün
Zusammengeschüttelte Farbe: Blaßgrün
Körperlicher Bereich (Chakra): Solarplexus- und Herzchakra
Tarotkarte: Fünf der Münzen
I-Ging-Zeichen: ohne
Grundthema: Klarheit in schwierige emotionale Situationen bringen

Positive Persönlichkeitsaspekte: Ein glücklicher, fröhlicher, friedvoller Mensch, dem es um Harmonie und Balance geht sowie darum, die Bedeutung des Lebens herauszufinden. Spricht die Wahrheit aus, auch wenn ihn das in Schwierigkeiten bringen könnte. Hat keine Vorurteile und bringt daher anderen Menschen viel Wärme entgegen. Glaubt an die Liebe als das Elixier des Lebens. Lernt aus seinen Fehlern. Ist großzügig in allen Dingen, besonders mit seiner Zeit. Befindet sich in Kontakt und im Einklang mit dem, was er fühlt.

Negative Persönlichkeitsaspekte: Sagt oft: »Du nimmst mich nicht ernst!« Braucht sehr viel Aufmerksamkeit und Anerkennung. Findet die emotionale Seite des Lebens enttäuschend. Besitzt ein starkes Armutsbewußtsein. Will die eigenen Erfahrungen und die eigene Zeit nicht mit anderen Menschen teilen. Versteht weder sich selbst, noch andere. Kann seine Gefühle nicht ausdrücken. Besitzt die Tendenz, andere Menschen zu be- und zu verurteilen.

Spirituelle Ebene: Verschafft Zugang zu tiefstem Wissen sowie dazu, was für einen selbst stimmt. Hilft, zu erkennen, wer man wirklich ist. Man kommt so darauf, was man in spiritueller Hinsicht tun sollte (zum Beispiel Yoga praktizieren, mehr Kontakt mit der Natur aufnehmen und so weiter). Bringt spirituelle Großzügigkeit.

Mentale bzw. geistige Ebene: Hilft, sich selbst zu verstehen und sich nicht mehr so stark zu kritisieren, dabei aber trotzdem zu sehen, was verändert werden muß. Verschafft Zugang zu Unterscheidungsvermögen.

Emotionale Ebene: Klärt vergangene emotionale Muster (auch aus vergangenen Leben). Bringt sie ans Tageslicht, so daß man daran arbeiten kann. Hilft, Enttäuschungen im emotionalen Bereich zu überwinden, ebenso (Erwartungs-)Ängste, besonders in Herzensangelegenheiten.

Körperliche Ebene: Hilfreich bei Krampfadern, bei Krämpfen, bei Problemen mit der Haut, mit der Verdauung und den Nerven sowie bei allen emotional bedingten Krankheiten.

Wo die Substanz aufgetragen werden soll: Um den Herz- und um den Solarplexusbereich herum.

Affirmation: Der Weg ist das Ziel.

Besonderheiten: Diese Flasche hat sehr viel mit Emotionen zu tun. Sie ist besonders in diesem Bereich hilfreich und kann beispielsweise zu Beginn einer neuen Beziehung empfohlen werden.

Nr. 75

Name der Flasche: »Mit dem Fluß gehen«
Farben: Magenta über Türkis
Zusammengeschüttelte Farbe: Magenta
Körperlicher Bereich (Chakra): alle Chakren; kann überall am Körper benutzt werden; besonders effektiv jedoch über der Brust
Tarotkarte: Vier der Münzen
I-Ging-Zeichen: ohne
Grundthema: identisch mit dem Namen

Positive Persönlichkeitsaspekte: Kann die Dinge aus einer ungewöhnlichen Perspektive sehen und anderen Menschen diese Perspektive vermitteln. Besitzt viel Kreativität sowie Sinn für Details, hat aber gleichzeitig den Überblick über eine Situation. Weiß, daß er sich für das, was ihm wichtig ist, auch anstrengen muß. Was er tut, macht er gut. Besitzt viel körperliche Energie sowie Kraft und Mut. Mit seiner Liebe unterstützt er andere. Interessiert sich für spirituelle und philosophische Fragen und spricht gern darüber. Steht mit einer Tiefe in sich selbst in Kontakt, die nur die wenigsten Menschen erreichen. Er läßt andere davon profitieren.
Negative Persönlichkeitsaspekte: Fragt immer: »Warum ich? Wozu geschieht mir das?« Fühlt sich als Opfer. Möchte aus seiner Lebenssituation fliehen; weiß nicht, wie er etwas verändern kann. Er kann einen solchen Grad der Verzweiflung erreichen wie van Gogh, der sich eines Tages sein Ohr abschnitt. Neigt dazu, das Schmerzliche und Negative in einer Situation zu sehen, statt sich auf die Wachstumsmöglichkeiten zu konzentrieren. Trägt viel Wut und Groll mit sich herum, was seine Liebe zuschüttet.
Spirituelle Ebene: Hilft dabei, die eigenen Talente zu perfektionieren und irdische Illusionen zu überwinden. Öffnet dafür, das

eigene Schicksal zu akzeptieren. Macht den Weg dafür frei, zu erkennen, was man im spirituellen Feld wirklich für sich selbst tun möchte, und es dann auch in die Realität umzusetzen.
Mentale bzw. geistige Ebene: Macht, daß der Anwender sich nicht mehr so leicht als Opfer fühlt. Holt Inhalte aus dem Unbewußten ins Bewußtsein herauf. Beruhigt den Intellekt und bringt Gefühle an die Oberfläche.
Emotionale Ebene: Verschafft dem Bewußtsein Zugang zu Wut und Groll, unterstützt die Auseinandersetzung mit beidem und bringt Selbstliebe. Hilft, über Gefühle zu sprechen.
Körperliche Ebene: Bei allen chronischen Krankheiten, Nackenbeschwerden, Schmerzen, besonders bei Arthritis und Rheumatismus.
Wo die Substanz aufgetragen werden soll: Überall am Körper.
Affirmation: Ich öffne mich dafür, die Liebe neu zu sehen.
Besonderheiten: Hilft in allen Lebenssituationen, die mit angestauter Energie zu tun haben. Bringt in diesem Fall Dynamik.

Nr. 76

Name der Flasche: Vertrauen
Farben: Pink über Gold
Zusammengeschüttelte Farbe: Orange
Körperlicher Bereich (Chakra): Basis- und Solarplexuschakra
Tarotkarte: Drei der Münzen
I-Ging-Zeichen: ohne
Grundthema: durch Selbstliebe an das eigene Potential gelangen

Positive Persönlichkeitsaspekte: Ein zärtlicher, sanfter Mensch, der den Schwierigkeiten des Lebens nachgibt und mit dem Fluß geht. Ist erfolgreich, aber nicht überheblich. Sein Erfolg beruht auf Beständigkeit. Er läßt Dinge durch seine Weisheit wachsen und bringt sie dann auf die Welt. Seine Weisheit ist intuitiv. Er besitzt eine extreme Fähigkeit zu Konzentration und Hingabe, besonders im Hinblick auf diese Weisheit. Ein Genie in seinem Bereich. Kann sich auf sich selbst verlassen und ist selbstbestimmt. Ein Selfmade-Mann bzw. eine Selfmade-Frau. Kann sich sehr klar ausdrücken. Hat das Talent, in der Zeit vor- und zurückzugehen, auch in Vorleben und in die Zukunft hineinzugehen, um an Wissen und Weisheit zu gelangen.

Negative Persönlichkeitsaspekte: Ein rigider, selbstbezogener Mensch, der sich dem Streß des Lebens nicht beugen möchte. Glaubt, daß er mehr in das Leben investiert als er zurückbekommt. Findet, daß er nicht die Liebe bekommt, die er braucht. Ist generell ängstlich, besonders jedoch in bezug auf den Ausdruck seiner Liebe. Kann sich der Liebe nur schwer öffnen und sich darin gehenlassen. Hat die Tendenz, immer zu arbeiten, statt auch mal Pause zu machen und zu »spielen«.

Spirituelle Ebene: Bringt die Weisheit der Vergangenheit und macht sie im Hier und Jetzt anwendbar. Öffnet für sensitive Fähigkeiten und für tiefe Erinnerungen.

Mentale bzw. geistige Ebene: Hilft dem Intellekt, sich auf tiefe Weisheit einzulassen. Löst Verwirrung und Ängste aus den Tiefen des Selbst auf, und zwar durch das Lernen von Selbstrespekt.

Emotionale Ebene: Bringt die Geduld, sich in bestimmten Situationen zurückhalten zu können, sowie die Fähigkeit, sich um sich selbst zu kümmern und sich selbst zu lieben.

Körperliche Ebene: Bringt das Hormonsystem ins Gleichgewicht. Klärt das Denken. Unterstützt die Aufnahme von Nährstoffen.

Wo die Substanz aufgetragen werden soll: Um den gesamten Bauch herum.

Affirmation: Ich liebe Dich so, daß ich Dich loslassen kann.

Besonderheiten: Es ist möglich, daß dieser Mensch einem Geheimbund angehört. Hilft in der Reinkarnationstherapie, leichter in frühere Leben einzusteigen. Unterstützt die Rebirthing-Arbeit. Kann darauf hinweisen, daß jemand mißbraucht wurde, besonders, wenn diese Flasche von einer Frau gewählt wird (zu diesem Thema siehe die Anmerkungen zu Flasche Nr. 5).

Nr. 77

Name der Flasche: Der Kelch
Farben: Klar über Magenta
Zusammengeschüttelte Farbe: Magenta
Körperlicher Bereich (Chakra): alle Chakren; kann überall am Körper benutzt werden
Tarotkarte: Zwei der Münzen
I-Ging-Zeichen: ohne
Grundthema: die Kraft des Lichts wird zur Lebenskraft

Positive Persönlichkeitsaspekte: Ein Athlet oder Sportler, der aber auch an spirituellen Dingen interessiert ist. Besitzt die Fähigkeit, sich selbst in Frage zu stellen. Hat eine Menge Charisma und Überzeugungskraft, kann Klarheit in unklare Situationen bringen. Trägt das Christus-Bewußtsein in sich. Befindet sich mit den kosmischen Gesetzen und dem göttlichen Plan im Einklang. Hat Zugang zur Liebe »von oben«.
Negative Persönlichkeitsaspekte: Braucht übertrieben viel Liebe. Ändert sich nicht, obwohl er weiß, daß er es tun müßte. Rechtfertigt sich selbst. Kann die Liebe von anderen nicht akzeptieren. Manipuliert, um die Liebe zu erhalten, die er will, und ist nicht mit dem zufrieden, was er bekommt. Sein Bedürfnis nach Perfektion ist in allen Lebensbereichen übertrieben. Es ist möglich, daß er sexuell extrem veranlagt ist.
Spirituelle Ebene: Bringt göttliche Liebe herunter in die Materie. Indem die Substanz den mentalen Aspekt stimuliert, hilft sie der Spiritualität, sich zu entwickeln. Das heißt, sie bringt Unter-

scheidungsvermögen. Hilft dabei, klare Informationen von oben zu bekommen.
Mentale bzw. geistige Ebene: Offenbart die Qualitäten eines Menschen. Hilft, sich von seinen persönlichen Interessen zu distanzieren und die Interessen der Gruppe mehr in den Vordergrund zu stellen.
Emotionale Ebene: Löst das Bedürfnis nach Selbstrechtfertigung auf. Bringt übertriebene Ideale auf den Boden, besonders, wenn sie mit Beziehungen zu tun haben. Stimuliert die Fähigkeit, über sich selbst zu lachen.
Körperliche Ebene: Bringt das Hormonsystem ins Gleichgewicht. Löst starke Verstopfung auf und kann gegen schlechten Atem helfen, der durch Verstopfung verursacht wird.
Wo die Substanz aufgetragen werden soll: Überall am Körper.
Affirmation: Ich lasse meine Illusionen los und sehe klar.
Besonderheiten: Verschafft in der Reinkarnationstherapie Zugang zu Inkarnationen bei den Essenern (siehe Flasche Nr. 11).

Nr. 78

Name der Flasche: Kronen-»Erste Hilfe«
Farben: Violett über Tiefmagenta
Zusammengeschüttelte Farbe: Tiefmagenta
Körperlicher Bereich (Chakra): Kronenchakra
Tarotkarte: As der Münzen
I-Ging-Zeichen: ohne
Grundthema: die volle Kraft von oben kommt auf die Erde, um der Menschheit zu helfen

Positive Persönlichkeitsaspekte: Ein wirklicher Sensitiver, der seinen Lebenssinn, seine Lebensaufgabe erkannt und angenommen hat. Er hat auch seine eigene göttliche Seite erkannt und akzeptiert. In ihm vereinigen sich die Aspekte von Körper, Geist und Seele und werden zu einer Ganzheit. Ist immer zur richtigen Zeit am richtigen Ort. Entdeckt sich selbst und lebt das, was und wer er ist. Hat erkannt, daß das Leben heilig und daß es der größte Lehrer ist, besonders bezüglich Herzensangelegenheiten. Als größtes Geschenk trägt er einen unzerstörbaren Willen in sich, dabei ist er demütig im besten Sinne.

Negative Persönlichkeitsaspekte: Schleppt tiefe Trauer mit sich herum, die danach schreit, aufgelöst zu werden. Hat Schwierigkeiten, sich seinen eigenen Schatten anzuschauen. Vergießt Krokodilstränen darüber, wie ungerecht ihn seiner Meinung nach das Schicksal behandelt. Hat in seinem Leben schon extreme Gewinne und Verluste erlebt. Fühlt sich sehr erfahren und trägt daher einen Mangel an Frische in sich. Ist von Vorurteilen und Unzufriedenheit bestimmt. Sein spirituelles Leben wird von den Belangen der materiellen Welt vollkommen überdeckt. Hat ein großes Verlangen nach irdischen Genüssen.

Spirituelle Ebene: Läßt die Gesetze des Karma verstehen. Fokussiert und bringt Konzentration in Meditation und Gebet. Hilft der Seele, zu verstehen, daß durch Dienen die tiefste Zufriedenheit erreicht werden kann. Öffnet das Dritte Auge.

Mentale bzw. geistige Ebene: Verschafft Kontakt zu alter Weisheit und zu Ideen, wie diese alte Weisheit für die heutige Zeit umformuliert und anwendbar gemacht werden kann. Bringt Verständnis dafür, welche Verhältnisse wir uns durch die Programmierungen des eigenen Unbewußten selbst schaffen. Durch den Bewußtwerdungsprozeß, den diese Substanz einleitet, kann von unerwünschten Programmierungen losgelassen werden.

Emotionale Ebene: Bringt nach einer Trauerphase Freude in das Leben zurück. Unterstützt tiefgehende Arbeit mit dem »inneren Kind«. Hilft bei Übersensibilität, in allen Trauersituationen sowie bei Übergängen aller Art (Tod, Geburt, psychologische Übergänge wie Verlust des Berufes usw.).

Körperliche Ebene: Hat die gleichen Effekte wie Flasche Nr. 1 (Blau über Tiefmagenta). Ist besonders effektiv bei Kopfschmerzen und Migräne.
Wo die Substanz aufgetragen werden soll: Um den Haaransatz, eventuell noch um den Hals herum, auf das Dritte Auge und den Wirbel oben am Kopf.
Affirmation: Ich lade den Geist in alle Bereiche meines Lebens ein.
Besonderheiten: Diese Flasche wurde als erste nach Vicky Walls Tod geboren. Sie wird auch »göttliche ›Erste Hilfe‹« genannt. In der Psychotherapie hilft diese Substanz, Licht in die Vergangenheit zu bringen und dadurch in der Gegenwart Erfolg zu schaffen. Hat mit den Plejaden, dem »Großen Bären« und Canopis zu tun. Wer beginnen möchte, Devas, Engel usw. zu sehen, kann sich von dieser Substanz helfen lassen.

Nr. 79

Name der Flasche: Die Straußflasche (Kopf in den Sand stecken)
Farben: Orange über Violett
Zusammengeschüttelte Farbe: Orange
Körperlicher Bereich (Chakra): »zweites Chakra« und Kronenchakra
Tarotkarte: keine
I-Ging-Zeichen: ohne
Grundthema: spiritueller Schock

Positive Persönlichkeitsaspekte: Ein sehr glücklicher Mensch, der tiefe Einsichten gewonnen hat und diese Einsichten benutzt, um anderen zu dienen. Agiert, statt zu re-agieren. Sucht nach spiritueller Wahrheit. Unterstützt andere Menschen, die sich in Schwierigkeiten befinden, sehr effektiv. Hat ein Gleichgewicht zwischen seiner Spiritualität und seinen Gefühlen gefunden. Ist tief mit der eigenen Aufgabe verbunden und erfüllt sie gern, auch wenn sie schwierig ist und ihn viel kostet.

Negative Persönlichkeitsaspekte: Sein Denken ist durch seine Gefühle bestimmt. Will sich nicht stellen, sondern weglaufen. (»Vogel-Strauß-Politik«). Schleppt alten Liebeskummer mit sich herum. Wurde möglicherweise von einem spirituellen Lehrer enttäuscht. Steht unter einem tiefen Schock, weil er jemanden verloren hat, der ihm viel bedeutete.

Spirituelle Ebene: Löst spirituelle Schocks auf und bringt die Informationen rüber, die darin enthalten sind, so daß sie integriert werden können. Daraus kann sehr viel inneres Wachstum resultieren.

Mentale bzw. geistige Ebene: Hilft, alte Muster loszuwerden und dadurch an das eigene Potential zu gelangen.

Emotionale Ebene: Heilt Beziehungen, die mit Abhängigkeit und Co-Abhängigkeit zu tun haben. Führt zu Unabhängigkeit. Bringt Selbstliebe.

Körperliche Ebene: Bei sexuellen Problemen, besonders, wenn sie durch Schuldgefühle verursacht sind. Bei Durchfall und Schwierigkeiten mit der Aufnahme von Nährstoffen.

Wo die Substanz aufgetragen werden soll: Um den Haaransatz und um den Unterleib herum.

Affirmation: Ich nehme die Herausforderungen des Lebens freudig an.

Besonderheiten: Kann anzeigen, daß jemand mit dem eigenen Tod konfrontiert ist, oder mit dem Tod einer ihm nahestehenden Person. Unterstützt Suchttherapien. Verschafft in der Reinkarnationstherapie Zugang zu Inkarnationen im alten Ägypten.

Nr. 80

Name der Flasche: Artemis
Farben: Rot über Pink
Zusammengeschüttelte Farbe: Rot
Körperlicher Bereich (Chakra): Basischakra
Tarotkarte: keine
I-Ging-Zeichen: ohne
Grundthema: das Erwachen für die Kraft der Liebe

Positive Persönlichkeitsaspekte: Ein »Energiebolzen«, der sich dessen bewußt ist, wie viel Energie, Kraft, Stärke und Mut er besitzt. Ist in seinem Beruf erfolgreich und benutzt dabei seine Intuition. Kommt mit der materiellen Seite des Lebens sehr gut zurecht. Ist im Spirituellen sehr schnell erwacht. Hatte eine direkte Erfahrung mit dem Christus-Bewußtsein. Kann seine Liebe und Wärme gut mit anderen teilen. Ist kreativ, künstlerisch begabt und musikalisch sowie zuverlässig und verantwortungsbewußt. Kann seine Vision auf den Boden bringen und sie verwirklichen.
Negative Persönlichkeitsaspekte: Schleppt eine Menge Wut auf das weibliche Prinzip mit sich herum, vielleicht resultierend aus schlechten Erfahrungen mit der Mutter. Hat sexuelle Probleme, die er nicht erkennt und daher auch nicht lösen kann, sowie Schwierigkeiten mit Überlebensfragen. Vertraut weder dem Leben noch anderen Menschen, noch sich selbst. Glaubt, daß er nicht genügend Liebe erhält, und ist wütend darüber.
Spirituelle Ebene: Öffnet für Liebe sowie für die Offenlegung schwieriger Sachverhalte im eigenen Leben. Verändert die Einstellung, die hinter mangelnder Selbst- und Nächstenliebe steht.
Mentale bzw. geistige Ebene: Unterstützt die Auseinandersetzung mit Überlebensfragen in Verbindung mit dem Abschied von der eigenen Aggressivität.

Emotionale Ebene: Löst Gefühle von Abgetrenntsein auf. Nützlich nach Trennungen und Scheidungen, bringt die Selbstliebe zurück. Verschafft Paaren, die sich ein Kind wünschen oder die ein Kind erwarten, Zugang zu Verantwortungsgefühl und Liebe.
Körperliche Ebene: Bringt Energie. Gut für das Hormonsystem, besonders für die Adrenalindrüsen. Läßt körperliche Probleme überwinden, die auf Frustration basieren.
Wo die Substanz aufgetragen werden soll: Um den gesamten Unterbauch herum.
Affirmation: In diesem Moment bin ich frei.
Besonderheiten: Menschen, die in helfenden Berufen arbeiten, kommen durch diese Substanz wieder mit ihren Ressourcen von Liebe und körperlicher Kraft in Kontakt.

Nr. 81

Name der Flasche: Bedingungslose Liebe
Farben: Pink über Pink
Zusammengeschüttelte Farbe: Pink
Körperlicher Bereich (Chakra): Basischakra
Tarotkarte: keine
I-Ging-Zeichen: ohne
Grundthema: sich selbst akzeptieren

Positive Persönlichkeitsaspekte: Eine sehr intuitive und konzentrierte Persönlichkeit, das zeigt sich in allem, was sie tut. Bringt Wärme, Zärtlichkeit und Intuition in all ihre Aktivitäten. Besitzt viel Mitgefühl und kann das auch zum Ausdruck bringen. Kann sehr gut Liebe geben und annehmen. Besitzt eine sehr starke feminine Seite. Hilft anderen, ihre Schwierigkeiten zu überwinden. Hat ein besonderes Talent dafür, therapeutisch mit Paaren zu arbeiten. Steht im Kontakt mit den eigenen Gefühlen und

geht damit offen um. Ein Mensch mit intensivem Temperament und viel Energie.
Negative Persönlichkeitsaspekte: Sehnt sich nach Liebe. Fühlt sich verfolgt. Verleugnet den weiblichen Aspekt in sich selbst. Empfindet keine Wärme für sich selbst. Statt zu handeln, reagiert er nur. Befindet sich immer in einer Verteidigungsposition. Weil er nicht auf seine Intuition hört, ist er in Schwierigkeiten.
Spirituelle Ebene: Öffnet das Herz für bedingungslose Liebe. Transferiert Informationen, die über die eigene Intuition gekommen sind, in den Alltag.
Mentale bzw. geistige Ebene: Hilft Menschen, die ohne Mutter aufwuchsen, die mütterliche Energie in sich selbst zu finden. Bringt neue Lösungsideen, wenn Menschen Schwierigkeiten in Beziehungen haben.
Emotionale Ebene: Stimuliert Selbstakzeptanz.
Körperliche Ebene: Bei Übergewicht, das mit hormonellen Problemen zu tun hat, sowie bei Magersucht und Eßsucht.
Wo die Substanz aufgetragen werden soll: Um den Unterleib herum.
Affirmation: Ich liebe mich so, wie ich bin.
Besonderheiten: Unterstützt Rebirthing-Sitzungen. Klärt Muster aus früheren Inkarnationen, die mit Verfolgung zu tun haben.

Nr. 82

Name der Flasche: Calypso
Farben: Grün über Orange
Zusammengeschüttelte Farbe: Olivgrün
Körperlicher Bereich (Chakra): »zweites Chakra« und Herzchakra
Tarotkarte: keine
I-Ging-Zeichen: ohne
Grundthema: tiefe emotionale Schocks überwinden

Positive Persönlichkeitsaspekte: Hat eine Menge Weisheit aus der Vergangenheit angesammelt und kann sie für die heutigen Verhältnisse anwendbar machen. Besitzt ein hohes Maß an emotionaler Klarheit. Ist mit tiefen inneren Einsichten verbunden und kann darüber sprechen. Steht auch mit dem Fluß seiner Gefühle in Verbindung. Weiß, wohin er gehen soll. Vertraut dem Glück und der Freude in sich. Liebt die Natur und versteht, wie sie funktioniert.

Negative Persönlichkeitsaspekte: Ein desillusionierter Sucher, dem ein tiefer emotionaler Schock in den Gliedern sitzt. Hatte eine schwierige Kindheit. Ein Egozentriker, der gegen seine eigenen Prinzipien arbeitet und sich selbst gegenüber nicht ehrlich ist. Hat Angst, die Wahrheit auszudrücken. Ist allgemein von tiefer, unaussprechlicher Angst besetzt.

Spirituelle Ebene: Löst vergangene spirituelle Konflikte auf. Schafft Platz, um an neue Freude und Einsichten zu gelangen. Unterstützt einen Neubeginn, und das Resultat kann eine sehr tiefe Veränderung sein.

Mentale bzw. geistige Ebene: Empfehlenswert bei Schwierigkeiten mit dem Vater und daraus entstandenen Schocks und Ängsten. Löst Depressionen sowie Suchtprobleme auf, besonders, wenn der Betreffende sich bewußt ist, daß sie aus emotionalen Schwierigkeiten resultieren.

Emotionale Ebene: Bringt emotionale Klarheit, Glück und Freude. Befreit von tiefen emotionalen Schocks und Traumata.

Körperliche Ebene: Bei Herzbeschwerden, Bronchitis, Asthma, Leberbeschwerden und Schwierigkeiten beim Ausschwemmen von Giftstoffen.

Wo die Substanz aufgetragen werden soll: Um den gesamten Rumpf herum.

Affirmation: Ich öffne mein Herz für eine neue Richtung.

Besonderheiten: Diese Flasche ähnelt Flasche Nr. 7, vieles aus der Beschreibung gilt auch für Nr. 82. In der Reinkarnationstherapie hilft diese Substanz beim Rückverfolgen von Gefühlen. Dadurch können hilfreiche Einsichten gewonnen werden.

Nr. 83

Name der Flasche: »Sesam öffne dich«
Farben: Türkis über Gold
Zusammengeschüttelte Farbe: Blaßolivgrün
Körperlicher Bereich (Chakra): »zweites Chakra«, Solarplexus- und Herzchakra sowie Ananda-Khanda-Zentrum
Tarotkarte: keine
I-Ging-Zeichen: ohne
Grundthema: »alter Wein in neuen Schläuchen«

Positive Persönlichkeitsaspekte: Eine Führungspersönlichkeit, welche die alte Weisheit in sich trägt und sie auf eine neue Zeit hin formuliert. Dieser Mensch hat eine starke Vision für die Zukunft und besitzt auch die Ressourcen, diese Vision umzusetzen. Wünscht sich Kommunikation mit vielen statt nur mit wenigen und besitzt die Möglichkeit zu einer solchen Kommunikation. Teilt mit, was er weiß. Versteht in diesem Zusammenhang, daß er, je mehr (Informationen) er gibt, um so mehr (Informationen) zurückerhält. Kann ein tiefes Gefühl von Glück weitergeben, das andere bereichert. Beginnt, durch kreativen Ausdruck sein wirkliches inneres Gold zu finden.
Negative Persönlichkeitsaspekte: Findet es schwierig, im Hier und Jetzt zu sein, weil er tiefe Ängste aus der Vergangenheit mit sich herumschleppt. Selbst nach ihrer Bewältigung leidet er unter extremen Erwartungsängsten. Wurde in der Vergangenheit verfolgt. Deswegen unterdrückt er sein Potential, oder das Leben scheint sein Potential zu unterdrücken. Besitzt die Tendenz, Gefühlsbedingungen und bestimmte Situationen für sich zu ma-

nipulieren und auszuschlachten, besonders, wenn das Ganze mit Macht zu tun hat.
Spirituelle Ebene: Öffnet die Tür zu altem Wissen, welches durch das Herz ausgedrückt werden will, was bedeutet, welches die Menschen berührt. Löst Schwierigkeiten, die aus spiritueller Verfolgung in der Vergangenheit resultieren, auf. Das Potential, die Kreativität, kann ausgedrückt werden.
Mentale bzw. geistige Ebene: Bringt eine Auflösung tiefer Verwirrung sowie Verständnis dafür, worum es sich bei dieser Verwirrung handelt. Künstler, bei denen sich kreative Schübe und Depressionen abwechseln, können durch diese Substanz ein inneres Gleichgewicht erlangen. (Freude im ganz normalen Leben. Einen Zustand zwischen den Extremen, der zufrieden macht.)
Emotionale Ebene: Bringt Verständnis für die eigenen Ängste. Hilft, nicht mehr so viel zu manipulieren und sich selbst gegenüber klarer zu sein.
Körperliche Ebene: Bringt das Solarplexuschakra ins Gleichgewicht. Hilfreich bei niedrigem und hohem Blutzucker.
Wo die Substanz aufgetragen werden soll: Um den gesamten Rumpf herum.
Affirmation: Ich öffne mich für die tiefste Freude, damit ich sie mit anderen teilen kann.
Besonderheiten: Verschafft in der Reinkarnationstherapie Zugang zu Inkarnationen in Lemuria, Atlantis, im alten Ägypten, bei den Azteken und Inkas sowie innerhalb der Mysterientraditionen Europas. Stellt eine Verbindung zu Kristallen her und öffnet für die darin enthaltenen Energien.

Nr. 84

Name der Flasche: Kerze im Wind
Farben: Pink über Rot
Zusammengeschüttelte Farbe: Rot
Körperlicher Bereich (Chakra): Basischakra
Tarotkarte: keine
I-Ging-Zeichen: ohne
Grundthema: erweckt die wirkliche Kraft der Liebe

Positive Persönlichkeitsaspekte: Ist bereit, seine eigenen Bedürfnisse anderen zu opfern. Besitzt eine dynamische und »geerdete« Intuition, die sich zum Beispiel positiv in der Geschäftswelt äußern kann. Hat viel Gefühl für die Menschen, mit denen er zu tun hat. Besitzt eine unerschöpfliche Energie. Hat Zugang zum Christus-Bewußtsein und trägt es in sich, was sich über seine feminine, weibliche Seite manifestiert. Wünscht sich und hat auch die Energie, für andere zu sorgen. Ist dafür erwacht, für ein größeres Ganzes zu leben und zu arbeiten. Trägt eine tiefe Stille in sich und hat dabei ein Charisma, das andere berührt.
Negative Persönlichkeitsaspekte: Findet, er hat nicht die Liebe erhalten, die er braucht, hauptsächlich nicht durch das weibliche Rollenmodell. Hegt (deshalb) Groll gegenüber dem Weiblichen. Hat vielleicht in seiner ersten Liebe eine Enttäuschung erlebt. Trägt viel unterdrückte Wut mit sich herum.
Spirituelle Ebene: Führt zu Mitgefühl mit sich selbst und anderen, und dazu, es auszudrücken und umzusetzen. Stimuliert tiefe Intuition. Verschafft Kontakt zur Christus-Energie; öffnet für opferbereite Liebe.
Mentale bzw. geistige Ebene: Hilft, sich selbst klarer wahrzunehmen. Stimuliert feminine, kreative Energie.
Emotionale Ebene: Bringt Selbstliebe und Selbstakzeptanz. Löst

Groll und Frustration auf, besonders, wenn diese Gefühle durch frustrierte Liebe entstanden sind.
Körperliche Ebene: Bei Blutarmut, Frigidität und Impotenz. Bringt das hormonelle System ins Gleichgewicht.
Wo die Substanz aufgetragen werden soll: Um den gesamten Unterbauch herum.
Affirmation: Ich verabschiede mich von der Vergangenheit und öffne mich für die Liebe.
Besonderheiten: Die Substanz unterstützt tantrische Arbeit, das heißt die Verwandlung sexueller in spirituelle Energie.

Nr. 85

Name der Flasche: Titania
Farben: Türkis über Klar
Zusammengeschüttelte Farbe: Türkis
Körperlicher Bereich (Chakra): Ananda-Khanda-Zentrum und Herzchakra
Tarotkarte: keine
I-Ging-Zeichen: ohne
Grundthema: unterdrückte Gefühle rauslassen

Positive Persönlichkeitsaspekte: Ein Künstler, der seine Kreativität wirklich ausdrückt und lebt. Gibt soviel von dem, was er hat, in seine Kunst, daß er leer ist. (»Leere« bedeutet in diesem Zusammenhang die Leere, die in manchen spirituellen Traditionen ein wichtiges Ziel darstellt.) Besitzt ein großes Talent, vor anderen Menschen zu sprechen und sich darzustellen. Hat auch die Begabung, auf nichtverbale Art zu kommunizieren und dabei das Licht durchzubringen, zum Beispiel durch künstlerischen Ausdruck oder auch durch Massage. Vielleicht arbeitet er mit Computern, und er findet in diesem Bereich immer Problemlösungen.

Steht mit seinem inneren Lehrer in Kontakt. Ein großzügiger Mensch, besonders in bezug auf seine Zeit.
Negative Persönlichkeitsaspekte: Hat seine inneren emotionalen Konflikte noch nicht gelöst. Mußte in seiner Kindheit Gefühle unterdrücken. Hat über die verschiedensten Dinge Wut in sich angestaut. Auch über seine Unfähigkeit, seine Gefühle auszudrücken. Aufgrund seiner emotionalen Blockaden ist er nicht fähig, seinen rationalen Verstand zu benutzen. Hat Angst vor dem männlichen Aspekt in sich selbst, so sehr, daß auch diese Angst ihn manchmal blockiert.
Spirituelle Ebene: Hilft dabei, sich für Informationen, Intuition und so weiter zu öffnen. Ermöglicht es, das eigene Licht zum Ausdruck zu bringen sowie sich von tiefen Blockaden aus der Vergangenheit zu verabschieden. Besonders wenn diese Blockaden mit der Unmöglichkeit zusammenhingen, über bestimmte spirituelle Dinge zu sprechen.
Mentale bzw. geistige Ebene: Zeigt die momentanen emotionalen Probleme auf. Bringt den Anwender dazu, über seine Gefühle zu sprechen und dadurch seine Blockaden aufzulösen. Hilft gegen Lampenfieber, Angst vor technischen Geräten und Schwierigkeiten mit Fremdsprachen.
Körperliche Ebene: Bei allen Herz-, Lungen- und Brustbeschwerden. Wirkt leicht antiseptisch und kann Entzündungen kühlen. Auch empfehlenswert nach starkem Gewichtsverlust.
Wo die Substanz aufgetragen werden soll: Um den gesamten Brustbereich herum.
Affirmation: Leben ist Lieben. Ich liebe das Leben.
Besonderheiten: Hilfreich bei Schwierigkeiten mit Implantaten.

Nr. 86

Name der Flasche: Oberon
Farben: Klar über Türkis
Zusammengeschüttelte Farbe: Türkis
Körperlicher Bereich (Chakra): Ananda-Khanda-Zentrum und Herzchakra
Tarotkarte: keine
I-Ging-Zeichen: ohne
Grundthema: Klarheit in Herzensangelegenheiten bringen

Positive Persönlichkeitsaspekte: Ein sehr kreativer Mensch, der eine starke Verbindung zur weit entfernten Vergangenheit besitzt. Kann diese Weisheit auf eine eingängige und berührende Art vermitteln (durch Schreiben, Sprechen, künstlerischen Ausdruck usw.). Steht mit seinem Unterbewußtsein in engem Kontakt und kann mit den von dort stammenden Inhalten, zum Beispiel mit Träumen, sehr gut umgehen. Möchte seine Kreativität dazu benutzen, das Leiden in der Welt zu verringern. Ist ein guter Spiegel für andere, und zwar besonders für die schwierigen Aspekte, die er sehr deutlich machen kann. Aus diesem Grund wird er als Lehrer geschätzt.
Negative Persönlichkeitsaspekte: Hat Schwierigkeiten, sich durchzusetzen. Möchte gern kommunizieren, kann sich aber nicht ändern und »bringt nichts rüber«. Hatte ein extrem schwieriges Leben, was seine Sensibilität zugeschüttet hat. Die Tränen, die er nicht vergossen hat, haben seine Kreativität blokkiert, seine Kommunikationsfähigkeit, seine gesamte Gefühlswelt.
Spirituelle Ebene: Öffnet dafür, daß im Anwender altes Wissen neuen Ausdruck finden kann und daß er seine spirituellen Werte und Wahrheiten darlegen kann.
Mentale bzw. geistige Ebene: Hilft Menschen, die mit Computern

arbeiten, ihre Kreativität zu erhalten und für einfache Lösungen offen zu sein bzw. zu bleiben sowie konzentriert zu bleiben. Macht ihnen bewußt, daß sie nicht nur mit Computern, sondern auch mit anderen Menschen kommunizieren sollten. Das gilt besonders auch für Kinder. Ihnen gibt diese Substanz die Möglichkeit, mit ihren Gefühlen in Kontakt zu bleiben, Freundschaften zu pflegen und auch an ganz normalen, »altmodischen« Kinderspielen Freude zu behalten bzw. zu haben.
Emotionale Ebene: Verschafft Kontakt zur gesamten eigenen Gefühlswelt. Bringt unterdrückte Tränen zum Fließen, damit Blokkaden sich auflösen können. Nach diesen Tränen fühlt man sich nicht erschöpft. Das Herz »hat Platz«, und die Gefühlswelt kommt ins Gleichgewicht.
Körperliche Ebene: Bei Herz- und Hautproblemen, die durch Streß verursacht sind. Wirkt leicht antiseptisch. Lindert zum Beispiel einen leichten Sonnenbrand.
Wo die Substanz aufgetragen werden soll: Um den Haaransatz, wenn es um mentale Probleme geht, ansonsten um den gesamten Brustraum herum.
Affirmation: Ich öffne mich dafür, daß sich die Schöpfung in mir ausdrückt.
Besonderheiten: Gehört zum erweiterten Kinder-Set. Hilft Menschen, die mit Gentechnologie zu tun haben. Stellt in der Reinkarnationstherapie eine Verbindung zu Atlantis und Lemuria her.

Nr. 87

Name der Flasche: ohne
Farben: Koralle über Koralle
Zusammengeschüttelte Farbe: Koralle
Körperlicher Bereich (Chakra): »zweites Chakra«

Tarotkarte: keine
I-Ging-Zeichen: ohne
Grundthema: unerwiderte Liebe

Positive Persönlichkeitsaspekte: Ein Mensch, der tiefe Einsichten in andere nehmen kann und der sich als Transportmittel für Liebe und Weisheit nützlich macht. Hat immer ein Ohr für andere. Ist sehr effektiv und arbeitet häufig in einer Position, in der er eine Menge Verantwortung trägt. Weiß, wie er seine Umgebung schön gestalten kann, hat Freude an ästhetischen Dingen. Hat allgemein viel Freude in seinem Leben. Liebt die Natur. Versteht die neuen Technologien sehr gut. Hat eine Begabung für Koordination und für Beratung.
Negative Persönlichkeitsaspekte: Verliebt sich immer in Menschen, die die Liebe nicht so zurückgeben, wie sie sie erhalten (weil sie gebunden sind o. ä.). Und wenn die Situation eine Beziehung erlauben würde, dann bleibt die Liebe unerwidert. Ständig werden ihm Versprechen gebrochen (auch in Beziehungen mit den Eltern, mit Freunden usw.). Möglicherweise wurde dieser Mensch mißbraucht. Er ist mißtrauisch, weil er viele schlechte Erfahrungen gemacht hat.
Spirituelle Ebene: Bringt die Christus-Energie in ihrer neuen, sehr alltagsbezogenen und geerdeten Form in das Leben des Anwenders. Hilft, spirituelle Einsichten zu gewinnen und mit tiefer Freude in Kontakt zu kommen.
Mentale bzw. geistige Ebene: Steigert die Effizienz. Läßt klarsehen, was als erstes getan werden muß.
Emotionale Ebene: Lindert das Gefühl: »Keiner liebt mich.« Bringt Selbstliebe und die Offenheit für Liebe, die von außen kommt. Läßt Enttäuschungen überwinden sowie die Angst, nicht gut genug zu sein. Hilft, Schocks loszuwerden, besonders wenn sie mit Beziehungen zu tun haben.
Körperliche Ebene: Bei Problemen mit dem Kreislauf, mit der

Assimilation von Nährstoffen, bei allgemeinen Problemen im Verdauungstrakt, mit der Galle bzw. der Gallenblase. Wirkt sich positiv auf die Adrenalinproduktion aus.
Wo die Substanz aufgetragen werden soll: Um den gesamten Unterbauch herum.
Affirmation: Ich verabschiede mich von der Vergangenheit und begrüße die Liebe.
Besonderheiten: Hilfreich in Fällen von Mißbrauch (siehe hierzu auch »Besonderheiten« von Flasche Nr. 5). Auch in der Reinkarnationstherapie hilfreich, wenn es um die Themen Schock, Mißbrauch und unerwiderte Liebe in vergangenen Inkarnationen geht. Verschafft Kontakt zu Inkarnationen bei den nordamerikanischen Indianern.
Häufig fühlen sich Menschen auf den ersten Blick von dieser Flasche besonders angezogen. Dann empfiehlt sich, sie als erste anzuwenden und danach einige Tage zu pausieren, um ihre Wirkung abzuwarten. Und anschließend noch einmal von neuem die Lieblingsflasche(n) auszuwählen.
Diese Auswahl wird wahrscheinlich ganz anders aussehen, weil an dem Problem »unerwiderte Liebe«, das alles andere überschattete, gearbeitet worden ist.

Nr. 88

Name der Flasche: Der Jade-Herrscher
Farben: Grün über Blau
Zusammengeschüttelte Farbe: Türkis
Körperlicher Bereich (Chakra): Herz- und Kehlkopfchakra
Tarotkarte: keine
I-Ging-Zeichen: ohne
Grundthema: Liebe zur Natur

Positive Persönlichkeitsaspekte: Trägt tiefen Frieden in sich und ist interessiert daran, diesen Frieden nach außen zu tragen. Es geht ihm auch um den Weltfrieden. Ein Kämpfer für die Wahrheit mit einer ansteckenden Liebe zum Leben und zur Natur. Befindet sich in Harmonie mit seinen Gefühlen. Ein Schreiber, Dichter, Maler, der durch kreativen Ausdruck lebt. Besitzt einen scharfen Intellekt, versteht aber andere Menschen mit seinem Herzen. Ermutigt andere dazu zu wachsen und schafft ihnen Raum dafür. Liebt innere und äußere Reisen. Folgt dem Weg des Herzens und geht seinen (spirituellen) Weg mit Klarheit und Bestimmtheit.
Negative Persönlichkeitsaspekte: Hat Schwierigkeiten mit dem männlichen Rollenmodell (in sich selbst und im Außen) sowie mit dem Ausdruck der Wahrheit und seiner Gefühle. Fühlt sich betrogen, besonders in Herzensbeziehungen. Hat für sich selbst hohe Standards und kritisiert Menschen, die ihren Standard nicht leben. (Das gilt für alle Niveaus, spirituelles, mentales, emotionales und körperliches bzw. materielles Niveau.)
Spirituelle Ebene: Verschafft Kontakt mit dem Unsterblichen im eigenen Innern. Rückt die eigene Wahrheit in den Brennpunkt und hilft, Frieden zu finden.
Mentale bzw. geistige Ebene: Löst kreative Blockaden auf. Hilft, geistige Konflikte zu überwinden, die mit Eifersucht oder Neid zu tun haben (die eigenen Gefühle wie die entgegengebrachten).
Emotionale Ebene: Hilft Beziehungsprobleme zu lösen. Löst emotionale Blockaden auf. Zeigt auf, was für einen selbst emotional wahr ist. Öffnet für Liebe und Verständnis der Natur gegenüber. Hilft den Raum zu schaffen, der zur Wiedergewinnung des Gleichgewichts nötig ist.
Körperliche Ebene: Bei Bronchitis sowie Beschwerden mit dem Herzen, im oberen Rücken- und Schulterbereich und im Brustraum. Hilfreich, wenn man Essensgewohnheiten umstellt.

Wo die Substanz aufgetragen werden soll: Um den gesamten Brustraum und um den Hals herum.
Affirmation: Ich öffne mich für meine Liebe zur Natur.
Besonderheiten: Hilft Menschen, die das Gefühl haben, sie gehörten nicht auf die Erde. Verschafft in der Reinkarnationstherapie Kontakt mit Inkarnationen in Atlantis, Lemuria und bei den Templern.

Nr. 89

Name der Flasche: Energie-»Erste Hilfe«
Farben: Rot über Tiefmagenta
Zusammengeschüttelte Farbe: Tiefmagenta
Körperlicher Bereich (Chakra): Basischakra
Tarotkarte: keine
I-Ging-Zeichen: ohne
Grundthema: Heilungsenergie erlangen

Positive Persönlichkeitsaspekte: Ein Mensch mit viel Energie (und auch ein energischer Mensch), der ansteckend wirkt. Setzt seine sexuellen Energien für sein Bewußtseinswachstum ein. Hat seine sexuellen Schwierigkeiten überwunden. Besitzt Talent, mit Energie zu heilen (Shiatsu, Akupunktur usw.). Kennt sich in Gelddingen aus, aber auch mit optimalem Umgang mit der Zeit. Dinge, die für andere Menschen schwierig sind, bewältigt er mit Leichtigkeit.
Negative Persönlichkeitsaspekte. Hat mit seiner Sexualität große Probleme. Alle sonstigen Probleme, unter denen er leidet, hängen damit zusammen. Hat auch Schwierigkeiten, seine Alltagsdinge zu bewältigen. Tendiert zu Wut sowie zu ständiger Rechtfertigung. Hat er in seiner Wut andere Menschen verletzt, rechtfertigt er seine Handlungsweise vor sich selbst.

Spirituelle Ebene: Erweckt die Kundalini-Energie, das wahre Selbst, den Logos in sich selbst. Öffnet für Heilungsenergien. Beschleunigt persönliches Wachstum.
Mentale bzw. geistige Ebene: Verhilft zu Entschiedenheit. Verändert den Umgang mit Wut, die einem entgegengebracht wird. Verändert auch das Verhalten in Geldangelegenheiten.
Emotionale Ebene: Hilft, mit Wut und Frustration besser zurechtzukommen. Heilt sexuelle Schwierigkeiten. Löst Groll auf, besonders wenn er mit Beziehungen zu tun hat. Hilft bei extremem Mangel an Selbstakzeptanz, besonders, dann wenn dieser Mangel in einem emotionalen Problem begründet liegt.
Körperliche Ebene: Bei sexuellen Problemen, besonders bei Frigidität und Impotenz. Hilfreich nach elektrischen Schocks, auch nach »therapeutischen« Elektroschocks. Kann bei extremer Lethargie beleben. Stärkt das Immunsystem.
Wo die Substanz aufgetragen werden soll: Um den gesamten Unterbauch herum.
Affirmation: Die Energie folgt der Absicht.
Besonderheiten: Die Flasche wurde am 26. Juli 1992 geboren, als der Kalender der alten Mayas den Abschluß eines wichtigen Zyklus anzeigte. Daher wird die Flasche in England auch die »Time Shift Bottle« genannt (frei übersetzt etwa: Die Zeitenwende-Flasche). Eignet sich für tantrische Übungen. Hilft Menschen, die mit Erdenergien arbeiten. Schützt vor negativer erdenergetischer Strahlung. (Das bedeutet aber nicht, daß dadurch Lösungen auf der praktischen Ebene überflüssig gemacht würden.)

Nr. 90

Name der Flasche: Weisheits-»Erste Hilfe«
Farben: Gold über Tiefmagenta
Zusammengeschüttelte Farbe: Tiefmagenta
Körperlicher Bereich (Chakra): Solarplexuschakra und alle anderen Chakren
Tarotkarte: keine
I-Ging-Zeichen: ohne
Grundthema: mit der eigenen Verwirrung Freundschaft schließen

Positive Persönlichkeitsaspekte: Ein Lehrer (auch wenn er diesen Beruf nicht ausübt), der die tiefsten Probleme in sich gelöst hat, die mit Verwirrung zu tun haben. Strahlt Freude aus, auch wenn ihm gar nicht danach ist. Weiß um die Kraft göttlicher Liebe. Es ist, als hätte er den Topf am Ende des Regenbogens gefunden. Dieser Topf enthält die alte Weisheit, die jetzt in die Welt überfließen kann. Der Regenbogen bedeutet den Friedensvertrag zwischen Gott und den Menschen nach der Sintflut. Das heißt, dies ist jemand, der seinen Frieden mit Gott gemacht hat. Er trägt Hoffnung für künftige Zeiten in sich.
Negative Persönlichkeitsaspekte: Ist mit allen Arten von Ängsten über seinen Selbstwert besetzt. Möchte persönliche Macht gewinnen und bemüht sich darum. Benutzt Taktiken der Angst, um andere zu beeinflussen und zu manipulieren. Ist verwirrt und weiß nicht, wie er sich verhalten soll. Dabei tut er aber so, als habe er überhaupt keine Schwierigkeiten. Verleugnet die Weisheit, die in ihm aufsteigt, weil er weiß, daß er sich verantwortlich verhalten müßte, wenn er sie sich bewußtmachen würde.
Spirituelle Ebene: Hilft, die Weisheit, die man in sich trägt, bewußt auszudrücken, indem man die Liebe, die da ist, in die kleinen, alltäglichen Dinge steckt. Bringt Verständnis für alchi-

mistische Vorgänge, die die Qualität in der Liebe verfeinern sollen.

Mentale bzw. geistige Ebene: Transformiert Angst, die auf Mißtrauen beruht und mit Macht verbunden ist, in den Wunsch nach Freude. Hilft Menschen, die viel Lernstoff bewältigen müssen, diesen Stoff zu behalten und praktisch umzusetzen.

Emotionale Ebene: Bringt Freude, auch dann, wenn jemand gerade in Schwierigkeiten steckt. Läßt die Gründe für das akzeptieren, was die größten Ängste verursacht, und läßt erkennen, daß man das, was helfen wird, schon in sich trägt.

Körperliche Ebene: Bei Problemen mit der Leber, der Bauchspeicheldrüse, dem Magen, dem Nervensystem und der Haut. Bei Nervosität, die sich körperlich manifestiert.

Wo die Substanz aufgetragen werden soll: Um den gesamten Bauch herum.

Affirmation: Aus meinem Chaos taucht eine neue Ordnung auf.

Besonderheiten: Hilft Menschen, die sich wegen ihrer kleinen Fehler so verurteilen, daß sie ihre großen Stärken nicht ausdrükken können. Verschafft in der Reinkarnationstherapie Zugang zu Inkarnationen bei den Mayas.

Nr. 91

Name der Flasche: Weibliche Führerschaft
Farben: Olivgrün über Olivgrün
Zusammengeschüttelte Farbe: Olivgrün
Körperlicher Bereich (Chakra): Solarplexus- und Herzchakra
Tarotkarte: keine
I-Ging-Zeichen: ohne
Grundthema: weibliche Führungsqualitäten entwickeln

Positive Persönlichkeitsaspekte: Eine Führungspersönlichkeit, die wirklich aus dem Herzen agiert. Bringt die Dinge auf den Boden, besonders im Hinblick auf Spiritualität, macht sie auf einer materiellen Ebene verständlich. Ein abstrakter Denker und wissenschaftlicher Esoteriker, der in tiefem Kontakt mit seinem emotionalen Anteil steht. Hat keine Angst, seine Narben und seine Verwundbarkeit zu zeigen. Seine Erfahrungen sind breit gefächert. Liebt die Wahrheit. Ist optimistisch und praktisch. Ihm geht es darum, eine bessere Welt zu schaffen. Opfert seine eigenen Interessen für das Wohl des großen Ganzen. Lebt einfach und bescheiden, aber sehr aus dem Herzen heraus. Manche finden ihn zu direkt.

Negative Persönlichkeitsaspekte: Lebt ein sehr schwieriges emotionales Leben. Seine Ängste stören seinen Frieden. Ihm fehlt die Freude, und er sucht nach seiner eigenen Reflexion, statt in sich selbst hineinzuschauen. Ist häufig bitter und findet, er habe etwas Besseres verdient als das, was das Leben ihm präsentiert. Ist unzufrieden, weil er nur wenig Erfolg hat. Beneidet alle um sich herum, die schneller vorankommen als er.

Spirituelle Ebene: Hilft, Wissen zu integrieren und sich die Dinge zu merken, sie anwendbar zu machen bzw. sie anzuwenden. Bringt tiefes Verständnis für natürliche Gesetze, für die Harmonie in der Natur und für die Muster, die darunter liegen.

Mentale bzw. geistige Ebene: Verschafft eine klare Ausrichtung. Bringt neue Hoffnung und die Möglichkeit für neue Entscheidungen. Hilfreich gegen bestimmte Phobien und versteckte Ängste. Die Neigung zum häufigen Kritisieren anderer Menschen nimmt ab.

Emotionale Ebene: Bringt den Raum, den man braucht, um in seinem Leben Freude zu finden. Klärt Ängste, die mit der Gefühlsseite des Lebens zu tun haben, besonders die Angst, sich gefühlsmäßig mitzuteilen. Unterstützt Menschen, die üben wollen, lockerer zu werden.

Körperliche Ebene: Bei Krämpfen, Schmerzen im mittleren Rükkenbereich, bei Herzproblemen (besonders bei Angina pectoris) und bei Beschwerden im Brustraum aufgrund von Wasseransammlung bei Nierenfunktionsstörungen.
Wo die Substanz aufgetragen werden soll: Um den gesamten Brust- und Bauchraum herum.
Affirmation: Hoffnung ist mein Weg vorwärts. Ich vertraue dem Prozeß des Lebens.
Besonderheiten: Menschen, die das Gefühl haben, von Außerirdischen belästigt zu werden, erfahren durch das Benutzen dieser Substanz Klarheit in ihrer Situation.

9 Die Pomander

Zum Stichwort »Pomander« haben wir bereits in Kapitel 3 einiges gesagt. Unter anderem, daß sie früher dazu benutzt wurden, die Atmosphäre in Räumen zu klären, zu reinigen und Menschen zu schützen. Wir haben auch darüber berichtet, wie die Aura-Soma-Pomander zustande kamen und was sie enthalten. All dies wollen wir hier nicht wiederholen.

Jetzt möchten wir Ihnen die wichtigsten praktischen Informationen zu den 14 Pomandern geben, zu Anwendungsbereichen, -formen und -zielen.
Die Pomander laden vor allem zum Experimentieren ein. Zahllose Therapeuten auf der ganzen Welt sind dabei, die verschiedensten Strategien auszuprobieren. Die einen tragen die Pomander direkt auf den Akupressurpunkten auf, die anderen geben einen Tropfen davon in den Nabel des Klienten und so weiter. Dabei folgen einige von ihnen nur ihrer Intuition, andere gehen aber unter anderem auch mit kinesiologischen Testmethoden an die Sache heran.
Hier beschreiben wir keine derartigen Expertentricks, sondern bieten Basisinformationen an. Es empfiehlt sich, sich erst einmal an diese zu halten und auszuprobieren, welche speziellen Wirkungen die unterschiedlichen Pomander bei Ihnen zeitigen. (Wenn Sie das herausgefunden haben, werden Ihnen wahrscheinlich sowieso neue Anwendungsmöglichkeiten einfallen.)
Einige Pomander beispielsweise haben bei manchen Anwendern derartig belebende Effekte, daß sie sie nur am frühen Morgen vertragen können; nehmen sie sie später am Tage, so müssen sie

mit Einschlafschwierigkeiten rechnen. Finden Sie für sich heraus, was Ihnen guttut, seien Sie offen für alles, was geschieht, und richten Sie sich danach. Was im übrigen den Aufweckeffekt mancher Substanzen betrifft, so kann man sich ihn auch zunutze machen …

Die Pomander sollen insbesondere das elektromagnetische Feld des Menschen ausbalancieren. Das führt einerseits zu einem Schutz vor negativen Einflüssen, andererseits können die positiven Einflüsse durchkommen. Während die Öle direkt auf den materiellen Körper, die Chakren und die anderen Energiekörper wirken, unterstützen und stimulieren die Pomander den Effekt der Öle und wirken direkt auf das elektromagnetische Feld, wobei aber einige von ihnen ausgeprochen tiefgehende sekundäre Auswirkungen auf den materiellen Körper haben. Mehr dazu in den Beschreibungen.

Übrigens braucht die Farbe des Pomanders nicht unbedingt mit einer der Farben des von Ihnen benutzten »Balance«-Öls zu korrespondieren. Da die Pomander nur mit den Händen und mit der Aura Kontakt haben, können sich die beiden Substanzen nicht stören.

Mit den Pomandern können Sie auch arbeiten, wenn Sie momentan kein Öl in Gebrauch haben. Obwohl Vicky Wall und ihre Helfer von »drüben« allerdings im Auge hatten, mit den Pomandern die Wirkungen der Öle zu unterstützen und den Menschen, die sich in einem Öffnungsprozeß befinden, Schutz zu geben. Unser Alltagsleben ist auf innere Öffnungsprozesse nicht angelegt. Um funktionsfähig zu bleiben, verzichten viele Menschen auf Wachstum. Die Pomander mit ihrer starken Schutzfunktion machen jede Ausrede hinfällig.

Die kleinen Plastikfläschchen mit den hochkonzentrierten, auf Alkohol basierenden und daher schnell verfliegenden Substanzen können in der kleinsten Handtasche, in den engsten Jeans mitgeführt werden. Die Anwendung ist überall und jederzeit möglich. Die Fläschen sind praktisch, weil sie nicht durch Schütteln individualisiert zu werden brauchen und weil ein einziges davon unzählige Anwender bedienen kann. Ein Vorteil, der sich im täglichen Umgang mit Menschen, aber auch zum Beispiel bei einem Krankenbesuch zeigt. Fragen Sie den Kranken um Erlaubnis, und verteilen Sie einen passenden Pomander um seine Aura. Es ist auch möglich, Bewußtlosen, kleinen Kindern, kranken Tieren und Pflanzen mit den Pomandern zu helfen. Was kann dabei passieren? Im äußersten Fall nichts, im besten Fall jedoch geschieht äußerst Konstruktives.

Mit Hilfe der Pomander können Sie auch negative Energie in Räumen oder Häusern verwandeln. Dafür geben Sie eine passende Substanz auf Ihre Hand; gehen Sie durch den Raum oder durch das Haus; beziehen Sie alle Ecken, alle Türen mit ein. Tun Sie dies nicht mechanisch, sondern stellen Sie sich dabei vor, daß Sie diesen Ort von unpassenden Energien reinigen. Halten Sie ein Fenster offen, damit die Energien auch wirklich gehen können!

Und nun zur Systematik der Pomanderdarstellung. Bei den Pomandern spielt der Duft eine besonders wichtige Rolle. Aus diesem Grund werden Sie zwei Charakterisierungen finden. Die erste beschreibt das Dufterlebnis, wie Sie es von Parfumcharakterisierungen kennen. Die zweite benennt die Kräuter, die beim jeweiligen Duft hervorstechen. Im Anschluß finden Sie die enthaltenen Edelsteinenergien aufgeführt. Wenn von »Quarzkristallen« gesprochen wird, ist immer Bergkristall gemeint.
Diese Informationen sind besonders wichtig für Therapeuten, die mit ätherischen Ölen bzw. mit Edelsteinen Heilungsarbeit leisten. Sie können Öle und Steine, die sie zusätzlich anwenden wollen, auf die Inhalte der Pomander abstimmen.

Und so wenden Sie die Pomander an: Stellen Sie sich bequem hin. Geben Sie drei Tropfen auf die Innenfläche Ihrer linken Hand. Verreiben Sie die Substanz mit Ihrer rechten Hand, bis der Alkohol verflogen ist, und breiten Sie die Arme aus. Die Handflächen werden nach außen geöffnet. Stellen Sie sich dabei vor, daß die Heilkraft des Pomanders nicht nur Ihnen selbst zuteil werden soll, sondern auch anderen bedürftigen Wesen dieser Erde und der Erde selbst.

Machen Sie nun, über dem Kopf beginnend, mit beiden Händen Bewegungen, als wenn Sie Ihren Körper aus einem Abstand von wenigen Zentimetern streicheln. Verteilen Sie so den Pomander von Kopf bis Fuß um Ihre Aura, so weit wie möglich auch am Hinterkopf und am Rücken. Zum Schluß nehmen Sie beide Hände vor die Nase und atmen Sie dreimal tief in Ihren Bauch hinein. Stellen sie sich dabei vor, daß Sie die Energien der im Pomander enthaltenen 49 Kräuter wie auch seine Farbe ganz und gar in sich aufnehmen. Stellen Sie sich dabei vor, daß Sie die Wirkung der »Balance«-Öle unterstützen möchten, die Sie benutzen, usw.

Wenn Sie sich in der Öffentlichkeit befinden und den Pomander unauffällig anwenden möchten, reicht eine Kurzversion aus:

Geben Sie die drei Tropfen auf die Innenseite Ihrer linken Hand, verreiben Sie sie mit der rechten Hand und fahren Sie dann im Abstand von einigen Zentimetern über Ihr Haar. Um auf diskrete Weise am Körper entlangzustreichen und die Füße zu erreichen, können Sie sich an Ihren Schuhen zu schaffen machen. Wenn Sie mit dem Einatmen des Pomanders auch kein großes Aufsehen erregen möchten, tun Sie einfach so, als würden Sie ein wohlriechendes Eau de Cologne oder Erfrischungstuch benutzen.

Der nun folgende Meditationstext, unterlegt mit der Musik von James Asher, ist in deutscher und englischer Sprache als Kassette erhältlich und eignet sich besonders für die Arbeit mit den Pomandern und zum Schutz vor unerwünschten Einflüssen.

Friede allen Wesen

Entspannen Sie sich.
Setzen Sie sich bequem hin.
Mit jedem Ausatmen stellen Sie sich auf Loslassen ein.
Loslassen von allem, was bis zu diesem Moment gewesen ist.
Alles, was in dieser Welt stirbt, stirbt mit einem Ausatmen.
Alles, was in dieser Welt geboren wird, wird mit einem Einatmen geboren.
Also – indem wir beim Ausatmen loslassen, stirbt das, was wir gewesen sind.
Und indem wir einatmen, werden wir in den neuen Moment geboren, als ein neues Wesen.
Mit den Einflüssen von dem Wesen, das wir in der Vergangenheit waren.
Und mit all den Anlagen und Möglichkeiten von dem, was und wer wir in Zukunft sein werden.
Jedes Ausatmen ein Loslassen.
Ein Loslassen von allem, was bis zu diesem Moment gewesen ist.
Ein Loslassen von allen Spannungen und Verkrampfungen irgendwo im Körper.
Spüren Sie Entspannung, wenn Sie ausatmen.
Sie breitet sich über den Nacken aus.
Loslassen, damit sich der Augapfel in seiner Höhle beruhigt.
Loslassen, damit der Atem im Bauch frei kommen und gehen kann.
Loslassen der kleinen Muskeln um den Anus herum.
Loslassen der Muskeln unter den Fußsohlen und rund um die Zehen.
Jedes Ausatmen ein Loslassen.
Ein Loslassen hinein in den Gedanken an Frieden und das Gefühl von Frieden.

Mit jedem Ausatmen spüren Sie die Möglichkeit einer größeren Entspannung.
Denn die Spannungen und der Streß, die sich im Körper und im Kopf befinden, werden mit dem Ausatmen losgelassen.
Vertrauen Sie diesem Ausatmen.
Vertrauen Sie der Möglichkeit, loszulassen und sich hinzugeben.
Alles hinzugeben, was und wer Sie sind.
Jedes Ausatmen ein Loslassen hinein in den Gedanken an Frieden und das Gefühl von Frieden.
Friede als die Farbe strahlend Saphirblau.
Blau wie der Himmel ohne Wolken.
Funkelndes, strahlendes, kräftiges Blau.
Stellen Sie sich bei jedem Ausatmen und bei jedem Loslassen vor, daß diese blaue Energie eine durchsichtige Blase oder Kugel ausfüllt, in der Sie sitzen.
Daß die strahlendblaue Energie die Kugel ausfüllt, mit jedem Ausatmen.
Die Verspannungen, der Streß, die äußerlichen Gedanken, die Gedanken, die auf der Oberfläche des Verstandes herumrennen – lassen Sie sie in Frieden ziehen.
Und durch das Vertrauen auf das Ausatmen.
Bringen Sie Ihre Aufmerksamkeit hin zu einem Punkt oder Ort genau über Ihrem Nabel, und ein bißchen drinnen in Ihrem Körper.
Einem Punkt wie ein Diamant oder ein Stern, mitten im Zentrum Ihres Wesens.
Stellen Sie sich bei jedem Einatmen vor, daß dieser Stern heller und strahlender wird, daß er sich mehr und mehr mit Licht füllt.
Daß der ganze Tempel Ihres Körpers sich mit Licht füllt.
Daß jede Zelle durchstrahlt wird von diesem Licht im Zentrum, und daß der ganze Körper in Licht erstrahlt.
Mit jedem Einatmen breitet sich Licht aus, vom Stern im Zentrum Ihres Wesens.

Und so füllt sich der ganze Körper mit Licht.
Jedes Ausatmen – Friede.
Friede als die Farbe strahlend Saphirblau.
Langsam wird die durchsichtige Blase oder Kugel, in der Sie sitzen, davon gefüllt.
Lassen Sie uns jetzt für einige Augenblicke in die Stille gehen.
Mit Frieden und Loslassen beim Ausatmen.
Und Licht, das sich beim Einatmen ausdehnt, vom Stern im Zentrum Ihres Wesens her.
(Pause.)
Friede und Loslassen.
Bei jedem Einatmen dehnt sich Licht in alle Richtungen aus.
Friede allen Wesen.
Mögen alle Wesen sich wohl fühlen, glücklich sein und frei von Angst.
Von der kleinsten Zelle bis hin zur größten Galaxie im Weltraum.
Mögen alle Wesen sich wohl fühlen, glücklich sein und frei von Angst.
Friede allen Wesen.
Ob wir sie kennen oder noch nicht kennen.
In der Welt der Ideen oder der Welt der Vorstellungen.
Mögen alle Wesen sich wohl fühlen, glücklich sein und frei von Angst.
Friede allen Wesen.
Geboren oder noch nicht geboren, wirklich oder nur in der Vorstellung lebend.
Mögen sie alle sich wohl fühlen, glücklich sein und frei von Angst.
Friede allen Wesen, nah oder fern.
Mögen alle Wesen sich wohl fühlen, glücklich sein und frei von Angst.

Friede allen Wesen, nah oder fern.
Mögen alle Wesen sich wohl fühlen, glücklich sein und frei von Angst.
Friede allen Wesen, die durch jedes der Elemente oder ihrer Kombination miteinander und mit uns in Verbindung stehen.
Mögen sie alle empfinden, daß sie im Raum erfüllt sind.
Mögen alle Wesen sich wohl fühlen, glücklich sein und frei von Angst.
Friede allen Wesen, besonders denen, die wir selbst in der Vergangenheit waren.
Mögen sie sich wohl fühlen, glücklich sein und frei von Angst.
Friede allen Wesen in jedem Wesen.
Mögen sie sich wohl fühlen, glücklich sein und frei von Angst.
Friede allen Wesen, die wir noch sein werden.
Mögen sie sich wohl fühlen, glücklich sein und frei von Angst.
Friede allen Wesen.
In allen Himmelsrichtungen – im Norden, im Süden, im Osten und im Westen, über und unter uns.
Mögen sie alle sich wohl fühlen, glücklich sein und frei von Angst.
Mögen alle Wesen zu Trost und Ruhe gelangen, durch alle Zeiten.
Mit dem Wissen, daß die strahlend blaue Sphäre vollkommenen Schutzes Sie umhüllt.
Und daß das Licht von Stern im Zentrum Ihres Wesens ein bißchen heller strahlt.
Mögen Sie der Stern werden, der Sie sind.
Wenn Sie ein Ausatmen finden, das sich richtig anfühlt, öffnen Sie Ihre Augen für einen neuen Moment.

Soweit der Text für die Meditation. Übrigens spielt es keine Rolle, welche Farbe der Pomander hat, den Sie benutzen. Die Schutzfarbe Blau, die hier beim Visualisieren eine zentrale Rolle spielt, wirkt unabhängig davon. (Übrigens gibt es ein kleines Proben-Set mit Minisprayfläschchen. Jedes Fläschchen beinhaltet zwei bis drei Anwendungen. Damit können Sie über einen Zeitraum von etwa zwei bis drei Wochen ausprobieren, mit welchen Pomandern Sie am besten zurechtkommen.)
Natürlich wirkt die Meditation auch dann, wenn Sie keinen Pomander verwenden. Und natürlich können Sie im Zusammenhang mit den gesamten Aura-Soma-Substanzen auf jede Ihnen vertraute und angenehme Art beten, meditieren, »in die Mitte gehen«. Es bestehen zwar bestimmte Zusammenhänge, vor allem mit der Kabbala. Doch Aura-Soma ist ideologiefrei und steht jedem zur Verfügung, egal aus welcher Tradition er kommt.

Der Original-Pomander

Farbe: Weiß
Nummer: 1
Duft: medizinisch, warm, stimulierend
Hervorstechende ätherische Öle: Kajeput, Lorbeer
Edelsteinenergien: Morganit, Quarz, Selenit
Körperliche Zuordnung: Nase, Kehle, der gesamte Körper
Wirkung: Besonders empfehlenswert für die Nasennebenhöhlen. Schließt Wunden, lindert die lokalen Beschwerden, die Wespenstiche hervorrufen. Schützt alle Chakren und bringt sie ins Gleichgewicht.

Besonderheiten: Enthält den gesamten »Regenbogen«. Schützt das gesamte elektromagnetische Feld und eignet sich für jeden Tag. (Alle Pomander schützen das elektromagnetische Feld,

dieser aber besonders wirkungsvoll und auch in Situationen, in denen kein spezielles Anliegen vorliegt.) Stillt Blutungen. Schützt gegen Strahlung. Hilft Menschen, die unter Allergien leiden, die von der Natur oder äußeren Giften ausgelöst werden (nicht bei Nahrungsmittel- oder Medikamentenallergien). Reinigt Quarzkristalle, besonders, wenn sie für Heilungszwecke benutzt werden sollen. Eignet sich bei Tieren zur Behandlung von Ohrinfektionen.
In der Reinkarnationstherapie hilfreich für den Zugang zu: Inkarnationen in der Türkei und im Mittleren Osten.

Der pinkfarbene Pomander

Farbe: Pink
Nummer: 2
Duft: blumig und süß
Hervorstechende ätherische Öle: Rosengeranie
Edelsteinenergien: Rosenquarz, rosa Turmalin, Morganit
Körperliche Zuordnung: Hormonsystem, vor allem hinsichtlich Adrenalinausschüttung
Wirkung: Wirkt auf den gesamten Urogenitalbereich. Harmonisiert Gruppenenergien, beeinflußt Gruppenprozesse positiv. Das heißt, dieser Pomander eignet sich besonders dazu, gemeinschaftlich angewendet zu werden.

Besonderheiten: Schützt, wenn sich jemand für Liebe und Wärme geöffnet hat. In solchen Zeiten kann er sehr verletzlich sein, und die Substanz verhindert, daß er Schaden nimmt. Schützt vor Aggressivität, die an einen herangetragen wird. Hilft, Zärtlichkeit und Wärme zu geben und zu empfangen. Löst Spannungen im Kranio-Sakral-Bereich auf (Gehirnplatten) und kann daher besonders erfolgreich bei der kranio-sakralen Therapie eingesetzt

werden. Bringt Entspannung auf allen Niveaus, für Einzelpersonen und in Gruppen. Der Effekt dieser Substanz wird erhöht, wenn der Anwender die Farbe visualisiert (»Think pink«).
In der Reinkarnationstherapie hilfreich für den Zugang zu: Inkarnationen im Mittelmeerraum, besonders in Griechenland und Italien. Dieser Pomander eignet sich in der Reinkarnationstherapie generell dazu, Beziehungsmuster aufzulösen und Verbindungen zu Tieren (auch zu Meerestieren) und zu Pflanzen aufzunehmen. Ebenfalls hilfreich bei Erfahrungen, die über den Bereich von Mutter Erde hinausgehen (das heißt Erfahrungen auf anderen Planeten o.ä.).

Der rubinrote Pomander

Farbe: Dunkelrot
Nummer: 3
Duft: holzig, erdig, würzig
Hervorstechende ätherische Öle: Zeder und Lorbeer
Edelsteinenergien: Granat, Rubin, Karnelie, Erdbeerquarz, Blutstein, Neptunit
Körperliche Zuordnung: Skelettstruktur des Körpers und Basischakra
Wirkung: Hilft besonders, mit Streß fertig zu werden. Ist von allen Aura-Soma-Produkten dasjenige, das am intensivsten erdet, energetisiert und den wirkungsvollsten Schutz verleiht. Die Anwendung ist nach jeder Meditation zu empfehlen.

Besonderheiten: Schützt gegen negative Einflüsse von Erdenergien. Sensibilisiert generell für Erdenergien. Hilft, die elektromagnetischen Polaritäten im Körper auszugleichen. Harmonisiert das Basischakra. Schützt bei Ritualen und heiligen Tänzen (»Sacred Dance«). Schützt auch Menschen, die mit Kristallen heilen oder auf andere Weise mit Kristallen zu tun haben. Schützt, wenn jemand das Gefühl hat, Energie werde ihm abgezapft. Hilfreich auch bei Erschöpfung anderen Ursprungs. Kann sehr aphrodisiakisch wirken. Wärmt. Aktiviert die rechte Gehirnhälfte und bringt tiefe weibliche Intuition. Nimmt Ängste bei Schwierigkeiten mit »Überlebensfragen« (z. B. Geld). Lindert alle Arten von Ängsten. Bringt Poltergeistphänomene bei Teenagern zum Verschwinden.

In der Reinkarnationstherapie hilfreich für den Zugang zu: Inkarnationen in Nordamerika (indianisch), China, Rußland, im Fernen Osten und im Himalaja-Gebiet.

Der rote Pomander

Farbe: Rot
Nummer: 4
Duft: fruchtig, würzig, erdig
Ätherische Öle: Sandelholz, Wacholder, Nelken
Edelsteinenergien: Granat, Rubin
Körperliche Zuordnung: Kreislauf und Basischakra
Wirkung: Stimuliert das Hormonsystem. Der rote Pomander hat neben den hier aufgeführten Effekten dieselben wie der rubinrote Pomander. Letzterer ist besonders hilfreich in extremen, der rote in alltäglicheren Situationen.

Besonderheiten: Hilft, die negativen Auswirkungen von Groll zu überwinden (sowohl Groll gegenüber sich selbst als auch anderen gegenüber). Verleiht Harmonie nach zu häufigem Sex oder zu intensiver gedanklicher Beschäftigung damit. (Die Hilfe des roten Pomanders bezieht sich mehr auf die energetische als auf die körperliche Ebene.) Läßt aggressive Gefühle überwinden, besonders wenn sie mit Nicht-geerdet-sein in Verbindung ste-

hen. Hilft, schwere Enttäuschungen zu überwinden. Nimmt dem Menschen seine Schüchternheit, der sich nicht traut, denen, die er mag und liebt, durch zärtliche Gesten seine Zuneigung zu zeigen.
In der Reinkarnationstherapie hilfreich für den Zugang zu: Inkarnationen in Rußland, China, Tibet, allgemein im Fernen Osten.

Der orange Pomander

Farbe: Orange
Nummer: 5
Duft: fruchtig, würzig und frisch
Hervorstechende ätherische Öle: Mandarine und Zimt
Edelsteinenergien: Topas, orangener Kalzit, Sonnenstein, Tigerauge und Jaspis
Körperliche Zuordnung: Urogenitalsystem, Ausscheidungsorgane und »zweites Chakra«
Wirkung: Stimuliert die Libido. Heilt den ätherischen Körper und läßt alle Aspekte der Persönlichkeit – den spirituellen, den mentalen, den emotionalen und den körperlichen – zurückliegende Schocks verarbeiten. Hilft, von Abhängigkeit, Co-Abhängigkeit und Süchten loszulassen.

Besonderheiten: Dieser Pomander ist der geeignetste für Reinkarnationstherapie. Schützt den Anwender und öffnet die Pforten für vergangenes Wissen. Durch das Benutzen dieser Substanz wird vermieden, daß die Erinnerung an frühere Traumata sich negativ auswirkt. Die für heute wichtigen Informationen, die in diesen Erinnerungen stecken, kommen aber trotzdem sehr klar rüber.
Kann die »ätherische Spalte« schließen (siehe Kapitel 4). Befreit »erdgebundene Wesenheiten«. Verleiht Menschen, die mit

technischen Geräten und Hilfsmitteln Schwierigkeiten haben, eine entspanntere Art, an die Dinge heranzugehen. Kann helfen, tiefe Ängste zu überwinden, besonders, wenn sich diese Ängste körperlich im Bauch manifestieren. Empfehlenswert, wenn sich in der Pubertät oder in den Wechseljahren das Hormonsystem umstellt. Hilft gegen Bettnässen (siehe Kapitel 12). Bringt Nüchternheit und Klarheit, wenn jemand zu Hysterie neigt. Schwächt die Tendenz, sich überall einmischen zu wollen.
In der Reinkarnationstherapie hilfreich für den Zugang zu: Inkarnationen in Indien, im Mittleren Osten und in Ägypten. Hilfreich im Zusammenhang mit allen Schocks, die in der Reinkarnationstherapie von Bedeutung sein könnten. Hilfreich auch, wenn in früheren Inkarnationen Beziehungen bestanden haben, mit denen jetzt gearbeitet werden muß, in welchen Abhängigkeit und Co-Abhängigkeit von Bedeutung waren.

Der goldene Pomander

Farbe: Gold
Nummer: 6
Duft: fruchtig, blumig, leicht nach Wald
Hervorstechende ätherische Öle: Melisse
Edelsteinenergien: Amber, Gold, Zinkit, Zitrin
Körperliche Zuordnung: Haut und Verdauungssystem, beeinflußt das »zweite -« und das Solarplexuschakra
Wirkung: Balanciert den Stoffwechsel aus und beeinflußt die Aufnahme von Nahrung und Energie positiv.

Besonderheiten: Läßt an eingeborene Weisheit gelangen, tiefer mit den eigenen Instinkten in Verbindung treten und mit dem »inneren Lehrer« Kontakt aufnehmen. Hilft, die Weisheit der

Vergangenheit ins Bewußtsein zu bringen und die alten Lektionen zu verstehen. Bringt spirituelle Demut.
In der Reinkarnationstherapie hilfreich für den Zugang zu: Inkarnationen in Ägypten, bei den Aborigines in Australien, bei den Mayas, Azteken und Inkas.

Der gelbe Pomander

Farbe: Gelb
Nummer: 7
Duft: fruchtig, zitronig, leicht nach Wald
Hervorstechende ätherische Öle: Zitronella, Sandelholz, Zitronengras
Edelsteinenergien: Amber, Fluorit, gelber Quarz, Topas, Zitrin
Körperliche Zuordnung: Nervensystem, Leber, Nieren, Bauchspeicheldrüse und Solarplexuschakra
Wirkung: Hilfreich bei allen Problemen im Zusammenhang mit Nahrungs- und Energieaufnahme.

Besonderheiten: Balanciert den Solarplexus aus. Stimuliert eingeborenes Wissen. Hilft dabei, über den Atem und das Atmen an mehr Energie zu gelangen. Bringt sinnliche Freude, das heißt Freude, die über die Sinnesorgane erweckt wird (Riechen, Fühlen, Schmecken usw.). Empfehlenswert bei nervösen Depressionen, auch bei Winterdepression. Läßt irrationale Ängste und Nervosität überwinden. Wirkt unterstützend bei Entwöhnung, z. B. von Rauchen, Kaffeetrinken, Süßigkeiten usw.
In der Reinkarnationstherapie hilfreich für den Zugang zu: Inkarnationen bei den Aborigines in Australien, in Ägypten, bei den Gnostikern und bei den Essenern.

Der olivgrüne Pomander

Farbe: Olivgrün
Nummer: 8
Duft: frisch, nach Kräutern und Wald
Hervorstechende ätherische Öle: Himalaja-Kiefer, Lavendel
Edelsteinenergien: Adamit, Epidot, Evit, Jade, Olivin
Körperliche Zuordnung: Zwerchfell, Lungen, Solarplexus- und Herzchakra
Wirkung: Bringt das Immunsystem ins Gleichgewicht und kann es stimulieren.

Besonderheiten: Empfehlenswert, wenn jemand an einem Scheideweg steht, aber auch bei allen anderen Entscheidungsprozessen. Stimuliert Selbsterkenntnis. Hilft, herauszufinden, was für einen selbst stimmt, statt die Wahrheit anderer Leute zu leben. Bringt die weiblichen Führungsqualitäten hervor und stärkt die Selbstbehauptung, auch im Hinblick auf Gefühle.
In der Reinkarnationstherapie hilfreich für den Zugang zu: Inkarnationen in Atlantis und anderen vorzivilisatorischen Kulturen, in China, im Heiligen Land sowie in Ländern im Mittelmeerraum.

Der smaragdgrüne Pomander

Farbe: Smaragdgrün
Nummer: 9
Duft: medizinisch, warm, nach Wald
Hervorstechende ätherische Öle: Rosmarin, Kiefer
Edelsteinenergien: Jade, Malachit, Moldavid, Smaragd
Körperliche Zuordnung: Immunsystem, Herz, Lungen und Herzchakra
Wirkung: Beruhigt, zentriert, bringt ins Gleichgewicht.

Besonderheiten: Verschafft das Empfinden für das Vorhandensein von Raum und Platz, und das Gefühl, daß dieser Raum geschützt ist und respektiert wird. Unterstützt Entscheidungsprozesse. Bringt eine (neue) Ausrichtung. Macht es möglich, Aspekte im eigenen Innern anzuschauen, die sonst nur schwer ins Blickfeld gelangen, und sich darüber ehrlich Rechenschaft abzulegen. Hilft, auf das Wesentliche zu kommen. Schützt davor »abzuheben«.

Vor der Beratungssituation hilft es Therapeuten, sich auf ihren eigenen Raum zu konzentrieren, so daß ihnen die Klienten nicht zu nahe rücken.

Unterstützt jede Art von Atemarbeit. Hilft auch gegen Asthma und Bronchitis. Stellt einen tiefen Kontakt zur Natur her, besonders zu Bäumen.

In der Reinkarnationstherapie hilfreich für den Zugang zu: Inkarnationen in China, im Heiligen Land, in den Mittelmeerländern, besonders in Griechenland und Spanien.

Der türkise Pomander

Farbe: Türkis
Nummer: 10
Duft: süß, würzig, frisch
Hervorstechende ätherische Öle: Zeder
Edelsteinenergien: Aquamarin
Körperliche Zuordnung: Immunsystem, Atemwege, Herz- und Kronenchakra
Wirkung: Stimuliert das Immunsystem und harmonisiert die Atemwege bei chronischen und akuten Beschwerden (Bronchitis, Asthma usw.). Verschafft Kontakt zu den Gefühlen und ermöglicht es, sie auszudrücken.

Besonderheiten: Stimuliert die Funktion des Ananda-Khanda-Zentrums (siehe Kapitel 4). Eignet sich für Menschen, die in den oder mit den Massenmedien arbeiten – auch für die, die diese Arbeit im Hintergrund betreuen, zum Beispiel als Techniker. Löst kreative Blockaden auf. Empfehlenswert gegen Lampenfieber. Hilft Menschen beim Erlernen einer Fremdsprache und auch denen, die zu schüchtern sind, ihre Fremdsprachenkenntnisse anzuwenden. Unterstützt die Arbeit mit neuen Technologien und löst die damit in Zusammenhang stehenden Minderwertigkeitsgefühle auf.
In der Reinkarnationstherapie hilfreich für den Zugang zu: Inkarnationen in Atlantis, Lemuria oder anderen Kulturen aus vorzivilisatorischer Zeit. Ermöglicht auch den Zugang zu Informationen, die in der Zukunft liegen. Verschafft Kontakt zum »inneren Lehrer«.

Der saphirblaue Pomander

Farbe: Saphirblau (das bedeutet: Himmelblau)
Nummer: 11
Duft: süß, nach Wald
Hervorstechende ätherische Öle: Zeder, Myrrhe, Maiglöckchen
Edelsteinenergien: Aquamarin, blauer Achat, blauer Kalzit, Saphir
Körperliche Zuordnung: Hals, Kehle, Schilddrüse und Kehlkopfchakra
Wirkung: Schützt, beruhigt, verhilft zu mehr Toleranz gegenüber sich selbst und anderen. Bringt Inspiration und Vertrauen auf die innere Führung. Stärkt die Abwehrkräfte, körperlich und emotional (das heißt: schützt auch vor Verletzungen der Psyche).

Besonderheiten: Dies ist der geeignetste Pomander für die Schutzmeditation in der Einleitung zu diesem Kapitel. Hilft bei Schwierigkeiten mit Autoritätspersonen. Lindert extremes Leiden, besonders auch in Übergangssituationen. Schützt sensitive Menschen.
In der Reinkarnationstherapie hilfreich für den Zugang zu: Inkarnationen im Heiligen Land oder Inkarnationen, wo der/die Betreffende in einer jüdischen Familie aufwuchs.

Der königsblaue Pomander

Farbe: Königsblau
Nummer: 12
Duft: süß, nach Wald
Hervorstechende ätherische Öle: Maiglöckchen, blaue Kamille
Edelsteinenergien: Fluorit, Lapislazuli
Körperliche Zuordnung: Hirnanhangdrüse und Drittes Auge
Wirkung: Verstärkt sinnliche Wahrnehmungen (über die Augen, die Ohren usw.).

Besonderheiten: Hilft beim Überwinden von extremer Isolation. Öffnet für Vorstellungskraft und Intuition sowie für Mitgefühl und Einfühlungsvermögen. Kann ein Über-sich-selbst-Hinauswachsen bewirken.
Lindert Ohrenbeschwerden (Schmerzen, Schwerhörigkeit, Tinnitus). Verhilft dem Anwender zu intensiverem Musikgenuß.
In der Reinkarnationstherapie hilfreich für den Zugang zu: Inkarnationen im Heiligen Land.
Öffnet für die sensitiven Bereiche, die mit Reinkarnationserfahrungen generell zu tun haben. Hilft Menschen, die Schwierigkeiten haben, in einen Zustand einzutreten, in dem ihnen Informationen aus früheren Inkarnationen zugänglich sind.

Der violette Pomander

Farbe: Violett
Nummer: 13
Duft: nach Veilchen (ein »altmodischer« Duft)
Hervorstechende ätherische Öle: Veilchen, Rose, Rosengeranie, Lavendel
Edelsteinenergien: Amethyst, Diamant, Quarz
Körperliche Zuordnung: Gehirnplatten, Nervensystem und Kronenchakra
Wirkung: Befreit Denkprozesse. Führt zu Selbstrespekt und zu Respekt anderen gegenüber. Wirkt beruhigend. (Er ist der beruhigendste von allen Pomandern.) Lindert Kopfschmerzen und Migräne.

Besonderheiten: Verbindet das Basis- mit dem Kronenchakra. Läßt Begrenzungen auf allen Niveaus überwinden und lockert, was festbindet. Erhöht die Wahrnehmungsfähigkeit. Läßt die Langeweile des Alltags überwinden und verschafft Zugang zu neuen Erfahrungen sowie zur Wahrnehmung der Wunder im Alltäglichen.
In der Reinkarnationstherapie hilfreich für den Zugang zu: Erfahrungen in Vorleben, die mit dem spirituellen Aspekt der Seele zu tun haben.

Der tiefmagentafarbene Pomander

Farbe: Tiefmagenta
Nummer: 14
Duft: fruchtig
Hervorstechende ätherische Öle: Lavendel, Olibanum
Edelsteinenergien: Amethyst, Granat, Rubin, Sugilit
Körperliche Zuordnung: gesamter Körper, alle Chakren, inklusive »achtes Chakra«.
Wirkung: Führt zu Selbsterkenntnis und zum Erkennen der eigenen Lebensaufgabe. (Im »achten Chakra«, dem Chakra außerhalb des Körpers über dem Kopf, steckt eine Art Lochkarte für das Potential jedes Menschen; dessen, was er im Optimalfall verwirklichen kann. Dies wird durch den tiefmagentafarbenen Pomander berührt.)

Besonderheiten: Bringt Intellekt und Instinkt miteinander in Einklang. Stimuliert die Aufmerksamkeit für die kleinen Alltagsdinge und verhilft dazu, daß man sie mit Liebe verrichtet. Zeigt auf, daß es wichtiger ist, wie man etwas tut, als was man tut. Bringt Qualitätsbewußtsein und Verstehen auf allen Niveaus. Baut nach Depressionen auf. Verstärkt die positive Energie, die nach Depressionen wieder aufkommt, und wirkt schützend. Hilft, sich auf die Natur einzustimmen. Erleichtert es, in einen tiefen meditativen Zustand zu gelangen. Nach Meditationen ermöglicht diese Substanz die Integration von Erfahrungen, die jenseits der Worte liegen. Hilft, mit allen Familienprogrammen klarzukommen und neue Verhaltensweisen zu entwickeln.
In der Reinkarnationstherapie hilfreich für den Zugang zu: Vorleben auf den Philippinen, auf Hawaii, in Südamerika und bei den Aborigines in Australien sowie bei den Hunzas in Afghanistan.

10 Die Meister

Über die Meister und die Meister-Quintessenzen zu schreiben ist keine einfache Sache. Denn diese Namen oder Bezeichnungen fordern einerseits geradezu dazu auf, damit Unfug zu treiben. Andererseits können sie auch abstoßend oder verdächtig wirken. Wie kann die »Quintessenz«, das Wesen irgendeines »Meisters«, in Alkohol gelöst und in kleine Plastikfläschchen abgefüllt werden und zum Einfächeln in die eigene Aura zur Verfügung stehen? Diese Fragen haben schon manche Aura-Soma-Freunde fast verzweifeln lassen.

Es ist alles andere als ein Fehler, auch und gerade im spirituellen Bereich kritisch zu sein und seinen Verstand zu benutzen. Heutzutage sind eine Menge Rattenfänger unterwegs, die mit der Gutgläubigkeit und Sehnsucht der Menschen Geschäfte machen wollen, und sogar noch mehr. Es ist Ihnen unbenommen, mit den Bezeichnungen »Meister« und »Quintessenzen« Ihre Schwierigkeiten zu haben. Es ist Ihnen auch unbenommen, die »Quintessenzen« für sich persönlich einfach vom Begriff und dem Namen des Meisters zu lösen und mit den Farben bzw. Nummern zu benennen, die sie tragen, so Smaragdgrün statt Djwal Khul, Nr. 9 statt Pallas Athene und Aeolus. Eins sollten Sie allerdings möglichst nicht tun, nämlich sich davon abschrecken lassen, diese Substanzen – wenigstens eine oder zwei davon – auszuprobieren. (Wir empfehlen Ihnen, sich für einen solchen Probelauf von Ihrer Nase leiten zu lassen: Nehmen Sie die Essenz, die Sie vom Duft her am meisten anspricht. Zu diesem Zweck gibt es auch Sets mit Minifläschchen zum Ausprobieren.) Die Wirkung ist, ganz und gar unabhängig vom Namen, grandios. Die Quint-

essenzen vermögen Sie für bisher völlig ungekannte Bereiche zu öffnen und ermöglichen großes inneres Wachstum. Es wäre schade, wenn Sie sich dem verschlössen, nur weil bestimmte Äußerlichkeiten Sie behindern. Denjenigen, die sich von der Idee angesprochen fühlen, über die kleinen Fläschchen mit Meistern in Kontakt treten zu können, sei gesagt, daß der Kontakt nicht garantiert ist. Alles, was man tun kann, um mit den höheren Sphären zusammenzukommen, ist, sich zu öffnen.
Wenn die Zusammenkunft stattfindet, hat das immer mit Gnade zu tun, d. h. damit, daß die »andere Seite« einverstanden ist. Im übrigen: Wer die Quintessenzen benutzt, ist nicht besser oder heiliger als andere ...
Als Vicky Wall die Rezepturen für die Quintessenzen empfing, lautete die wesentliche Information, daß Substanzen dieser Farben, ätherischer Essenzen, mineralischer und anderer Energien sozusagen mit Persönlichkeiten zu tun haben. Die Namen, die sie dafür erhielt, stammen aus der Lehre von Madame Blavatsky (z. B. »Kuthumi«), aus der altgriechischen Götterwelt (»Pallas Athene«), und teilweise entstammen sie der Geschichte (»Lao-Tse«). Die Auswahl mag eigenwillig erscheinen, sie taucht allerdings in einigen medial empfangenen Texten ganz ähnlich auf, von Vicky Wall zeitlich und örtlich vollkommen unabhängig.
Statt zu sagen, die Quintessenzen hätten mit Persönlichkeiten zu tun, kann man auch sagen, daß die Substanzen Zugang zu den Archetypen, den Urbildern der menschlichen Psyche, verschaffen. Pallas Athene zum Beispiel ist die griechische Göttin der Helden, der Städte, des Ackerbaus, der Wissenschaft, der Schriftstellerei und der Künste. Sie soll dem Haupt ihres Vaters Zeus entsprungen sein. Athene stellt das Urbild einer starken, klugen Frau dar, das selbstverständlich nicht nur in Frauen, sondern auch in Männern wirksam sein kann.
Sollten Sie eine Griechenlandreise planen, könnten Sie diese

Quintessenz mitnehmen und dort anwenden, um dem Archetypus näherzukommen und sich selbst besser kennenzulernen. Sie könnten sich aber in einer speziellen und gezielten Meditation mit Hilfe dieser Substanz auch zu Hause dem Urbild »Athene« nähern. In diesem Zusammenhang möchten wir wiederholen, daß eine der faszinierendsten Eigenschaften von Aura-Soma die ist, daß es die Möglichkeit eröffnet, die Quellen des Urwissens der Menschheit direkt einzusehen und dabei direkte, ganz persönliche Erfahrungen zu machen.
Erste Schritte möge man vielleicht mit Athene und Aeolus oder Lao-Tse und Kwan-Yin tun. Über beide gibt es eine Menge nachzulesen. Später aber mag es interessant sein, sich an El Morya oder Maha Chohan heranzuwagen. Denn da über diese beiden noch nicht sehr viel Information vorliegt, ist man darauf angewiesen, zu schauen, was der eigene »innere Lehrer« sagt. Oder was »von oben« oder »aus der Tiefe« dazu an Energie, an Erinnerungen, Gefühlen, Bildern, Farben, Tönen kommt.

Mit der Idee der Meister, die in der Esoterik immer wieder auftaucht, hat es folgendes auf sich. Eine der Grundüberzeugungen der Esoterik ist die Lehre von der Evolution, die besagt, daß jedes Wesen in einer hierarchisch gegliederten Entwicklungskette seinen ganz bestimmten Platz einnimmt. Das Leben beginnt auf einer sehr tiefen Stufe und entwickelt sich weiter über das Pflanzen- und Tierreich hin zum Reich der Menschen. Diesem übergeordnet und von den Menschen irgendwann einmal erreichbar, so die Vorstellung beispielsweise der Theosophen, ist das Reich der »Meister«. Die Meister sollen nach dieser Lehre hochentwickelte menschliche Wesen sein, die aus Liebe zur Menschheit auf ihre eigene Weiterentwicklung verzichten und den Menschen und der Erde weiterhelfen. Sie sollen die Gesetze der materiellen Ebene vollständig beherrschen und einen materiellen Körper benutzen können, um mit den Erdenbewohnern in Verbindung zu treten. So soll der Graf von Saint Germain innerhalb eines Zeitraums von fast 100 Jahren immer wieder verschiedenen Persönlichkeiten des 18. Jahrhunderts begegnet, und bei all diesen Begegnungen etwa 40 bis 50 Jahre alt gewesen sein. Er soll mehrere Sprachen gesprochen haben, darunter Sanskrit und Arabisch, und okkulte, besonders alchimistische Kenntnisse besessen haben. Weiter soll er weit gereist, Vertrauter der Könige Ludwig XV. und Ludwig XVI. gewesen und auch in China und Indien gesehen worden sein. Nach Ansicht der Theosophen war Saint Germain eine Verkörperung des Meisters vom siebenten, also vom violetten Strahl.

Jeder der Meister soll einen bestimmten Bereich vertreten, der »Strahl« genannt wird und mit einer Farbe korrespondiert.

Die Theosophen kennen sieben Strahlen, die jeweils durch einen Meister regiert werden.

Manche vermuten, daß in der Bergwelt des Himalaja Meister leben. Andere sagen, sie lebten auf Sternen oder in Sternbildern, die wir hier von der Erde aus sehen können. Es wird auch die Vermutung ausgesprochen, daß hinter esoterischen Bewegungen wie den Templern, den Freimaurern, den Rosenkreuzern und der Theosophischen Gesellschaft die Meister stehen und über diese Gruppierungen versuchen, die Menschheit zu beeinflussen. Allerdings sollen die Meister den freien Willen der Menschen absolut respektieren, was ihrer direkten Einflußnahme Beschränkungen auferlegt.

Helena Blavatsky, eine schillernde Persönlichkeit und Begründerin der Theosophischen Gesellschaft, behauptete, sie stünde in Kontakt mit Meistern. Sie wurde 1831 als Tochter des in russischen Diensten stehenden deutschen Oberst Peter Hahn geboren. Sie war von Kindesbeinen an eine Grenzgängerin zwischen den Welten, über Hellsichtigkeit und andere Psi-Fähigkeiten verfügend. Im Alter von 17 Jahren heiratete sie den 60jährigen russischen General Blavatsky. Schon nach wenigen Wochen allerdings verließ sie ihn wieder und floh, als Mann verkleidet. Offenbar bereiste sie die ganze Welt und studierte da, wo sie sich gerade aufhielt, die vorhandenen spirituellen Traditionen. In den Tälern des Himalaja soll sie Wichtiges erfahren haben, und hier soll sie ihren geheimen Meistern begegnet und von ihnen ausgebildet worden sein.

1873 kam sie nach New York, wo sie bald zum Mittelpunkt von spiritistischen Kreisen wurde. Sie konnte dort mit ihren medialen Fähigkeiten brillieren, allerdings trickste sie auch einiges. In späteren Jahren griff sie noch tiefer in die Trickkiste, wodurch sie bei vielen ihren guten Ruf zerstörte. 1875 gründete Helena Blavatsky in New York die Theosophische Gesellschaft, die als Alternative zur damals vorherrschenden, innerhalb von religiösen Institutionen eingekästelten Spiritualität gedacht war (Theosophie, grch., heißt Weisheitslehre von Gott). Heute wird darüber praktisch nur noch im Zusammenhang mit Madame Blavatsky und Alice A. Bailey gesprochen, die Blavatskys Richtung weiterentwickelt hat – mehr dazu weiter unten. Die Theosophie als religiös-weltanschauliche Lehre mit diversen Richtungen ist allerdings viel älter. Mit Theosophie werden alle geistigen Strömungen bezeichnet, die in meditativer Berührung mit Gott den Weltbau und den Sinn des Weltgeschehens erkennen wollen und die sagen, daß es möglich ist, direkten Zugang zum Göttlichen zu erlangen. Ohne die Vermittlung einer Kirche, eines Priesters oder eines ähnlichen Mediums. Aus der Theosophischen Gesellschaft Blavatskys und Baileys stammt auch Rudolf Steiner, der sich 1913 von ihr trennte und die Anthroposophie begründete.

1878 verlegte Helena Blavatsky den Sitz der Theosophischen Gesellschaft nach Indien. Im gleichen Jahr erschien ihr Buch »Die entschleierte Isis«, in dem sie die These vertritt, alle Religionen und damit verbundenen Philosophien seien auf eine einzige antike Weisheitsreligion zurückzuführen. Diese Weisheitsreligion sei von den Mysterienkulten sorgfältig gehütet worden. Sie behauptet, ihre Meister hätten ihr das Wissen darüber enthüllt.

Blavatskys zweites Hauptwerk heißt »Die Geheimlehre«. Auch darin äußert sie sich zu den Meistern. Ihre Bücher sind sehr schwer lesbar und verständlich; es ist anzunehmen, daß Helena Blavatsky auch gar nicht unbedingt verstanden werden wollte. So sagt sie zum Beispiel im dritten Band der »Geheimlehre« im Zusammenhang mit den Meistern folgendes: »Das wenige, was hier über den Gegenstand gesagt werden kann, mag oder mag nicht dazu verhelfen, den psychisch (d. h. sensitiv, I.D. und M.B.) veranlagten Schüler in die richtige Richtung zu weisen. Da es der Wahl und Verantwortung der Schreiberin überlassen ist, die Tatsachen so zu erzählen, wie sie dieselben persönlich verstanden hat, so muß der Tadel für die Schaffung möglicher Mißverständnisse auf sie allein fallen. Es wurde ihr die Lehre gelehrt, aber es war ihrer eigenen Intuition überlassen – so wie es jetzt dem Scharfsinne des Lesers überlassen ist –, die geheimnisvollen und verwirrenden Tatsachen zusammenzustellen. Die unvollständigen Mitteilungen, die hierin gegeben sind, sind Bruchstücke von dem, was in gewissen geheimen Bänden enthalten ist; aber es ist nicht gesetzmäßig, die Einzelheiten zu veröffentlichen.«

Keine sehr befriedigende Sache also, die »Geheimlehre« nach zuverlässigen und handfesten Informationen über die Meister zu durchforsten. Und auch die weiterhin vorhandene Literatur zum Thema läßt an Klarheit und wirklichem Informationsgehalt zu wünschen übrig. Das meiste wurde medial empfangen. Und es wurde vermieden oder nicht für notwendig befunden, es zu redigieren und mit zuverlässigen Fakten anzureichern. Eine Kunst, die im übrigen bisher nur wenige schriftstellerisch und bzw. oder journalistisch Tätige beherrschen.

Alice Ann Bailey, eine zweite wichtige Persönlichkeit innerhalb der theosophischen Bewegung, wurde 1890 in England geboren und wuchs in einem streng christlichen Haushalt auf. Als junge Erwachsene arbeitete sie als freiwillige evangelische Helferin in Irland und Indien für Heime, in denen britische Soldaten lebten.
Nach dem Scheitern ihrer ersten Ehe hatte sie es schwer, ihre drei Kinder zu versorgen. Sie lebte zu dieser Zeit in den USA. Dort kam sie durch zwei Schüler Madame Blavatskys mit der Theosophischen Gesellschaft in Berührung. Ihr zweiter Mann, Foster Bailey, unterstützte ihr Interesse für esoterische Themen sehr. Sie begann, zu schreiben und zu unterrichten, woraus sich die noch heute existierende »Arcan School« (= Arkana-Schule. Arkanum heißt »Geheimnis«) in New York entwickelte, ebenso wie einige andere Organisationen.
Alice Bailey stand in Kontakt mit Djwal Khul, der ihr einmal als lebende Person erschienen war und von der metaphysischen Ebene her von sich behauptete, ein inkarnierter tibetischer Lama zu sein. Was er ihr diktierte, stimmte nur zum Teil mit den Lehren des tibetischen Buddhismus überein. In vielem ging es in eine ganz andere Richtung. Djwal Khul schrieb durch Alice Bailey etwa 20 Bücher. Sie selbst schrieb sechs eigene.
Die Theosophen mochten nicht, was Alice Bailey tat. Offenbar meinten sie, ein Privileg auf die Meister zu besitzen. So verließ Alice Bailey nach einiger Zeit die Theosophische Gesellschaft.

Für sie war die Hierarchie der Meister eine Tatsache. Sie, beziehungsweise Djwal Khul, schrieb, dies sei eine Gruppe von menschlichen und geistigen Wesen, die für die Menschheit die Verantwortung übernommen hätten und ihr helfen wollten. Es gebe darunter Schüler, Eingeweihte sowie Meister, denen die

Chohans und Kumaras übergeordnet seien, die die höchsten bewußten Wesen in unserer planetarischen Sphäre darstellten. Das Ganze ähnele der Organisation eines großen Betriebes. Die Wesen seien den Engeln und Erzengeln der westlichen Religionen nicht unähnlich.
Die Hierarchie, so gab Djwal Khul durch, habe sich beispielsweise auf der politischen Ebene zur Aufgabe gemacht, internationale Zusammenarbeit und wirtschaftliche Synthese zu bewirken, im religiösen Bereich, spirituelles Bewußtsein und eine Art universeller Weltreligion zu fördern. In den Naturwissenschaften, der Erziehungswissenschaft und der Psychologie seien die Ausdehnung des menschlichen Bewußtseins, Wissens und generell der menschlichen Fähigkeiten anvisiert.

Die Mitglieder der Hierarchie sendeten Gedanken, Ideale, Aktivitäten und Projekte aus, um Menschen zu beeinflussen, die im politischen, wirtschaftlichen, wissenschaftlichen Feld arbeiteten. Die Pläne seien idealistisch, jedoch realisierbar. Nach Djwal Khul ist ein Beispiel solcher internationaler Zusammenarbeit das Rote Kreuz.
Menschen, die sich für die »Verschwörung für das Gute« durch die Meister öffnen, erhalten offenbar manchmal nachts »Unterricht«. Darauf können Träume hinweisen, die von Schulsituationen, von Bibliotheken und ähnlichem handeln. Eine aus Alice Baileys Arbeit resultierende Organisation empfiehlt, besonders bei Vollmond und bei Neumond zu meditieren, weil zu diesen Zeiten der Kontakt mit den höheren Ebenen besonders leicht erreichbar sei.
Diese Art Arbeit soll aber keinesfalls einen Ego-Trip zum Ziel haben, sondern ein Sichunterordnen unter einen höheren Plan, in Gemeinschaft mit anderen Menschen.
In seinem Buch »With the Tongues of Men and Angels« (Mit den Zungen von Menschen und Engeln), das er mit der Unter-

stützung des renommierten amerikanischen »Institute of Noetic Sciences« realisierte, schreibt der Psychologieprofessor Arthur Hastings in diesem Zusammenhang folgendes: »In metaphysischer Sprache ausgedrückt, befindet sich das von Alice A. Bailey beschriebene System auf den astralen und feinstofflichen Niveaus. Dies sind die Niveaus, wo Auren, außerkörperliche Zustände, Psi-Funktionen, Chakren, nichtinkarnierte Wesen, personifizierte Götter und andere Energieformen existieren (Wilber 1980). Diese Bereiche werden als durch Meditation, Visualisierungspraktiken, veränderte Bewußtseinszustände, psychedelische Substanzen und schamanische Praktiken erreichbar angesehen. Viele spirituelle Traditionen – Christentum, Islam, Buddhismus und Schamanismus zum Beispiel – setzen voraus, daß es auf diesen Niveaus höhere Wesen gibt, die mit Menschen in Beziehung treten können. Jedoch werden diese Wesen normalerweise nicht als die höchsten spirituellen Erfahrungsebenen angesehen.
Der Pfad der meisten traditionellen Mystiker, innerhalb oder außerhalb von Religionen, besteht darin, sich höher in die Bereiche spirituellen Bewußtseins zu begeben mit dem Ziel, sich mit der Gottheit zu vereinigen, oder mit dem Ziel, sich innerhalb der Buddha-Natur von Bindungen zu lösen. Baileys Schriften haben zum Schwerpunkt, daß man über ›den Plan‹ der Menschheit dienen solle, weniger, den mystischen Pfad zum letzten Wesen hin zu beschreiten, was als eine Etappe angesehen wird, die viele Leben umfaßt. Der Arbeit an der eigenen Persönlichkeit wird wenig Aufmerksamkeit geschenkt. Während sich Djwal Khul klar dazu äußert, daß der Schüler Kontrolle über Begierden und Gedanken erlangen muß, wird nicht darüber gesprochen, wie negative Gefühle, Hindernisse oder körperliches Begehren eliminiert werden können. Allerdings wurden diese Anleitungen zu einer Zeit gegeben, wo nur wenig Handwerkszeug für Therapie zur Verfügung stand; heute sind die Möglichkeiten wesentlich

besser. Die Transpersonale Psychologie* legt nahe, daß spirituelle Arbeit leicht durch innere Konflikte, negative Gefühlszustände, unterdrückte Probleme und ähnliches behindert werden kann (Vaughan, 1986). Wer dieses System studiert, ist gut beraten, wenn er sich vor seinem Training oder während seines Trainings um emotionale und psychologische Dinge kümmert.«
Vicky Wall wußte von all diesem überhaupt nichts. Sie hatte weder Blavatsky noch Bailey gelesen. Sie wußte nicht einmal etwas von der Existenz irgendwelcher Meister oder einer Hierarchie.

Im Jahr 1986, im Zusammenhang mit der »Geburt« von Flasche Nr. 50 (Hellblau über Hellblau), wurde ihr klar, daß ein neuer Zeitabschnitt angebrochen war. Zwar waren schon vereinzelt Pastellfarben aufgetaucht, jetzt aber spürte sie, daß eine ganze Sequenz von Pastell kommen werde. Auch sonst bemerkte sie eine Veränderung. Sie hatte das sichere Gefühl, daß es nicht ausreichte, diese Flasche »Hellblau über Hellblau« zu nennen, sondern daß die Kombination etwas mit einem Namen zu tun hatte. Als sie sich in ihrer Meditation auf den hellblauen Strahl einstellte und nach dem Namen fragte, wurde ihr »El Morya« durchgegeben.

Darüber war sie sehr erstaunt und verwirrt, denn, wie gesagt, sie wußte mit diesem Namen nichts anzufangen. Vor allem war sie deswegen besorgt, weil sie es mit ihrem jüdischen Hintergrund nicht glaubte verantworten zu können, zwischen Gott und die

* Die Transpersonale Psychologie wird nach der klassischen psychoanalytischen Theorie (Freud), der verhaltenstherapeutischen Richtung und der humanistischen Psychologie als »vierte Kraft« innerhalb der Psychologie bezeichnet. Sie beschäftigt sich unter anderem mit Gipfelerlebnissen, mystischer Verwandlung und spirituellen Werten. Das Wort »transpersonal« wurde zum ersten Mal 1967 von dem Psychiater Stanislav Grof in einer Vorlesung benutzt. Grof begründete später auch die Transpersonale Gesellschaft.

Menschen »Meister« zu stellen, also so etwas wie Halbgötter. Sie sprach über dieses Problem immer wieder mit Mike Booth, der im übrigen die theosophische Vorstellung von den Meistern damals kannte.
Vicky Wall trug ihre Schwierigkeiten etwa zwei Jahre mit sich herum. Schließlich beruhigte sie sich. In ihren täglichen Gebeten und ihrer täglichen Meditation verfolgte sie immer das Ziel, in direkten Kontakt mit der »Quelle« zu kommen, mit Gott, mit »dem Vater«, wie sie sich meistens ausdrückte. In der Zeit, als sie sich zum ersten Mal mit den Meistern auseinandersetzte, erlebte sie die Kraft Gottes auf besonders beeindruckende Weise und sehr direkt, und sie erlebte sie als für uns Menschen völlig unhandhabbar stark. Im Zuge dessen erkannte sie, daß Gott die Meister sozusagen als Transformatoren zwischen sich und die Menschen gesetzt hat, um fähig zu sein, seine Kraft, sein Licht über die »Strahlen« zu uns herunterzuschicken.
Im Lauf der Zeit und im Lauf der Erfahrungen, die Vicky Wall in ihrer Meditation machte, konnte sie die Idee mit den Meistern langsam für sich akzeptieren. Allerdings hatte sie bis zu ihrem Tode gewisse Schwierigkeiten, daß sie der Welt etwas präsentieren sollte, das aus ihrer Sicht etwas zwischen Gott und die Menschen stellt, und sie wollte die ganze Sache auf keinen Fall so verstanden wissen. Im Zweifelsfall, so empfahl sie und so empfiehlt Aura-Soma, solle man sich immer lieber direkt an die höchste Instanz wenden und nicht an einen der Meister. Das sei immer der sicherste Weg. Vicky Wall zitierte in diesem Zusammenhang stets den Bibelspruch: »Klopfet an, und Euch wird aufgetan.«
Während der Zeit, als die Meisteröle geboren wurden (Flaschen Nr. 50 bis 64) erhielt Vicky Wall die Information, daß demnächst Rezepturen für eine neue Art von Substanz durchkommen würden. Sie würden mit den Meisterenergien und den Pastellfarben zu tun haben und ähnlich wie die Pomander funk-

tionieren, sich aber auf einen anderen feinstofflichen Körper beziehen, nämlich den Astralkörper. Und das geschah dann auch bald. Es waren die Substanzen, die sie »Quintessenzen« taufte und die folgendermaßen bezeichnet werden:

Die Meister-Quintessenzen

Nr. 1	Blaßblau	El Morya
Nr. 2	Blaßgold	Kuthumi
Nr. 3	Blaßpink	Lady Nada
Nr. 4	Blaßgrün	Hilarion
Nr. 5	Klar	Serapis Bey
Nr. 6	Tiefrot	Der Christus
Nr. 7	Blaßviolett	Saint Germain
Nr. 8	Pink	Orion und Angelika
Nr. 9	Rosenpink	Pallas Athene und Aeolus
Nr. 10	Gold	Lady Portia
Nr. 11	Blaßorange	Lao-Tse und Kwan-Yin
Nr. 12	Blaßkoralle	Sanat Kumara
Nr. 13	Blaßtürkis	Maha Chohan
Nr. 14	Smaragdgrün	Djwal Khul

In diesem Fall ist die numerologische Bedeutung der Zahlen nicht relevant. Sie kann über die Nummern der entsprechenden »Balance«-Öle erfahren werden. (Aura-Soma hätte, damit die Sache stimmt, die Quintessenzen folgendermaßen durchnumerieren müssen: Nr. 50 = Blaßblau = El Morya, Nr. 51 = Blaßgold = Kuthumi usw. Da das zu Verwirrung geführt hätte, ist man den einfachsten Weg gegangen und hat sie einfach mit 1, 2, 3 durchnumeriert.)
Nachdem die 14 Flaschen von Nr. 50 bis 64 durchgekommen waren, hatte Vicky Wall das Gefühl, daß dieser Aspekt des Systems vollständig und in sich abgeschlossen war. Oft wurde sie

gefragt, ob es noch weitere Meisteröle oder Quintessenzen geben werde. Ihre Antwort war, nein, und daß diese 14 sie alle repräsentieren.

Die ersten sieben – El Morya, Kuthumi, Lady Nada, Hilarion, Serapis Bey, der Christus und Saint Germain – sah sie als »aufgestiegene Meister«. Offenbar meinte sie damit, daß diese Meister einmal als Menschen gelebt hatten und in höhere Bereiche aufgestiegen waren.

Die nächsten fünf – Orion und seine Begleiterin Angelika, Pallas Athene und Aeolus, Lady Portia, Kwan-Yin und ihren Begleiter Lao-Tse sowie Sanat Kumara – sah sie als kosmische Meister an (die Paare stehen für jeweils eine Meisterenergie). Damit meinte sie, daß diese Meister noch eine Stufe höher standen als die ersten sieben, daß sie noch eine höhere Initiation erfahren und nicht als Menschen gelebt hatten. Allerdings, so sagte sie, sei es möglich, daß sie als menschliche Wesen in einem Körper »verkleidet« erscheinen könnten.

Die letzten beiden, Maha Chohan und Djwal Khul, stellte sie außerhalb. Maha Chohan sah sie als den »Meister der Meister«, Djwal Khul als den »jüngsten Meister« und als den, der für Menschen zur Verfügung steht, die wirklich und ehrlich auf der Suche sind. Die Bezeichnung »der jüngste« ist aber in keiner Weise abwertend gemeint.

Zu Beginn dieses Kapitels haben wir gefragt, wie es sein könne, daß die »Quintessenz«, das heißt: das Wesen der Meister, in Alkohol gelöst und in Fläschchen abgefüllt werden kann. Die Erklärung dafür ist folgende, und nicht nur Aura-Soma sieht die Dinge so, sondern auch Alice Bailey: Die Strahlen, also sozusagen die vitale Energie der Meister, wird repräsentiert durch Strahlen, die auf das Mineralreich und das Reich der Pflanzen übergehen, und zwar sowohl mittels Sonnenlicht, das ja aus Farben besteht, als auch energetisch. Die Energien der Strahlen und somit der Meister werden von den Mineralien der entsprechenden Farben und Pflanzen der entsprechenden Farben absorbiert: Sie werden zu diesen Energien. Während bei den Pomandern mehr die »grobstofflichen« Energien der Mineralien und Pflanzen im Mittelpunkt stehen, die auf das eher »grobstoffliche« elektromagnetische Feld des Menschen wirken sollen, wurde die Sache bei den Quintessenzen feiner und feinstofflicher, und ihre Wirkung zielt auf den Astralkörper. Es ist mehr Licht und mehr Energie in ihnen enthalten: direkte Energie der Strahlen. Wie die hohen Potenzen in der Homöopathie sind die Quintessenzen, da sie feiner als die Pomander sind, »potenzierter« bzw. wirksamer.

Was Vicky Wall getan hat, war, die Energien auf eine nie zuvor gekannte Art und Weise zu potenzieren, zu kombinieren und sie für den Menschen in optimaler Zusammensetzung und Form zur direkten Anwendung zur Verfügung zu stellen.

Abschließend noch etwas zum Namen »Der Christus«. Für einige Aura-Soma-Freunde mag es befremdlich erscheinen, daß dieser Name im System auftaucht. Und tatsächlich war es für die Jüdin Vicky Wall eine Art Schock, als sie sich in den roten Strahl einfühlte und der Name des Meisters, der durchkam, »Christus« lautete. Für sie war der historische Jesus Christus ein großer Rabbi, ein großer Lehrer gewesen. Sie war verwirrt, daß er zu den Meistern gehören sollte. Im übrigen sah sie Aura-Soma als neutrales System an, und diese Sichtweise gilt heute und in Zukunft genauso wie damals. Ja, natürlich, es hat mit der Kabbala zu tun. Aber es will niemanden vom Judentum überzeugen, genausowenig wie von irgendeiner anderen Religion, und auch nicht vom Christentum.

Mit »Christus« ist bei Aura-Soma nicht der historische Jesus gemeint, über dessen Identität in letzter Zeit viel spekuliert wird. Es ist die Christus-Energie, das Christus-Bewußtsein, der Chri-

stus-Logos gemeint. Logos ist ein altgriechisches Wort und heißt »Wort, Vernunft«; seit Heraklit (550–480 v. Chr.) ein umfassendes Grundwort der griechischen und hellenistischen Philosophie. Für Heraklit ist der Logos die das Weltall durchwaltende göttliche Vernunft. In der jüdisch-alexandrinischen Religionsphilosophie erscheint der Logos als die göttliche Schöpferkraft und Vorsehung. Im Evangelium des heiligen Johannes wird Jesus als der Mensch gewordene göttliche Logos bezeichnet.
Der auf Zypern lebende Weise Daskalos kommt in seinen »Esoterische Lehren« zu folgender Definition: »Der Christuslogos ist absolutes Sein, dessen Ausdruck für uns Menschen Selbst-Bewußtheit, Bewußtsein und Vernunft bedeutet.« Und er schreibt: »Was immer Teil des Christus ist, ist Teil von uns, denn jeder von uns hat den Christus in sich, genau wie wir alle in Christus leben.« Und schließlich: »Es ist an uns, zu ›klopfen‹ oder zu ›suchen‹. Und auch dann, wenn unser Glaube nur die Größe eines Senfkorns hat, es wird uns gegeben werden, wonach wir suchen.«

11 Die Meister-Quintessenzen

Hier nun die Basisinformationen zur Anwendung der Quintessenzen. Mit ihnen verhält es sich wie mit den Pomandern: Längst sind nicht alle Möglichkeiten ausgetestet. Sie rufen geradezu dazu auf, eigene Ideen zu entwickeln und zu probieren, auf welche Weise Sie den größten Gewinn erzielen können. Was wir hier vorstellen, sollten Sie lediglich als Möglichkeiten und Wege sehen, die sich im Lauf der Zeit als empfehlenswert gezeigt haben. Folgen Sie im Zweifelsfalle immer Ihrer eigenen Intuition und Führung, auch was die Auswahl der Quintessenzen betrifft. Es kann sein, daß Sie intuitiv an eine Essenz herangeführt werden, auf die Sie normalerweise gar nicht gekommen wären. Und wenn Sie damit die besten und tiefsten Erfahrungen machen, wunderbar! Dann ist diese Quintessenz die richtige für Sie.
Wie die Pomander bietet Aura-Soma auch die Quintessenzen in winzigen Probefläschchen an. Das Set mit allen 14, die jeweils für zwei bis drei Anwendungen ausreichen, gibt Ihnen die Möglichkeit, alle Essenzen gezielt zu testen. So haben Sie die Chance, die oder die beiden auszuwählen, mit der/mit denen Sie die besten Erfahrungen machen können.
Zum Einstieg sollten Sie über einen Zeitraum von einigen Wochen möglichst bei einer Quintessenz bleiben, um wirklich zu spüren, was die jeweiligen Energien bei Ihnen bewirken.
Es gibt noch eine Möglichkeit, die passende Quintessenz zu finden: Schauen Sie sich die untere Hälfte Ihrer Lieblings-»Balance«-Flasche an, ihre Farbe repräsentiert Ihren »Seelenstrahl«. Und der Meister, der diesen Strahl regiert, ist »Ihr Meister«, ist Ihre »Quintessenz«. Hier die Zuordnungen:

»Balance«-Flasche	*Meister*
Farbe der unteren Hälfte:	*Entsprechende Quintessenz:*
Tiefmagenta und Magenta	– Pallas Athene und Aeolus
Violett und Blaßviolett	– Saint Germain
Königsblau, Blau und Blaßblau	– El Morya
Türkis und Blaßtürkis	– Maha Chohan
Grün und Smaragdgrün	– Djwal Khul
Blaßgrün	– Hilarion
Gelb und Blaßgelb	– Kuthumi
Gold	– Lady Portia
Orange und Koralle	– Lao-Tse und Kwan-Yin oder Sanat Kumara
Rot	– Der Christus
Pink und Blaßpink	– Lady Nada oder Orion und Angelika
Klar	– Serapis Bey

Sollte unter Ihren vier »Balance«-Flaschen eine Meister-Flasche (Nr. 50 bis 64) sein, so ist die entsprechende Quintessenz Ihre Quintessenz im wahrsten Sinne des Wortes.
Sollten es zwei Meister-Flaschen sein, so ist es diejenige, die der dritten Flasche am nächsten ist, also der Flasche, die das Hier und Jetzt repräsentiert. Mit anderen Worten, entweder die in Position 2, die in Position 3 oder in Position 4. Sollten es drei Meister-Flaschen sein, so ist es die Position 3.
Doch, wie gesagt, betrachten Sie diese Angaben nur als Anregungen; Vicky Wall pflegte in ihren Seminaren zu sagen: »Der größte Lehrer ist in dir selbst. Was wir bieten, sind nur Anhaltspunkte.« Hören Sie ruhig darauf, was Ihnen Ihr Gefühl sagt, und zwar generell bei allem, was mit Aura-Soma zu tun hat.
Wie in allen Substanzen sind auch in den Quintessenzen Edel-

steinenergien enthalten, und zwar immer die der Steine, die dieselbe Farbe tragen wie die Substanz; Rosenquarzenergie enthalten jedoch alle Quintessenzen, so daß erklärt ist, warum es bei Aura-Soma heißt, daß durch das Benutzen einer einzigen Quintessenz – welcher auch immer – jeweils alle Meister kontaktet würden.

Rosenquarz nimmt den rosafarbenen (in der Aura-Soma-Sprache: den pinkfarbenen) Strahl am besten auf und sammelt keinerlei negative Energie in sich an. Im Gegenteil, er reinigt sogar andere Edelsteine von negativen Energien. Der pinkfarbene Strahl hat mit bedingungsloser Liebe zu tun, die durch das Benutzen der Quintessenzen stimuliert werden soll. Bedingungslose Liebe gehört zum Schwierigsten, was wir Menschen erreichen können. Und sie ist doch so wichtig, um wirkliche Menschlichkeit entwickeln zu können. Gemeint ist hier nicht eine abstrakte bedingungslose Liebe. Sondern eine Liebe, welche die unsympathische Nachbarin einschließt und den Lehrer, der einem früher in der Schule unrecht getan hat, und den Onkel, der einen vielleicht geschlagen oder mißbraucht hat. Bedingungslose Liebe fängt da an, wo es am schwierigsten ist: im engsten Familien- und Bekanntenkreis, im unmittelbaren Lebensumfeld. Eine gute Übung beim Benutzen der Quintessenzen kann sein, sich die Nachbarin, den Lehrer, den Onkel – oder den Penner im Park, die unfaire Kollegin, mit wem auch immer Probleme bestehen – vorzustellen und sich für den Kern in diesem Menschen zu öffnen, der liebenswert ist und der den göttlichen Funken in sich trägt, oder darum zu bitten, im Lauf der Zeit dazu befähigt zu werden. Diese Übung sollte man so oft wiederholen, bis sich innerlich wirklich etwas verändert.

Der spirituelle Lehrer Gurdjieff verwendet gern Bilder, um bestimmte Sachverhalte zu erklären. Ein Beispiel: Jemand ist auf Reisen. Er sitzt in einem Wagen, der von einem Pferd gezogen und von einem Kutscher gelenkt wird. Der Kutscher steht für den mentalen, intellektuellen Anteil des Menschen. Das Pferd für die Emotionen. Der Wagen soll den Körper darstellen. Und drinnen sitzt der Reisende, dem dieses System dienen soll; der »Meister«. Er steht für den spirituellen Anteil.

Wenn die Reise gelingen und das Ziel sicher und ohne Komplikationen erreicht werden soll, müssen alle Anteile miteinander im Einklang stehen und miteinander kommunizieren. Wenn nur einer der Anteile ausfällt, bricht das Ganze völlig zusammen.

Was häufig passiert, ist, daß »Pferd«, »Kutscher« und »Wagen« relativ gut miteinander verbunden sind, der »Meister« allerdings nicht einbezogen ist. Man bewegt sich zwar fort, aber das Ziel ist nicht festgelegt, und daher fährt man im Kreise oder sogar in eine völlig falsche Richtung. Weil äußerlich alles wunderbar funktioniert, wird gar nicht wahrgenommen, welche Unterlassung es bedeutet, daß kein Kontakt mit dem eigentlich Zentralen besteht.

Nehmen wir also an, die Meister, wie sie Aura-Soma begreift, hielten sich nicht nur irgendwo in einer höheren oder jenseitigen Welt auf, sondern seien auch ein Teil unseres Selbst, dann wären die Quintessenzen Instrumente, mit denen wir mit den Meistern in uns Kontakt aufnehmen und mehr über die Richtung und das Ziel unserer Lebensreise erfahren könnten.

Damit Sie eine solche Kommunikation so effektiv wie möglich gestalten können, haben wir in die Beschreibungen der Quintessenzen eine Passage mit dem Titel »Meditation« aufgenommen. Dort finden Sie Anregungen, wie Sie die Energie jeder Substanz in diesem Zusammenhang optimal nutzen können. Die Anregungen sind relativ kurz und knapp formuliert, um Ihnen viel Raum für Eigenes zu geben. Probieren Sie aus, wie viel darin steckt!

Hauptsächlich sollen die Quintessenzen Meditationserfahrungen erleichtern und optimieren. (Was sie im feinstofflichen Bereich des Menschen bewirken, finden Sie in Kapitel 4.) Die

Quintessenzen zeigen sich aber auch im Alltag als nützliche Helfer. »Orion und Angelika« beispielsweise hilft, bei Flugreisen mit der Zeitverschiebung besser fertig zu werden – eine ziemlich unerwartete praktische Funktion. Unter »Mögliche Effekte und Anwendungsgebiete« finden Sie diese und jene »Alltagsfunktionen«, die Sie mit der Zeit um eigene Erfahrungen bereichern können und werden.

Sie können die Quintessenzen auch zur Reinigung der Atmosphäre in Häusern oder Wohnungen verwenden, Sie können kranke Pflanzen und Tiere mit ihnen behandeln und natürlich auch andere Menschen. Folgen Sie dabei den hier gegebenen Informationen und bzw. oder Ihrer eigenen Intuition. Drängen Sie solche Anwendungen aber einem anderen nie auf. Das nutzt weder Ihnen selbst noch ihm, und den gewünschten Effekten dient es keinesfalls. Be- oder verurteilen Sie niemanden, der sich ablehnend verhält. Aura-Soma spricht nicht jeden an, das sollte unbedingt respektiert werden.

Und so tragen Sie eine Quintessenz auf:

Öffnen Sie das Fläschchen, und geben Sie drei Tropfen auf den Puls Ihres linken Armes. Schließen Sie das Fläschchen, und verreiben Sie die Substanz mit dem Puls des rechten Armes. Heben Sie die Arme mit den Handflächen nach außen über dem Kopf, und stellen Sie sich vor, daß Sie die Energie an die Welt abgeben. Dann verteilen Sie die Energie der Quintessenz um Ihre Aura herum, vom Kopf bis zu den Füßen, beziehen Sie den Rücken ein, so weit das möglich ist. Gut ist auch, wenn Sie jeweils Ihre Arme über den Energiezentren kreuzen. Schließlich atmen Sie mit drei tiefen Atemzügen den Duft und die anderen Inhaltsstoffe der Substanz ein. Beginnen Sie dann mit Ihrer Meditation.

Nun kommen wir zur Beschreibung der Essenzen.

El Morya

Nummer: 1
Farbe: Blaßblau
Duft: blumig
Grundthema: »Dein Wille geschehe«

Mögliche Effekte und Anwendungsgebiete: Beruhigt die feinstofflichen Körper und bringt Frieden. Macht dem Bewußtsein die Informationen, die im Astralkörper stecken, zugänglich. Stimuliert künstlerische Fähigkeiten. Schützt die feinstofflichen Körper, läßt aber gleichzeitig positive Energien durch. Hilft Menschen, die sich mit ihren Eltern auseinandersetzen, Klarheit zu finden. Besonders werdenden Vätern und Müttern dienlich, da der Weg für neue, positive Verhaltensweisen geöffnet wird. Unterstützt auch die Arbeit mit der »archetypischen Mutter« und dem »archetypischen Vater«, die sich jenseits aller Rollenmodelle befinden. Läßt die »Gesetze des Lichts« verstehen, auf allen Niveaus, auch auf dem physikalischen.
Besonderheiten: Die Anwendung dieser Substanz ist besonders im Zusammenhang mit der Schutzmeditation zu empfehlen, die in Kapitel 9 vorgestellt wurde.
Meditation: Wer in seiner inneren Arbeit so weit gekommen ist, daß er zu Gott, zu seiner inneren Führung, zu seinem Höheren Selbst sagen kann: »Nicht mein, sondern Dein Wille geschehe«, oder wer bewußt dorthin gelangen möchte, findet durch El Morya die bestmögliche Unterstützung. Es empfiehlt sich, eine Affirmation wie »Nicht mein, sondern Dein Wille geschehe« oder »Dein Wille geschehe durch mich«, oder ein passendes persönliches Mantra in die tägliche Meditation einzubauen.

Kuthumi

Nummer: 2
Farbe: Blaßgold
Duft: blumig, süß, würzig
Grundthema: die Verbindung zwischen Engeln und Menschen herstellen

Mögliche Effekte und Anwendungsgebiete: Jedes Lebewesen, jeder Stein, jede Pflanze besitzen ein Bewußtsein. Dieses Bewußtsein wurde früher und wird noch heute von manchen Menschen als Wesen wahrgenommen, als Geist, als Deva, als »Elemental«. Kuthumi unterstützt Menschen, die mit diesen Wesen in Kontakt treten wollen, im Zusammenhang mit Heilungsarbeit, Gartenarbeit und so weiter. Die Substanz hilft dabei, sich einzufühlen, eine Verbindung herzustellen, Vertrauen aufzubauen – und zwar nicht nur das eigene, sondern auch das Vertrauen der »Geister«, welches von den Menschen häufig mißbraucht wurde.

Weiterhin hilft Kuthumi, mit Engeln in Verbindung zu treten; mit Wesen, die den Menschen in früheren Zeiten näherstanden und die mehr über den göttlichen Plan wissen als wir. Über persönliche Symbole wie ein »Krafttier«, bestimmte Pflanzen, mit denen wir innerlich etwas zu tun haben, über von Menschen geschaffene Zeichen und Symboliken sind wir fähig, an die eigene Kraft zu gelangen, hierbei kann Kuthumi unterstützend wirken. Wir können uns damit auf Energien einstimmen, die unsere Kreativität, unser Lebensgefühl, unser Gefühl von Verbundensein steigern und uns guttun.

Mit der Unterstützung dieser Substanz können wir solche Symbole leichter ausfindig machen.

Bei all dem, über das hier gesprochen wurde, sollten wir aber nicht vergessen, daß wir auch etwas zurückgeben sollten. Die

Wesen und die Energien, mit denen wir in Verbindung treten wollen, sind auf unsere Liebe, unsere Dankbarkeit, unsere Wärme genauso angewiesen wie wir auf die ihre.
Kuthumi vermindert auch Ängste im spirituellen Bereich, besonders, wenn sie mit der eigenen Feinstofflichkeit zu tun haben.
Meditation: Durch diese Substanz ist es besonders gut möglich, das Bewußtsein anderer, uns normalerweise sehr fremder Lebewesen wahrzunehmen. So empfiehlt es sich, sie in freier Natur anzuwenden und mit ihrer Hilfe beispielsweise meditativ das Wesen eines Baumes zu erspüren; sich für das zu öffnen, was tiefer liegt als das Äußere, Materielle des Baumes. Oder das gleiche mit einer Blume zu tun, mit einem Felsen, einem Berg. Oder auch mit einem Gewässer; möglichst mit einem lebendigen Gewässer wie einem Bach, einem Fluß oder einem See (stehende Gewässer wie Teiche sind nicht so geeignet).
Diese Art von Meditation, die übrigens auch sehr gut in einem größeren Park gemacht werden kann, birgt ein enormes Potential. Sie kann Menschen, die viel Zeit in geschlossenen Räumen verbringen, zu einem nie gekannten inneren Gleichgewicht führen. Und sie kann sehr gut gemeinsam mit Kindern erlebt werden. In diesem Feld können Erwachsene von Kindern lernen – eine heilsame Erfahrung für beide Seiten.

Lady Nada

Nummer: 3
Farbe: Blaßpink
Duft: nach Rosen
Grundthema: Aggressionen abbauen

Mögliche Effekte und Anwendungsgebiete: Verändert negative in positive Energie, und zwar in allen Lebensbereichen. Es schützt den Anwender und verändert auch das Verhalten des »Aggressors«, weil ein bißchen von der bedingungslosen Liebe stimuliert wird, von der in unserer Einleitung die Rede war. Öffnet für Kommunikation, die steckengeblieben ist oder droht steckenzubleiben (ebenfalls in allen Lebensbereichen).

Menschen, die mit Tönen, mit Musik, mit der Stimme arbeiten (in den Massenmedien, in der Industrie, als Lehrer, als Therapeuten), erfahren durch diese Substanz, wie sie die Heilungskräfte nutzen können, die in diesem Bereich stecken. Weiterhin öffnet Lady Nada dafür, beispielsweise Töne oder Musik oder Stimmen als Licht oder Farben zu erleben und umgekehrt. Oder bei einer Massage oder etwas Ähnlichem Farben zu sehen, innere Musik zu hören usw.

Der Weise Daskalos, den wir in Kapitel 10 erwähnten, schreibt in seinen »Esoterischen Lehren«, die Sprache der Engel habe mit Farben und Tönen zu tun. Und Menschen könnten lernen, diese Sprache zu verstehen und sogar, sie zu sprechen. Wer so weit gehen möchte, kann durch Lady Nada ebenfalls Unterstützung finden.

Hilft Menschen, die sich von den Mondrhythmen negativ beeinflußt fühlen. Macht Vollmond-Meditationen effektiver.

Meditation: Weil diese Substanz so viel mit Tönen, mit Musik und mit der Stimme zu tun hat, läßt sie diese Phänomene tiefer erleben. Wenn Sie also Musik besonders stark meditativ erleben wollen – bei sich daheim, in einem Konzert, in der Oper –, so empfiehlt sich Lady Nada.

Eine Übung, die Sie innerlich und äußerlich sehr wirkungsvoll ins Gleichgewicht bringen kann, ist folgende. Finden Sie einen Platz, wo Sie niemand hören kann und wo Sie niemanden stören – am besten in freier Natur. Wenn Sie geübt sind, können Sie sie auch sehr gut machen, wenn Sie allein im Auto sitzen. Finden Sie jetzt einen Ton, der Ihrem Wesen entspricht und mit dem Sie sich ganz und gar ausdrücken können. Spielen Sie damit.

Singen Sie ihn auf den Vokalen oder auf Mmm. Wiederholen Sie ihn lauter und leiser und innerlich, ohne ihn laut zu vollziehen. Lady Nada unterstützt diese Arbeit, und sie erleichtert es, beim Wiederholen den entsprechenden Ton wiederzufinden (diese Übung sollte häufig wiederholt werden, damit sie tatsächlich wirken kann).

Hilarion

Nummer: 4
Farbe: Blaßgrün
Duft: frisch, nach Wald
Grundthema: den Weg, die Wahrheit und das Leben verfolgen

Mögliche Effekte und Anwendungsgebiete: Hilft, innerlich Raum zu schaffen, zum Beispiel, um sich selbst besser kennenzulernen. Und zwar nicht nur in einer geschützten Situation, sondern jederzeit, zum Beispiel in einer kleinen Kaffeepause im Betrieb. Ermöglicht es, inmitten von Streß Ruhe und Frieden zu finden. Verschafft Zugang zur eigenen Wahrheit und zur eigenen Weisheit. Hilarion macht Dinge, die wir mit dem Kopf verstanden haben, auch über die Gefühle verständlich, das heißt, die Dinge werden auf eine ganzheitliche Art und Weise verstanden. So wird eine wirkliche Integration möglich.
Meditation: Diese Substanz eignet sich besonders für stille Meditationen, in denen es darum geht, an die eigene Wahrheit zu gelangen. Und zwar ermöglicht sie Stille und den Zugang zur Wahrheit auch in einem streßbelasteten Umfeld. Das kann im Berufsleben, wenn es um Entscheidungsfindung geht, ungeheuer hilfreich sein.

Serapis Bey

Nummer: 5
Farbe: Klar
Duft: würzig und blumig
Grundthema: Reinigung

Mögliche Effekte und Anwendungsgebiete: Reinigt am Ende einer Heilungs- oder Therapiesitzung den Raum und hilft dem Therapeuten sehr wirkungsvoll, seine Aura zu reinigen; bringt die Aura ins Gleichgewicht, schließt sie und schützt sie. Läßt den Klienten seine Erfahrung leichter integrieren. Dehnt das elektromagnetische Feld aus. Hilft Menschen, sich auf Sternenergie einzustellen: astronomisch, astrologisch und um sich in die Energie der Sterne einzuschwingen. Möglich ist auch, dadurch mit den Kulturen Kontakt aufzunehmen, die möglicherweise von den Sternen aus auf die Erde Einfluß genommen haben – telepathisch, mental oder durch reale Besuche. Eignet sich besonders für die Arbeit mit Quarzkristallen, d. h. mit Bergkristallen, die als Schlüssel für den Zugang zum Mineralreich angesehen werden. (Will sich jemand intensiver mit Steinen, Edelsteinen und Kristallen beschäftigen, so empfiehlt es sich, mit einem Bergkristall zu beginnen.) Serapis Bey hilft, die inneren Dimensionen des Kristalls zu finden. Auch kann es zur energetischen Reinigung aller Mineralien verwendet werden.
Meditation: Im folgenden finden Sie die Anleitung zur Kontaktaufnahme mit einem Kristall, vorzugsweise mit einem Quarzkristall. Finden Sie in Ihrem Haus, in Ihrer Wohnung den Platz, wo Sie am ungestörtesten und am meisten bei sich selbst sind. Nehmen Sie den Kristall in die Hand. Wenden Sie Serapis Bey wie beschrieben bei sich selbst an, dann reiben Sie mit dem Finger ein wenig davon auf jede Seite des Steins. Das reinigt ihn von äußeren Einflüssen, die auf ihn getroffen sein mögen, und es

verleiht ihm Schutz. Außerdem entsteht auf diese Weise eine gegenseitige Resonanz. Schicken Sie dem Stein jetzt den Gedanken, daß er zu Ihnen sprechen möge. Manche Steine tragen eine Menge Information in sich, die sie relativ leicht abgeben und die in mehreren oder sogar vielen Meditationssitzungen mitgeteilt werden. Andere schweigen vielleicht. In diesem Fall ist es wichtig, daß Sie sehr genau beobachten, was sich während Ihrer meditativen Beschäftigung mit dem Stein in Ihnen selbst verändert. Manchmal sind nämlich die gegebenen Zeichen so subtil, daß das nur an sehr feinen inneren Reaktionen abgelesen werden kann. Lassen Sie den Stein in der Folgezeit alles sagen, was er sagen möchte. Behandeln Sie ihn mit Respekt, wie einen Freund. Er sollte sich nicht mißbraucht und benutzt fühlen, sondern wie ein willkommener Helfer. Vielleicht möchten Sie ihn später noch gezielter einsetzen. Dann besteht die Möglichkeit, ihn zu »programmieren«. Das geschieht folgendermaßen: Nachdem Sie und der Kristall miteinander vertraut geworden sind, können Sie ihn in einer Meditation fragen, ob er bereit ist, ein für Sie wichtiges Thema in sich aufzunehmen. Zum Beispiel eine bestimmte spirituelle Energie, mit der Sie vertraut werden möchten, oder eine Idee, mit der Sie sich beschäftigen und in die Sie mit seiner Hilfe tiefer eindringen möchten. Spüren Sie, ob er dazu bereit ist. Haben Sie den Eindruck, er möchte das nicht, so tun Sie es auch nicht. Vielleicht fragen Sie ihn ein späteres Mal, vielleicht auch nicht. Wenn er jedoch dazu bereit ist, geben Sie ihm mental die Idee ein und jedesmal, wenn Sie sich damit in der Meditation oder im Gebet beschäftigen, beziehen Sie den Beitrag des Kristalls ganz bewußt ein. Ihr Stein ist über unglaublich lange Zeiten in der Erde gewachsen und hat Zugang zu Dimensionen, die mit unserem Kopf nicht erreichbar sind. Wer weiß, vielleicht hat der Stein sogar Freude daran, Ihnen wie einem Freund zu helfen.

Der Christus

Nummer: 6
Farbe: tiefes Rot
Duft: nach Wald
Grundthema: opferbereite Liebe entwickeln

Mögliche Effekte und Anwendungsgebiete: Hilfreich im Zusammenhang mit Sprechen und Schreiben, vor allem, wenn es um den Logos geht (siehe Kapitel 10). Der Christus ist die essentielle Substanz, die einem hilft, mit seiner Lebensaufgabe Kontakt aufzunehmen; zu erkennen, daß die Lebensaufgabe etwas mit dieser Erde zu tun hat, mit dieser Dimension hier in der Materie. Diese Aufgabe muß nichts Außergewöhnliches sein. Sie kann auch darin bestehen, Kinder großzuziehen, Blumen zu verkaufen oder gute Sekretariatsarbeit zu leisten. Die Anwendung dieser Substanz unterstützt ein Energiefeld, das mit der Idee der Christus-Energie (in jedem Menschen) in Beziehung steht (siehe auch Kapitel 10).
Meditation: Weil der Name »Christus« so viel mit der Bibel zu tun hat und für viele Menschen besetzt ist, empfehlen wir den Interessierten folgende Meditation, in der erfahren werden kann, was es mit der Christus-Energie wirklich auf sich hat. (Die Substanz kann sehr energetisierend wirken; daher nicht zu spät am Nachmittag benutzen.) Wenden Sie die Quintessenz wie beschrieben an. Gehen Sie dann in die Natur, in einen ruhigen Park, um einen meditativen Spaziergang zu unternehmen. Bringen Sie beim Gehen die Aufmerksamkeit in die Aktivität des Gehens hinein. Immer, wenn Ihr Verstand sich meldet, führen Sie ihn auf diese Aktivität zurück. Die Meditation könnte heißen: »In den Fußstapfen des Christus gehen.«

Saint Germain

Nummer: 7
Farbe: Hellviolett
Duft: blumig
Grundthema: Heilung auf allen Ebenen

Mögliche Effekte und Anwendungsgebiete: Bringt den männlichen und weiblichen Aspekt des Selbst ins Gleichgewicht. Beruhigt die feinstofflichen Körper (sie ist die beruhigendste aller Quintessenzen). Ermöglicht es, sich tief in eine andere Person einzufühlen, zum Beispiel im Zusammenhang mit Beziehungen, mit Therapie usw. Verändert die innere energetische Verfassung, zum Beispiel, wenn sich jemand überaktiv, überängstlich, übermäßig sexuell stimuliert fühlt. Verwandelt diese Art von Energie in eine spirituell nutzbare. Hilft bei der Auseinandersetzung mit »Überlebensfragen« (Geld, Sicherheit usw). Klärt unerledigte emotionale Probleme.
Meditation: Saint Germain eignet sich besonders zur Unterstützung von Heilungsmeditationen. Hier ein Beispiel für eine Sitzmeditation, in der Sie Ihren »inneren Meister« für sich selbst um Heilung bitten. Beginnen Sie, nachdem Sie die Substanz wie beschrieben angewendet haben, sich auf Ihren oberen Kopfbereich zu konzentrieren. Denken Sie daran, daß Sie schmerzfrei, entspannt, »angeschlossen« sein möchten – oder was auch immer. Dann stellen Sie sich vor, wie violettes Licht durch Ihren Oberkopf eindringt und Ihren Körper reinigt. Dann soll in Ihrer Vorstellung das violette Licht den gesamten materiellen Körper umhüllen. Vielleicht können Sie sich das Licht als violette Flammen vorstellen, oder wie große Tropfen aus Licht, die auf Sie herunterregnen. Seien Sie sich die ganze Zeit über des »Meisters in Ihnen« bewußt, und danken Sie ihm, wenn Sie die Meditation abschließen. Auf diese Art können Sie sehr gut Streß

und Anspannungen loswerden. Sie können dieses violette Licht auch einem anderen zur Heilung und Beruhigung schicken; entweder jemandem, der Ihnen gegenübersitzt. Oder, wenn er nicht anwesend sein kann, in Ihrer Vorstellung, oder Sie tun das mit Hilfe eines Fotos. Natürlich kann dieser andere auch ein (kürzlich) Verstorbener sein.

Orion und Angelika

Nummer: 8
Farbe: Pink
Duft: blumig, zitronig
Grundthema: innere und äußere Reisen

Mögliche Effekte und Anwendungsgebiete: Hilft, sich auf Synchronizität einzustellen und zur richtigen Zeit am richtigen Ort zu sein. Befreit vom Jet-lag, also von den körperlichen Folgen der Zeitverschiebung nach langen Flugreisen. Am Beginn jeder neuen Zeitzone anwenden, also bei einer Zeitverschiebung von fünf Stunden fünfmal. Lieber ein paarmal mehr als zu wenig verwenden. Eine »Überdosierung« ist nicht möglich. Die Idee dahinter ist, daß die feinstofflichen Körper durch die hohe Geschwindigkeit beim Fliegen etwas auseinanderdriften. Orion und Angelika bringt sie zusammen, so daß sie unbeschädigt ankommen.
Hilfreich am Beginn und zum Abschluß von Projekten. Läßt die Energien, welche für dieses Projekt gebraucht werden, einfließen. Nach Abschluß bringt die Substanz das Gefühl der Vollständigkeit und des Abgeschlossenseins und das Bewußtsein, daß man jetzt loslassen kann. Unterstützt Heilungsmethoden, die in die feinstofflichen Körper eindringen.
Meditation: Orion und Angelika ist ein exzellenter Begleiter für innere Reisen. Also für alle Arten von Visualisierungen. Sie

können zum Beispiel die in Kapitel 9 vorgestellte Schutzmeditation mit Hilfe dieser Quintessenz unter einem anderen Blickwinkel angehen. Sie können sich darauf einstimmen, alle darin gegebenen Details visuell besonders intensiv zu erleben: den Stern im Zentrum Ihres Körpers, die blaue Kugel, und später alle Wesen, die Sie in der Vergangenheit waren ... Dabei können Sie ganz erstaunliche Erfahrungen machen.

Pallas Athene und Aeolus

Nummer: 9
Farbe: Rosenpink
Duft: blumig
Grundthema: Traumarbeit

Mögliche Effekte und Anwendungsgebiete: Bringt das Traumleben mehr ins Bewußtsein. Hilft bei der Entschlüsselung der eigenen Träume sowie der anderer Menschen. Verschafft tiefen Einblick in die eigene Traumsymbolik. Unterstützt luzides Träumen, das heißt, daß man in seinen Träumen selbst die Initiative ergreift und sozusagen die Handlung lenkt. Das kann bei der Bewältigung alter Muster sehr hilfreich sein. Die Substanz vereinfacht auch den Einstieg in schamanische Traditionen, besonders dann, wenn man sich mit der Beziehung der alten Völker zur Erde vertraut machen will. Sie hilft spüren zu lernen, was die Erde braucht (die Erde als Ganzes, aber auch das Stückchen Erde, auf dem man sich gerade befindet). Bringt eine Verbindung zur griechischen und römischen Mythen- und Götterwelt, vor allem im archetypischen Sinn. Das heißt, daß sie hilft, herauszufinden, welche dieser Archetypen in der eigenen Psyche verkörpert sind.
Meditation: Wie gesagt, diese Substanz eignet sich ganz besonders

für Traumarbeit. Sie sollte also abends vor dem Schlafengehen wie beschrieben angewendet werden. Hier noch ein Vorschlag für den Fall, daß Sie auf einer Frage oder einem Problem festsitzen und durch einen Traum Hilfe erhalten wollen: Benutzen Sie die Quintessenz direkt vor dem Niederlegen. Stellen Sie sich dann vor, Sie hätten die Frage oder das Problem in einem Wort oder einem kurzen Satz formuliert und auf eine Tafel oder ein Stück Papier geschrieben. Ziehen Sie nun vor Ihrem inneren Auge um den Satz einen Kreis aus weißem Licht, und bitten Sie um Hilfe. Dann schlafen Sie. Wenn Sie in der Nacht aufwachen, stellen Sie sich wieder das gleiche Bild vor: Das Problem schriftlich formuliert und umgeben von einem Kreis aus weißem Licht. So bleibt das Bewußtsein oder besser gesagt, das mit dem Bewußtsein verbundene Unterbewußtsein mit dem Ganzen beschäftigt. Es kann sein, daß Sie am nächsten Morgen mit einer Idee für die Lösung Ihres Problems oder einer Antwort auf Ihre Frage aufwachen. Vielleicht auch mit vielen neuen Ideen und Einsichten zu dem Bereich. Denken Sie daran, sich dafür zu bedanken. Sind Sie aber mit dieser Art Arbeit noch nicht ausreichend vertraut, seien Sie nicht enttäuscht, wenn erst einmal nichts passiert. Das hat nichts zu sagen. Sie müssen dann ein wenig trainieren und diese Übung über einen gewissen Zeitraum immer wiederholen.

Lady Portia

Nummer: 10
Farbe: Gold
Duft: blumig und sommerlich
Grundthema: Aufgeben von Beurteilen bzw. Verurteilen (der eigenen Person und anderer)

Mögliche Effekte und Anwendungsgebiete: Menschen, die immer arbeiten, die nie eine Pause machen, erfahren, wie sie weniger selbstkritisch sein können. Wer dazu neigt, andere zu kritisieren, zu be- und verurteilen, lernt durch Lady Portia, Mitgefühl zu entwickeln. Auf der anderen Seite wird aber auch bewußt, daß nur dann wirklich Perfektion entstehen kann, wenn wir uns selbst, andere und bestimmte Sachverhalte kritisch sehen. Wenn also (Selbst-)Kritik angesagt ist, oder ein gerechtes, vielleicht nicht sehr schmeichelhaftes Urteil, kann Lady Portia helfen, das Gefühl dafür zu entwickeln, wie angemessen und höflich vorgegangen werden kann. Unterstützt Rebirthing-Arbeit. Hilft auch generell, mit dem eigenen Geburtstrauma fertig zu werden und Angst zu verlieren. Läßt Gedanken klar formulieren, besonders, wenn sie mit alter Weisheit und Selbsterkenntnis zu tun haben.
Meditation: Lady Portia unterstützt besonders alle Arten von Atemmeditationen, z. B. im Yoga, bei der Konzentration auf den Atem in einer Sitzmeditation usw. Zum Einstieg empfiehlt es sich, bei einer solchen Sitzmeditation sich auf das Ausatmen zu konzentrieren und dabei die Idee von Loslassen zu halten. Denn alles, was vergeht, vergeht mit einem Ausatmen. Ein weiterer Vorschlag wäre, die Substanz auf einen Spaziergang in freier Natur mitzunehmen und sie anzuwenden, bevor man sich über einen längeren Zeitraum auf das Ein- und Ausatmen der gesunden Luft konzentriert. Und wirklich nur auf das Atmen, die Luft und das »Guttun«. So werden Kopf und Körper frei.

Lao-Tse und Kwan-Yin

Nummer: 11
Farbe: Blaßorange
Duft: nach Orange, würzig
Grundthema: Informationen aus vergangenen Zeiten erhalten

Mögliche Effekte und Anwendungsgebiete: Hilft, Informationen aus früheren Inkarnationen und überhaupt aus früheren Zeiten zu erhalten, ohne daß man sich zu viel und zu sehr mit den Schocks auseinandersetzen muß, die man dort erlebt haben mag. Die Informationen kommen mehr auf einer energetischen als auf einer emotionalen Ebene rüber. Hat ähnliche Wirkungen wie Flasche Nr. 26 und der orange Pomander, wobei das »Balance«-Öl vom Körper ausgeht und sich dann in die feinstofflichen Körper hineinarbeitet. Der orange Pomander wirkt vom elektromagnetischen Feld aus auf den materiellen und auf die feinstofflichen Körper ein, und die Quintessenz geht vom Astralkörper aus nach innen. Sie bringt Verständnis und Wertschätzung für das, was wir in früheren Zeiten hinter uns gebracht haben, und läßt Selbstliebe entstehen. Ermöglicht daraufhin das Gefühl von tiefem Frieden.

Meditation: Diese Substanz wirkt besonders erfolgreich in allen Zusammenhängen, in welchen Sie sich von »alten Geschichten« befreien wollen: in der Therapie, bei der »dynamischen Meditation«, bei Gebeten, in denen Sie darum bitten, daß Sie diese Geschichte loslassen können, oder auch bei einem Ritual zu diesem Zweck. Zum Beispiel, indem Sie Ihr Problem zu Papier bringen und es dann rituell verbrennen, um es in eine andere Dimension eingehen zu lassen. Oder indem Sie sich einen Stein suchen, ihm das Problem erzählen, ihn bitten, es für Sie aufzunehmen, und ihn dann in ein fließendes Gewässer werfen. Wichtig bei solchen Ritualen ist, daß Sie wirklich konzentriert sind und daß Sie anschließend nicht mehr grübeln, sondern das Ganze »übergeben« und loslassen.

Sanat Kumara

Nummer: 12
Farbe: Blaßkoralle
Duft: würzig
Grundthema: Synthese (Sanat Kumara erfüllt die Funktionen aller Quintessenzen und ist dann angesagt, wenn Sie sich noch nicht sicher sind, welches »Ihr« Meister ist)

Mögliche Effekte und Anwendungsgebiete: Hilft, den Dingen auf den Grund zu gehen, zu schauen, was hinter den Masken, hinter den Kulissen, hinter den Verhüllungen steckt. Wenn in der Vergangenheit Mißbrauch oder ähnlich Gravierendes stattgefunden hat, eröffnet diese Substanz die Möglichkeit, in sich selbst ein neues männliches und/oder weibliches Rollenmodell zu entwickeln. Baut Brücken zwischen dieser Welt und anderen, parallelen Welten.
Meditation: Eignet sich besonders, in der Meditation Informationen und Eindrücke aus anderen Welten zu erhalten. Ansonsten können Sie damit jede Meditation unterstützen, die Sie praktizieren möchten und jede, die wir hier empfohlen haben. Sanat Kumara verfügt über die stärkste Kraft, uns mit allen Meistern gleichzeitig in Kontakt zu bringen.

Maha Chohan

Nummer: 13
Farbe: Blaßtürkis
Duft: süß und tief
Grundthema: Gefühlsbeziehungen aufbauen (zu sich selbst, zu anderen Menschen, zur Natur – zu allem)

Mögliche Effekte und Anwendungsgebiete: Bringt das »Herz« zum Ausdruck. Empfehlenswert für Menschen, die durch Lehre oder durch Medien alte Weisheit präsentieren, aber so, daß sie in dieser Zeit nützlich ist. Verschafft besonders tiefen Kontakt zum »inneren Lehrer« und zum »inneren Meister«. Ermöglicht den Aufbau von Gefühlsbeziehungen zu den Wellenlängen, die höher bzw. schneller sind als die menschlichen.
Stellt eine Einladung an den inneren Lehrer, an den inneren Meister dar, wirklich in das Leben des Betreffenden einzutreten, aber nicht vor dem Hintergrund von Bedürftigkeit, sondern weil der Anwender wirklich bereit ist, zu lernen.
Meditation: Nach der Anwendung von Maha Chohan setzen Sie sich bequem hin, und entspannen Sie sich. Stellen Sie sich vor, daß in Ihrem Zentrum eine winzige, ungeheuer kraftvolle Lichtgestalt sitzt, Ihr innerer Lehrer, Ihr innerer Meister. Nehmen Sie sich viel Zeit dafür, auf allen Ebenen zu erfahren, daß dieser göttliche Funke schon immer zu Ihnen gehört hat, daß er immer zu Ihnen gehören wird und daß Sie das ab heute nie mehr vergessen werden. Danken Sie der Lichtgestalt am Ende der Meditation dafür, daß sie sich Ihnen gezeigt hat. Mit dieser Anleitung können Sie eine Menge machen. Sie können beispielsweise in Ihrer Vorstellung die Gestalt vergrößern und erforschen, wie sie aussieht: So wie Sie selbst? Wie jemand, den Sie kennen oder früher gekannt haben? Wie ein Heiliger, eine bekannte Persönlichkeit, ein spiritueller Lehrer? Wie eine Gestalt aus der Bibel, aus anderen Weisheitsbüchern, aus der Mythologie? Bleiben Sie bei dieser Übung ganz entspannt, und warten Sie einfach, was vor Ihrem inneren Auge auftaucht. Übrigens kann es sein, daß Sie zuerst keine Information erhalten. Dann sollten Sie die Übung einfach über einen längeren Zeitraum wiederholen. Oder vielleicht sehen oder spüren Sie auch etwas anderes als eine Person, ein Symbol vielleicht, was genauso bedeutungsvoll ist. Bleiben Sie offen, machen Sie sich keine

festen Vorstellungen von dem, was geschehen sollte. Bleiben Sie für Überraschungen bereit. Möglich ist auch, daß Sie heute eine andere Energie, Person, ein anderes Symbol wahrnehmen als in ein oder zwei Jahren. Im Lauf der Entwicklung werden sich Veränderungen ergeben. Sie können auch Ihren inneren Meister um Rat fragen, wenn Sie Probleme haben. Sie können ihn um Trost bitten, wenn Sie sich allein und verzweifelt fühlen und so weiter. Allerdings mögen Sie sich immer dessen bewußt sein, daß dieses Wesen, dieser Funke in Ihnen, nicht Gott selbst ist, sondern eben immer nur ein Funke davon; und daß Sie sich im Zweifelsfalle immer an das »Original«, an die Quelle, an Gott wenden mögen.

Djwal Khul

Nummer: 14
Farbe: Smaragdgrün
Duft: frisch, nach Wald
Grundthema: Raum (in sich selbst, aber auch außen; zum Beispiel sehr gut für Astrologen geeignet)

Mögliche Effekte und Anwendungsgebiete: Menschen, die sich für Astrologie interessieren, können damit leichteren und tieferen Zugang zu Horoskopen finden (ihren persönlichen, denen von anderen und auch von Ereignissen). Schafft ein Gleichgewicht in den feinstofflichen Körpern. Bringt Menschen, die sich für ihre intuitive Seite öffnen, eine bodenständige Sichtweise. Sie lernen zu verstehen, daß mit Intuition nicht alles gemacht werden kann, sondern daß unser Intellekt auch ein sehr nützliches Instrument ist. Daß beides zusammen oder beides zu seiner Zeit benutzt werden sollte. Hilft auch, sich nicht von den intuitiv gewonnenen Informationen überwältigen zu lassen. Ängstlichen

Menschen bringt diese Substanz Klarheit und Selbstliebe (besonders im Zusammenhang mit Raumängsten wie Platzangst und so weiter). Hilft, sich die Zeit und den Raum zu schaffen, die und den man braucht. Zeigt auf, wohin man geht. Bringt Verständnis für die Rhythmen, die Gesetze und die Muster in der Natur.

Meditation: Geeignet für meditatives Tanzen, besonders, wenn diese Tänze das Herz öffnen sollen (»Sacred Dance«, Sufitanz, rituelle Tänze, improvisierte Tänze, auch in freier Natur). Und für Meditationen, die mit den Sternen und bestimmten Zeit-Qualitäten zu tun haben. Zum Beispiel, wenn Sie sich für Astrologie interessieren und wissen, daß an einem bestimmten Tag eine bestimmte Konstellation stattfindet, hilft Djwal Khul, sich meditativ darauf einzustimmen. Noch ein Vorschlag für eine Meditation, die für Mutter Erde gedacht ist und die durch Djwal Khul besonders gut unterstützt wird. Wenden Sie die Quintessenz wie beschrieben an. Setzen Sie sich bequem hin, und stellen Sie sich vor, wie Ihr Zentrum sich mit Licht füllt und ausdehnt. So weit, daß es Ihren gesamten materiellen Körper umhüllt. Dann wächst es noch weiter, mit jedem Ausatmen, bis es den ganzen Ort umschließt, in dem Sie wohnen, dann das Land, in dem Sie leben, und schließlich umhüllt es die ganze Erde. Nun werden Sie sich dessen bewußt, daß überall auf der Erde Lichtpunkte verteilt sind, so wie Sie selbst einen darstellen, und alle durch Lichtfäden miteinander verbunden sind. So umspannt ein ganzes Lichtnetz die Erde, und es gibt seine Kraft an den Planeten und auch nach draußen in den Weltraum ab. Am Ende der Meditation stellen Sie sich vor, daß die von diesem Lichtnetz umhüllte Erde schrumpft, bis sie in Ihr Zentrum paßt, und daß Sie die Erde in sich tragen.

12 Wie man eine Grundausstattung auswählt

Wahrscheinlich werden Sie, nachdem Sie mit den ersten vier »Balance«-Flaschen Ihrer Wahl wie vorgeschlagen gearbeitet haben, eigene Ideen davon entwickeln, wie sich Ihre Reise mit Aura-Soma weiter gestalten soll. Aber vielleicht möchten Sie von uns doch hören, ob es Empfehlungen für bestimmte (Krisen-)Situationen gibt, und Sie sind an einer Art Grundausstattung interessiert.

Sagen wir, daß Sie mit den Energien von Aura-Soma noch weiter und noch näher vertraut werden, aber nicht alle Flaschen kaufen, sondern nur eine ausgewogene und repräsentative Auswahl zur Verfügung haben möchten. In diesem Fall empfehlen wir das »Chakra-Set«. Es enthält die Flaschen, die direkt die Energiezentren ansprechen.

Das Chakra-Set besteht aus folgenden »Balance«-Flaschen

Nr. 1	Blau über Tiefmagenta	– Kronenchakra, Drittes Auge
Nr. 2	Blau über Blau	– Kehlkopfchakra
Nr. 3	Blau über Grün	– Herzchakra
Nr. 4	Gelb über Gold	– Solarplexuschakra
Nr. 5	Gelb über Rot	– Basischakra
Nr. 26	Orange über Orange	– »zweites Chakra«

Dies ist das eigentliche Chakra-Set. Flasche Nr. 20 (Blau über Pink) wird aber meist auch noch dazugezählt. Sie bezieht sich auf das Kronenchakra.

Erweitert wird dieses Chakra-Set um folgende »Balance«-Flaschen		
Nr. 6	Rot über Rot	– Basischakra (die stimulierendste Aura-Soma-Substanz)
Nr. 10	Grün über Grün	– Herzchakra (die harmonisierendste Substanz)
Nr. 16	Violett über Violett	– Kronenchakra (die beruhigendste Aura-Soma-Substanz)
Nr. 43	Türkis über Türkis	– Herzchakra, Ananda-Khanda-Zentrum
Nr. 0	Königsblau über Tiefmagenta	»achtes Chakra«

Daß diese Flaschen zum erweiterten Chakra-Set gehören, ist in Kapitel 8 nicht benannt.

Ein guter Weg, mit dem Chakra-Set zu arbeiten, ist folgender: Suchen Sie jeden Morgen nach dem Aufstehen die Flasche aus, die Sie am meisten anspricht. Wenden Sie die Substanz auf die angegebene Weise an, oder lassen Sie sich von Ihrem Partner oder einem anderen Menschen Ihres Vertrauens eine Massage damit an den entsprechenden Körperstellen geben. Die so getroffene Wahl zeigt Ihnen an, welches Energiezentrum an diesem Tag besondere Zuwendung braucht. Beobachten Sie, welche Auswirkungen Sie spüren.

Das Kinder-Set besteht aus folgenden »Balance«-Flaschen	
Nr. 11	Klar über Pink
Nr. 12	Klar über Blau
Nr. 13	Klar über Grün
Nr. 14	Klar über Gold
Nr. 15	Klar über Violett

Dies ist das ursprüngliche Kinder-Set.

Erweitert wird dieses Kinder-Set um folgende »Balance«-Flaschen	
Nr. 55	Klar über Rot
Nr. 77	Klar über Magenta
Nr. 86	Klar über Türkis

Daß diese Flaschen zum erweiterten Kinder-Set gehören, ist in Kapitel 8 nicht benannt.

Nr. 20 (Blau über Pink) wird für akute Situationen empfohlen, wann immer bei einem Kind (oder innerhalb der Arbeit mit dem »inneren Kind« bei einem Erwachsenen) die Heilkräfte angeregt werden sollen.
Mit dem Kinder-Set hat es folgendes auf sich. Es ist dafür gedacht, *Kinder von der Geburt an* zu begleiten und zu unterstützen, bis sie bewußte Wesen sind.
Dabei gilt diese Reihenfolge der Flaschen:
Nr. 11 ist die erste,
Nr. 15 die letzte.
Nr. 11 eignet sich für Neugeborene bis zum Ende des neunten Lebensmonats, wenn sich die Fontanelle schließt.
Nr. 12 eignet sich für die Folgezeit, bis zum Abschluß der Stillperiode. Wenn das Kind nicht gestillt wird, dann bis zu dem

Zeitpunkt, wo es lernen soll, aus der Tasse zu trinken. Die Substanz »Klar über Blau« erleichtert diesen Übergang.
Weiter geht es mit Nr. 13 bis zum Abschluß der Trotzphase, die durch die Substanz abgemildert wird.
Nr. 14 wird bis zum Schulanfang angewendet,
und Nr. 15 ist angesagt, wenn das Kind sieben Jahre alt wird. Mit sieben Jahren schließt es eine erste sehr wichtige Entwicklungsphase ab. Das wird in vielen verschiedenen Traditionen so gesehen, zum Beispiel in der Anthroposophie. Sie sieht das gesamte menschliche Leben in Sieben-Jahres-Phasen ablaufend; danach sind die entscheidenden Übergänge im Alter von sieben, 14, 21, 28, 35 Jahren und so weiter auszumachen. Nach dem ersten Lebensjahrsiebt verändere sich die Sichtweise des Kindes von Farbe, sagte Rudolf Steiner, der Begründer der Anthroposophie – was Aura-Soma berücksichtigt.
Zwischen dem achten Lebensjahr und Pubertätsbeginn ist Flasche Nr. 15, und in Notfällen Flasche Nr. 20 angesagt.
Das erweiterte Kinder-Set – Nr. 55, 77 und 86 – sollte nicht vor der Pubertät angewendet werden. Ob und wann, bleibt der Intuition der Eltern oder des Jugendlichen überlassen.
Bei der Arbeit mit dem »inneren Kind« wird die dem Zeitraum, in dem die Schwierigkeiten des Betreffenden ihren Ursprung haben, analoge Substanz eingesetzt. Nehmen wir an, jemand hätte im Alter von vier Jahren einen längeren Krankenhausaufenthalt durchleben müssen und hätte dabei an seiner Seele Schaden genommen. In der Auseinandersetzung mit diesen schmerzlichen Erinnerungen würde ihm Flasche Nr. 14 Unterstützung geben, so daß er sich seine Angst und seine Trauer noch einmal bewußtmachen, sie akzeptieren und »integrieren« kann. Durch diesen Prozeß ist es ihm dann viel leichter möglich, seine heutigen problematischen Verhaltensweisen oder Gefühle – vielleicht innerhalb seiner Partnerschaft, mit seinen Kindern oder innerhalb seines beruflichen Umfeldes – zu verändern.

Das Kinder-Set ist auch geeignet, Mutter und Kind in der *Schwangerschaft* zu begleiten.

Flasche Nr. 11 sollte benutzt werden, wenn ein Paar sich ein Kind wünscht. Sie unterstützt eine »bewußte Zeugung«. Die Substanz sollte so lange angewendet werden, bis sicher ist, daß eine Empfängnis stattgefunden hat.

Dann geht es weiter mit den Flaschen Nr. 12, 13 und 14. Jede Flasche sollte so viele Tage, Wochen oder Monate lang benutzt werden, wie es die Intuition der werdenden Mutter anzeigt.

Nr. 15 sollte verwendet werden, sobald die Wehen einsetzen. Sie trägt dazu bei, daß die Geburt leicht vonstatten geht und daß die Mutter sie bewußt erlebt.

Diese Wirkung hat übrigens auch Flasche Nr. 2. Wenn die Mutter die Substanzen während der Schwangerschaft nicht zu Ende benutzt hat, kann sie sie in dem oben beschriebenen Zeitrahmen an ihrem Kind anwenden. Das ist keine Notlösung, sondern entspricht völlig dem hinter dem Kinder-Set stehenden Konzept.

Ein Kind mit einem Aura-Soma-Öl einzureiben und zu massieren kann zu etwas ganz Besonderem werden – für das Kind und für die Mutter oder den Vater. Kinder lieben die bunten Flaschen, durch die das Licht scheint. Sie lieben die zarten Düfte der Substanzen. Und sie spüren sehr genau, daß ihnen etwas Gutes geschieht, wenn diese Substanzen auf ihre Haut aufgetragen werden. Um mit einem ganz kleinen Baby Kontakt aufzunehmen, ist eine Massage einer der wenigen ersten wirklichen Zugänge. Und je älter das Kind wird, um so individueller und phantasievoller kann ein solches Aura-Soma-Ritual gestaltet werden: mit einem Lied, mit Fingerspielen, mit einer kleinen Geschichte …

Und noch zwei Empfehlungen für etwas ältere Kinder:

Wenn sich Kinder bedroht fühlen – durch (einen) andere(n)

Menschen oder durch bestimmte Situationen –, ist Flasche Nr. 34 (Pink über Türkis) empfehlenswert.
Beim Problem »Bettnässen« hat sich der orange Pomander als sehr hilfreich erwiesen. Wichtig bei der Anwendung ist, daß die Bezugsperson den Pomander zusammen mit dem Kind benutzt. Es sollen sich also beide mit dem Pomander umhüllen. Auch hier ist es angebracht, ein kleines Ritual zu veranstalten. Zeitlich eignet sich am besten die Phase vor dem Schlafengehen.
Ob dem Kind gesagt werden soll, daß der Pomander gegen das Bettnässen helfen soll, bleibt dem Erwachsenen überlassen. Möglicherweise zeitigt die Anwendung des Pomanders schon nach drei oder vier Tagen die erwünschte Wirkung. Das kleine Ritual sollte aber noch über einen längeren Zeitraum regelmäßig weiterverfolgt werden.

Das Meister-Set besteht aus folgenden »Balance«-Flaschen

Nr. 50	Blaßblau über Blaßblau	El Morya
Nr. 51	Blaßgelb über Blaßgelb	Kuthumi
Nr. 52	Blaßpink über Blaßpink	Lady Nada
Nr. 53	Blaßgrün über Blaßgrün	Hilarion
Nr. 54	Klar über Klar	Serapis Bey
Nr. 55	Klar über Rot	Der Christus
Nr. 56	Blaßviolett über Blaßviolett	Saint Germain
Nr. 57	Blaßpink über Blaßblau	Pallas Athene und Aeolus
Nr. 58	Blaßblau über Blaßpink	Orion und Angelika
Nr. 59	Blaßgelb über Blaßpink	Lady Portia
Nr. 60	Blau über Klar	Lao-Tse und Kwan-Yin
Nr. 61	Blaßpink über Blaßgelb	Sanat Kumara
Nr. 62	Blaßtürkis über Blaßtürkis	Maha Chohan
Nr. 63	Grün über Blaßgrün	Djwal Khul und Hilarion
Nr. 64	Grün über Klar	Djwal Khul

Beim Meister-Set spielt die Reihenfolge der Flaschen für die Anwendung keine Rolle. Die Bezeichnung »Meister-Set« bedeutet lediglich, daß die Flaschen nacheinander geboren wurden und daß in ihnen spezielle Energien enthalten sind. Näheres dazu und zu den Quintessenzen haben wir in den Kapiteln 10 und 11 erläutert.

Für *Notfälle* ist es empfehlenswert, folgende Flaschen parat zu haben und sie im entsprechenden Fall so schnell wie möglich anzuwenden:

- Nr. 1 (Blau über Tiefmagenta, Körperliche »Erste Hilfe«) für Verletzungen und Schmerzen
- Nr. 20 (Blau über Pink, »Sternenkind«) für alle Krisensituationen mit Kindern
- Nr. 26 (Orange über Orange, Ätherische »Erste Hilfe«) für alle Schocksituationen.

In den Flaschenbeschreibungen ist genau nachzulesen, welche Wirkungen dieses Substanzen haben und daß sie nicht nur in Glasflaschen, sondern auch in Plastikfläschchen erhältlich sind. So können diese Substanzen von jedem, der sie braucht, angewendet werden.

In der Phase der *Rekonvaleszenz* bringt Flasche Nr. 25 (Violett über Magenta) körperliche und seelische Kraft zurück. Der pinkfarbene Pomander hilft ebenfalls, daß der Genesende auf die eigenen Füße zurückkommt.

Einem *Sterbenden* kann Flasche Nr. 2 (Blau über Blau) helfen, sich in Frieden zu verabschieden. Aber sie kann ihm auch, wenn das das Problem ist, helfen, zum Leben zurückzukehren, um seine Belange in Frieden und Ruhe abzuschließen.

Auch Flasche Nr. 11 (Klar über Pink) kann Sterbenden sehr helfen. Ebenso, wie sie einer Seele helfen kann, sich für die Inkarnation zu entscheiden, kann sie auch die Entscheidung unterstützen, in Frieden von dieser Inkarnation loszulassen. Nr. 11 und Nr. 2 werden beim Sterbenden angewendet, nicht bei den Angehörigen. Kann sie nicht nach Vorschrift aufgetragen werden, tragen Sie sie auf die Hände und/oder auf die Füße auf. Der violette Pomander bringt eine friedliche Atmosphäre in ein Sterbezimmer, er wirkt positiv auf den Sterbenden und auf die Angehörigen.

Haben Sie jemanden durch *Tod* verloren, so empfehlen wir Flasche Nr. 78 (Violett über Tiefmagenta). Sie hilft Ihnen, zu trauern, mit der Trauer fertig zu werden und den anderen freizulassen (handelt es sich um einen plötzlichen Tod, sollten Sie zusätzlich noch Nr. 26 verwenden, die Schock-Flasche). Flasche Nr. 78 hat selbst noch einen positiven Einfluß auf den Verstorbenen.

In Verlustsituationen wie *Trennung* oder *Scheidung* sind die Robin-Hood-Flasche (Nr. 27, Rot über Grün) und die Maid-Marion-Flasche (Nr. 28, Grün über Rot) besonders hilfreich.

Wenn Sie sich in *Therapie* befinden, wird Sie dabei die Flasche unterstützen, die Sie selbst für sich als geeignet auswählen. Es gibt jedoch einige Substanzen, die sich in speziellen Zusammenhängen als besonders unterstützend erwiesen haben:

– Nr. 22 (Gelb über Pink) und
– Nr. 59 (Blaßgelb über Blaßpink) sowie
– die Lady-Nada-Quintessenz

eignen sich besonders, vor einer Rebirthing-Sitzung verwendet zu werden.

– Nr. 53 (Blaßgrün über Blaßgrün) sowie
die Quintessenz Hilarion

empfehlen sich besonders für Körperarbeit wie Rolfing, Posturale Integration, Alexandertechnik, Feldenkrais und so weiter.

– Nr. 20 (Blau über Pink)
– Nr. 58 (Blaßblau über Blaßpink) sowie
– die Quintessenz Orion und Angelika sind besonders für die Arbeit mit dem *»inneren Kind«* geeignet.

Traumarbeit wird besonders unterstützt durch
– die Quintessenz Pallas Athene und Aeolus.

Generell empfiehlt es sich, den grünen Pomander vor einer Therapiesitzung anzuwenden. Er »schafft Raum«, und zwar für den Klienten wie für den Therapeuten.
Der violette Pomander hilft dem Klienten, die therapeutische Erfahrung in ihrer Tiefe und Komplexität wahrzunehmen und sich daran später zu erinnern.

Bei *körperlichem Leiden*, für das kein realer Grund zu finden ist, ist Flasche Nr. 35 (Pink über Violett) angesagt.
Zum Schutz eignen sich neben dem saphirblauen besonders der weiße, der rote und der tiefrote Pomander.

Vor *Reisen* ist es angebracht, sich mit folgenden Substanzen zu versorgen:

– der Quintessenz Orion und Angelika (verhindert »Jet-lag«),
– dem grünen Pomander (hilft, wenn sich jemand im Flugzeug oder in anderen Verkehrsmitteln leicht beengt fühlt),
– dem goldenen Pomander (verhindert Übelkeit).

Vor *Prüfungen* oder bei *Lampenfieber* verleiht der pinkfarbene Pomander Kraft und Zentrierung. Gegen Lampenfieber hilft auch noch besonders der türkise Pomander. Der goldene Pomander verschafft bei Prüfungen Zugang zu vorhandenem Wissen. Das eigene Kraftreservoir erschließt der rote Pomander, was besonders bei *sportlichen Wettbewerben* nützlich sein kann.

Zum Schluß ein Wort zu einer Schwierigkeit, die allerorten zu finden ist. Es ist die Schwierigkeit des Menschen, Fähigkeit, Willen wie Durchsetzungsvermögen aufzubringen, sich dort Hilfe zu holen, wo wirklich Hilfe gefunden werden kann. Wir haben die Erfahrung gemacht, daß die Menschen, die sich für Aura-Soma und für das immense Potential, das darin steckt, interessieren, sich an einer Weggabelung befinden. Sie wissen und sie spüren, daß sie in ihrem Leben etwas verändern müssen, daß sie wachsen wollen. In einer Beratungssitzung oder durch die Beschäftigung mit den Flaschen im Alleingang und durch das Nachlesen über ihre Bedeutung haben sie erfahren, wo die sie behindernden Faktoren liegen und wohin ihre Reise gehen könnte. Sie haben sich auch schon mit ihren Flaschen die »Medizin« ausgewählt, die ihnen die beste Unterstützung für die Bewältigung der anstehenden Prozesse geben kann. – Eine gute Sache.
Dennoch lohnt es sich in den meisten Situationen, es nicht dabei zu belassen. Sondern sich für die Bewältigung seiner Schwierigkeiten jemanden zu suchen, der Erfahrung besitzt und professionelle Unterstützung geben kann, der Wege verkürzt, Irrwege verhindert und Alternativen aufzeigen kann, die man innerhalb der eigenen Verstrickungen nicht wahrnimmt.
In Großstädten und in vielen mittleren Städten gibt es neutrale Einrichtungen, wo Fachleute beraten; in München zum Beispiel den »Gesundheitspark«. Dort geben Psychologen in Beratungssitzungen Informationen über Therapiemöglichkeiten in Gruppen oder Einzelsitzungen weiter. An den »Psychotherapeuti-

schen Beratungsstellen« der Universitäten geschieht ähnliches. Die »Anonymen Alkoholiker« sind die beste Anlaufstelle für Menschen mit Sucht-, Abhängigkeits- und Co-Abhängigkeitsproblemen, nicht nur im Zusammenhang mit Alkoholismus. Auch renommierte Seminarzentren können häufig mit Informationen weiterhelfen. Und gute Ärzte, Heilpraktiker, Körper- und Psychotherapeuten sind häufig in einem Netzwerk mit Kollegen und speziellen Einrichtungen verbunden und können Empfehlungen geben.

Wenn ein Therapeut gefunden ist, empfiehlt es sich immer, erst einmal ein, zwei oder drei »Probesitzungen« zu vereinbaren. Denn es kann durchaus sein, daß der erste Therapeut noch nicht der richtige ist. Es besteht kein Grund, sich in einem solchen Fall entmutigt zu fühlen. Ebensowenig besteht ein Grund dafür, die Hoffnung auf Hilfe überhaupt aufzugeben. Egal, wie lange jemand schon an einem körperlichen, emotionalen, mentalen oder spirituellen Problem leidet; es sind, wenn der Zeitpunkt stimmt, Menschen schon innerhalb kurzer Zeit von jahrzehntelangen chronischen Beschwerden geheilt worden, beziehungsweise sind ihre Selbstheilungskräfte so angeregt worden, daß eine Gesundung möglich wurde.

Die Aura-Soma-Substanzen können den richtigen Zeitpunkt und die innere Bereitschaft für die Beschäftigung mit den festsitzenden alten Geschichten ermöglichen.

Wenn nicht nur im persönlichen, sondern auch im beruflichen Bereich neue Wege gefunden werden sollen bzw. müssen, empfiehlt es sich auch hier, professionelle Hilfe in Anspruch zu nehmen. Ob Sie Fachleute vom Arbeitsamt, der Volkshochschule oder von einer (Fort-)Bildungseinrichtung aufsuchen; ob Sie einen Kurs in einer Fremdsprache oder einen Computerkurs, ein Seminar in Gesprächsführung, künstlerischen, gärtnerischen, handwerklichen, sportlichen Techniken belegen. Sie werden stets einen Gewinn daraus ziehen, denn im Leben kommt es auch darauf an, das Stadium des Dilettantismus zu überwinden.

Suchen Sie sich die für Sie beste und passendste Unterstützung, die Sie bekommen können. Und bedauern Sie nicht die Kosten, die Sie dafür aufwenden müssen. Geld in Ganzheit und Gesundheit, in persönliches, inneres Wachstum und in eine befriedigende berufliche Laufbahn zu investieren ist – so meinen wir – das lohnendste Unterfangen. Vielleicht ist es das einzige, wofür es sich lohnt, Geld zu verdienen und auszugeben.

Anhang

Weitere Aura-Soma-Produkte

Neben den hier vorgestellten Produkten dürfen wir Sie noch auf weitere aufmerksam machen:
Die »Balance«-Öle sind, wie Ihnen mittlerweile bekannt ist, in 50-Milliliter-Flaschen erhältlich. Außerdem gibt es die Flaschen Nr. 1, 20 und 26 in 25-Milliliter-Plastikfläschchen. Was wir aber noch nicht erwähnt haben ist, daß es die »Balance«-Flaschen auch in 25-Milliliter-Flaschen gibt. Die kleinere Glasflasche wiegt natürlich weniger und eignet sich daher für Reisen.

Die Pomander und die Quintessenzen sind in 25-Milliliter-Plastikfläschchen abgefüllt. Sie können auch in einem Geschenk-Set, beziehungsweise Proben-Set, gekauft werden. Die Tinkturen stehen in 30-Milliliter-Glasfläschchen mit Tropf-Vorrichtung zur Verfügung.

Nach Rezepturen, die Vicky Wall entwickelt hat, stellt Aura-Soma auch Kosmetikprodukte wie Cremes, Lotionen, Badezusätze usw. her. Eine Liste mit diesen Produkten ist, gegen einen frankierten Briefumschlag, bei den unten angegebenen Vertriebsadressen erhältlich.

Zum Aufstellen der Flaschen gibt es eine verspiegelte und eine unverspiegelte Version eines Ständers aus durchsichtigem Acryl.
Eine symbolische Darstellung von Aura-Soma sowie die Farbrose

und das Chakra-Chart können Sie als Poster erwerben. Diese drei Motive gibt es auch als Postkarten. Als Postkarten sind auch ein Foto von Vicky Wall und die Kirlianfotografien aller Tinkturen erhältlich (11 Karten, als Set oder einzeln).

Als Tonkassetten sind erhältlich:

Vortex (Originalmitschnitt eines Vortrages von Vicky Wall, in englischer Sprache) (1987)

The Rainbow Wheel/The Angel Renewal (Meditationen von und mit Vicky Wall in englischer Sprache. Musik: James Asher) (1988)

Peace to All Beings/Dawn at Dev-Aura (Seite 1: Meditation von und mit Mike Booth, in englischer Sprache. Musik: James Asher, S. 2: Musik James Asher) (1993)

Friede allen Wesen/Peace to All Beings (Seite 1: Meditation von Mike Booth, übersetzt und gesprochen von Irene Dalichow. Musik: James Asher, S. 2: Meditation von und mit Mike Booth in englischer Sprache. Musik James Asher) (1993)

Literatur

Argüelles, José und Miriam: Das große Mandala-Buch. Aurum-Verlag, Freiburg 2. Aufl. 1978.

Baginski, Bodo/Sharamon, Shalila: Das Chakra-Handbuch. Windpferd-Verlag, Aitrang 11. Aufl. 1991.

Bailey, Alice A.: Eine Abhandlung über die sieben Strahlen. Verlag Lucis, Genf 2. Aufl. 1976.

Blavatsky, Helena Petrovna: Die Geheimlehre (3 Bände). Arkana-Verlag, Ulm 1959.

Braun, Lucien: Paracelsus. Schweizer Verlagshaus, Zürich 1988.

Brunton, Paul: Conscious Immortality. Conversations with Ramana Maharshi, Sri Ramanasramam. Tiruvannamalai, S. India 1984.

Burghardt, Marlies: Tarot und Lebensbaum. Knaur, München 1993.

Burmester, Helen S.: The Seven Rays made Visual. De Vorss Publishers, Marina del Rey 1986.

Chögyam, Ngakpa: Rainbow of Liberated Energy. Element Books, Longsmead 1986.

Chopich, Erica, Paul, Margaret: Aussöhnung mit dem inneren Kind. Verlag Hermann Bauer, Freiburg 7. Auflage 1994.

Dalichow, Irene: Beziehung statt Erziehung. Verlag Hermann Bauer, Freiburg 1989.

Dalichow, Irene: Zurück zur weiblichen Weisheit. Verlag Hermann Bauer, Freiburg 1990.

Dalichow, Irene: Sanfte Massagen für Babys, Kinder und Eltern. Rowohlt-Verlag, Reinbek 3. Aufl. 1994.

Dalichow, Irene: Der Weg der Kabbala. In: esotera 12/93. Verlag Hermann Bauer, Freiburg.

Dalichow, Irene: Die ideale Therapie. In: esotera 10/92. Verlag Hermann Bauer, Freiburg.

Daskalos: Esoterische Lehren. Knaur, München 1991.

Davis, Patricia: Aromatherapie von A bis Z. Knaur, München 1990.

Drury, Nevill: Lexikon esoterischen Wissens. Knaur, München 1988.

Dürckheim, Karlfried Graf von: Hara – Die Erdmitte des Menschen. O. W. Barth-Verlag, München 11. Aufl. 1985.

Encyclopedia of Occultism and Parapsychology. Gale Research Company, Detroit 1984.

Evans-Wentz, Walter Y. (Hg.): Das Tibetanische Totenbuch. Walter-Verlag, Olten 16. Aufl. 1989.

Fortune, Dion: Die mystische Kabbala. Verlag Hermann Bauer, Freiburg 1987.

Freemantle, Francesca/Trungpa, Chögyam. The Tibetan Book of the Dead. Shambhala, Boston and London 1987.

Gnosis-magazine: Kabbalah. San Francisco 1993.

Gnosis-magazine: The Body. San Francisco 1993.

Goethe, Johann Wolfgang von: Die Farbenlehre. Verlag Freies Geistesleben, Stuttgart 11. Aufl. 1988.

Grof, Stanislav: Books of the Dead – Manuals for Living and Dying. Thames and Hudson, London 1994.

Guiley, Rosemary Ellen: Encyclopedia of Mystical and Paranormal Experience. Harper Collins Publishers, New York 1991.

Halevi, Z'ev ben Shimon: Der Weg der Kabbalah. Knaur, München 1993.

Hastings, Arthur: With the Tongues of Men and Angels. Henry Rolfs Book Series of the Institute of Noetic Sciences. Orlando, Florida 1991.

Kornerup, A./Wanscher, J. H.: Taschenlexikon der Farben. Muster-Schmidt-Verlag, Zürich/Göttingen 3. Aufl. 1981.

Lansdowne, Zachary F.: The Rays and Esoteric Psycology. Samuel Weiser Inc., New York 1989.

Leuenberger, Hans-Dieter: Das ist Esoterik. Verlag Hermann Bauer, Freiburg 3. Aufl. 1987.
Leuenberger, Hans-Dieter: Schule des Tarot. 3 Bände. Verlag Hermann Bauer, Freiburg 1981–1984.
Leuenberger, Hans-Dieter: Das ist Esoterik heute. In: esotara 7/87. Verlag Hermann Bauer, Freiburg.
Leuenberger, Hans-Dieter: Stammutter eines neuen Äons. In: esotera 12/91. Verlag Hermann Bauer, Freiburg.
Liberman, Jacob: Die heilende Kraft des Lichts. Scherz-Verlag, München 1993.
Melody: Love is in the Earth. Earth-Love Publishing House, Wheatridge, Colorado, o. J.
Ram Dass: Reise des Erwachens – Handbuch zur Meditation. Knaur, München 1988.
Ring, Kenneth: Toward an Imaginal Interpretation of »UFO Abductions«. In: ReVision magazine. Spring 1989.
Shreeve, Carolie M.: The Alternative Dictionary of Symptoms and Cures. Century Hutchinson, London 1986.
Simonton, O. Carl u. a.: Wieder gesund werden. Rowohlt-Verlag, Reinbek 1982.
Steiner, Rudolf: Das Wesen der Farben. Rudolf Steiner Verlag, Dornach 2. Aufl. 1989.
Tansley, David V.: Radionics and the Subtle Anatomy of Man. Health Science Press, Saffron Walden, England 4. Aufl. 1980.
Tansley, David V.: Energiekörper. Kösel-Verlag, München 1985.
Tart, Charles: Hellwach und bewußt leben. Wilhelm Heyne Verlag, München 1991.
Trungpa, Chögyam: Spirituellen Materialismus durchschneiden. Theseus-Verlag, München und Wien 1989.
Wall, Vicky: Das Wunder der Farbheilung. Verlag Hans-Jürgen Maurer, Frankfurt 1992.

Whorf, Benjamin Lee: Sprache, Denken, Wirklichkeit. Rowohlt-Verlag, Reinbek 13. Aufl. 1978.
Wilhelm, Richard (Übers.): I Ging. Text und Materialien. Diederichs Gelbe Reihe, Köln 12. Aufl. 1985.
Wolff, Katja: Der kabbalistische Baum. Knaur, München 1989.

Adressen

Die aufgeführten Produkte können unter den nachfolgenden Adressen bestellt werden. Gegen einen adressierten und frankierten Briefumschlag können Sie dort auch Produktlisten sowie eine Liste von Aura-Soma-Beratern anfordern.

Deutschland:
Camelot
Aura-Soma Farb-und Duftessencen GmbH
Gohrstr. 24
42579 Heiligenhaus
Telefon: 0 20 56 – 931 40
Telefax: 0 30 56 – 93 14 44

Österreich
Aura-Soma Austria
Hanni Reichlin-Meldegg
Silbergasse 45
A-1190 Wien
Telefon: 0043 – 1 – 3 68 87 87
Telefax: 0043 – 1 – 3 68 19 68
e-mail: aura-soma.austria@netway.at

Schweiz
Käthi Beesley
Aumattweg 22
CH-3032 Hinterkappelen (bei Bern)
Telefon: 0041 – 31 – 901 08 88
(Bestellungen bitte möglichst nur schriftlich).

Aura-Soma

Dev-Aura
Little London
Tetford
nr. Horncastle
Lincolnshire, LN9 6QL
Great Britain

Hier können auch gegen einen adressierten Briefumschlag und einen internationalen Antwortschein Seminartermine angefordert werden.